KB205311

예배의 모든 것

예배의 모든 것

초판 1쇄 인쇄 2021년 8월 20일
초판 1쇄 발행 2021년 8월 26일

지은이 안재경
펴낸이 유동휘
펴낸곳 SFC출판부
등록 제104-95-65000
주소 (06593) 서울특별시 서초구 고무래로 10-5 2층 SFC출판부
Tel (02)596-8493
Fax 0505-300-5437
홈페이지 www.sfcbooks.com
이메일 sfcbooks@sfcbooks.com
기획 · 편집 편집부
디자인편집 최건호
ISBN 979-11-87942-56-6 (03230)
값 15,000원

예배란 무엇인가?

예배의
모든것

안재경 지음

SFC

목차

머리말

　예배학개론을 강의해 달라는 부탁을 받았습니다. 시드니신학대학교에서 가르치는 김진흥 교수께서 신학대학교 학장께 저에 대한 이야기를 해서 부탁받게 된 것입니다. 한국에서 시드니까지는 너무 멀리 떨어져 있기에 리얼타임 수업이 아니라 온라인 프로그램으로 강의하는 방식이었습니다. 강의 동영상과 강의안 등을 신학대학교 웹사이트에 올리고, 수강생들에게 전자메일을 보내는 등을 통하여 지도하는 것입니다.

　그동안 교회들과 SFC학생신앙운동, 횃불회목사들의 모임 등에서 예배에 관해 강의를 했습니다. 예배에 관해 몇 종류의 책들을 번역하고 집필하기도 했습니다. 그런데 신학대학원에서 정식으로 한 학기 동안 예배학개론을 강의해 달라는 부탁은 처음으로 받았기에 고민을 했습니다. 곧바로 강의를 시작해야 했기에 시간이 촉박하여 준비기간이 많지 않은 상황이었습니다. 하지만 그동안 예배를 인도하면서 누렸던 기쁨과 영광을 나누고 싶었습니다. 또한 예배에 대해 고민했던 것들, 그리고 실제로 예배를 인도하면서 더 고민이 깊어가는 부분들도 나누고 싶었습니다. 그래서 그동안 썼던 글들과 책들을 내려놓고 처음부터 새롭게 준비해 보기로 마음먹었습니다. 매주마다 강의주제를 정하고 강의안을 하나씩 만들고, 그 강의안을 가지고 강의 동영상을 찍어서 보내면서 학생들을 지도했습니다. 그

산물이 바로 이렇게 책으로 묶여 나오게 되었습니다.

한 주 한 주가 잠시도 긴장을 풀 수 없었고 머리를 쥐어뜯게 하는 시간들이었지만 지나고 보니 참으로 감사한 시간이었습니다. 예배에 대해 좀 더 폭넓은 관점에서 다루어 볼 수 있었기 때문입니다. 목차에 나오듯이 예배와 관련된 중요한 요소들을 하나씩 다루어 보았습니다. 예배와 현대라는 주제로부터 시작하여 교회, 언약, 회중, 세상, 그리스도, 직분, 성령, 시간, 공간, 형식, 체험, 발전이라는 주제를 다루어 보았습니다. 첫 강의에서 '오늘 우리에게 예배는 무엇인가?'라는 문제 제기를 했고, 이후에 관련 주제들을 하나씩 다루다가 마지막 강의에서는 '예배는 발전할 수 있는가?'라는 문제 제기를 하고 끝냈습니다.

이 강의 와중에 코로나 바이러스 사태가 터졌습니다. 코비드19 COVID-19에 대한 거대한 논쟁이 펼쳐졌습니다. 현장예배를 고수해야 한다는 주장과 온라인예배로 전환해야 한다는 주장이 대립하면서 거친 공격과 비난이 난무했습니다. 이것은 비단 장소의 문제가 아니라 예배의 본질에 대해 깊이 숙고하게 만들었습니다. 코비드19는 한국교회의 예배 모습을 너무나 많이 변화시킬 것이고, 이제는 더 이상 예전의 모습으로 온전히 돌아갈 수 없을 것입니다. 온라인 예배에 익숙해졌거나 컨텐츠가 좋은 영상예배를 송출하는 교회에 매력을 느껴서, 다시는 예배당에서 드리는 기존의 예배로 돌아가지 않을 이들이 많을 것이기 때문입니다. 온라인 성찬, 온라인 교회 등이 거론되고 있기도 합니다. 이런 상황에서 특정 시간에 특정 공간에서 교인들이 함께 모여 예배하는 것이 어떤 의미가 있는지를 알고 누리는 것이야말로, 단순히 예전의 습성으로 돌아가는 것이 아니라 예배를 새롭게 회복할 수 있는 길이 될 것입니다.

예배는 교회의 여러 프로그램들 중 하나가 아닙니다. 예배가 없이는 교회가 없습니다. 현대 교회에서는 예배에 모든 것을 걸면서도 예배가 아무것도 아닌 것이 되어 가고 있습니다. 목회자를 포함한 많은 신자들의 예배 이해가 너무나 폭이 좁을 뿐만 아니라 천박하기 때문입니다. 예배는 교회의 모든 것이라고 말할 수 있습니다. 교회가 예배를 기획하고 만들어 가는 것이 아니라 예배가 교회를 세우고 만들어 갑니다. 예배를 위해 교회가 부름 받았고, 예배하면서 교회는 계속해서 세워져 가게 됩니다. 이 작은 책을 통해 예배가 언약적일 뿐만 아니라 우주적이고 너무나 아름답다는 것을 알면 좋겠습니다. 우리는 평생 예배해야 하고, 영원히 예배해야 합니다. 우리가 모르면서 예배할 수는 없지 않겠습니까? 우리가 영원토록 해야 할 예배입니다. 우리 모두 예배 잘하고, 예배를 잘 누리기를 바랍니다.

2021년 7월
남양주 서재에서
안재경 목사

1장
예배의 현실

모든 민족에게 예외 없이 예배가 있기에 예배는 어디에나 있다고 말할 수 있다. 예배가 없는 곳이 없다는 말이다. 그런데 예배만큼 아무것도 아닌 것이 없다. 한편, 종교인들은 예배를 너무나 당연하게 생각하는데 예배는 결코 당연한 것이 아니다. 사실, 예배는 아무짝에도 쓸모없어 보이지만 우리는 그 쓸모없어 보이는 예배를 늘 하고 있다.

서론

우리의 예배 현실이 어떠한가? 우선, 예배가 무엇인지 물어보자. 예배가 아무것도 아닌가? 쉽게 말하자면, 예배는 구시대의 유물이 되었는가? 해외여행을 가도 우리가 꼭 관람해야 하는 곳이 있다. 피할 수 없는 곳이 있다. 어디일까? 어떤 여행사든지 인류문화의 소중한 유산인 종교건축물들을 방문하는 코스를 잡을 것이다. 그 종교건축물에서 드리고 있는 예배 장면을 구경하는 것이 중요한 체험 중에 하나일 것이다. 그곳에서의 예배가 현대와 어울리지 않게 고전적일수록 신기하게 바라본다. 역사적인 유물이기 때문이다. 물론, 대부분의 여행객들은 중간에 슬쩍 나와 버리겠지만 말이다. 현대인들은 자신이 종교 시대를 지나 과학 시대를 살아가고 있다고 자부

한다. 자신들은 예배하지 않으면서 이 과학 기술이 지배하는 시대에 어떻게 지금까지 예배가 살아남았는지 신기해 한다. 대부분 예배가 아무것도 아니라고 생각한다. 예배해야 한다고 말하면 전근대적인 습성에 젖어 있는 것이라고 생각한다. 그러나 여전히 예배가 중요하다고 생각하는 이들이 많다. 종교인들이 늘상 하는 것이 예배이기 때문이다. 예배 없는 종교가 없다고 해도 과언이 아니다.

이제 질문을 바꾸어 보자. 예배가 가능한가? 예배가 가능하냐고 묻는 것만큼 이상한 질문이 없을 것이다. 예배하지 않는 사람들이 대부분이지만 어디서든지 목격할 수 있는 것이 예배이기 때문이다. 끈질기게 살아남은 것이 종교이고 예배이기 때문이다. 현실에서 큰 영향력은 없지만 말이다. 현대인이 종교가 있고 예배한다고 말하면 사람들은 한편으로는 우습게 생각하고, 다른 한편으로는 당혹스럽다는 표정을 짓는다. 한마디로 말해서 오늘 현대인들에게 예배는 아무것도 아니다. 예배는 현재와는 상관없는 과거의 추억에 젖어드는 것이다. 예배는 미래를 향해서 나아가려는 진취적인 발걸음을 주저앉히는 것이다. 예배는 시대착오적인 것이 되었다. 유럽에서 사람들에게 예배라고 하면 무엇이 떠오르는지 물으면 박물관을 떠올리고 나이든 노인들을 떠올린다. 젊은이들은 더 이상 교회에 가지도 예배하지도 않기 때문이다. 그들에게 예배는 나이든 분들이 추억에 잠기는 시간에 불과하다.

그래도 여전히 종교인들은 예배를 너무나 당연하게 생각한다. 사실, 예배는 불가능한 것인데 말이다. 사람이 어떻게 신을 예배한다는 말인가? 예배를 너무나 당연하다고 생각하는 것이야말로 예배의 불가능성을 보여 주는 것이지 않은가? 예배에 대해 묵상하는 이 책의 첫 장에서는 예배의 현실에 대해 살펴보려고 한다. 예배가 어디에나 있지만 아무것도 아닌 것이 되었고, 그럼에도 불구하고 여전히 예배를 당연한 것으로 생각하는 것에 대해 살펴보려고 한다.

1. 어디에나 있는 예배

예배하면 생각나는 것이 무엇인가? 내 경우에는 옛날 우리 어머니들이 뒷마당 장독대 위에 정화수를 떠 놓고 자식들 잘되기를 위해 두 손을 모으고 싹싹 비비면서 '비나이다, 비나이다'라고 했던 것이 가장 먼저 생각난다. 등산을 하다 보면 어디서나 돌무더기를 볼수 있는데, 그것도 예배를 연상시키고 말이다. 흔히들 예배라고 하면 종교를 가장 먼저 머릿속에 떠올릴 것이다. 종교인이 제일 잘하는 것이 예배이기 때문이다. 물론, 예배가 종교의 전부는 아니다. 종교를 구성하는 것이 무엇인지 살펴보자. 종교를 뜻하는 라틴어 단어religio는 '다시 읽다re-legere'에서 나왔거나 '다시 묶어 매다re-liare'에서 나왔다고 알려져 있다. '다시 읽다'는 경전의 중요성을 강조한 것이고, '다시 묶어 매다'는 신앙심의 중요성을 강조한 것이라고 볼수 있다. 고대 교부인 아우구스티누스Augustinus는 이 단어가 '다시 선택하다re-eligio'를 가리킨다고 하면서 하나님의 주권적인 선택을 강조했다. 한문으로 번역된 종교宗敎는 '근본이 되는 가르침'이라는 뜻을 갖고 있다. 종교는 교주敎主, 교리敎理, 교인敎人으로 구성된다고 말하는 이들이 있다. 신의 계시를 교주가 풀어 가르친 것이 교리이고, 그 교주와 교리를 따르는 이들이 교인이라는 생각이다.

모든 종교는 교리를 고백하고 따르도록 예전禮典이란 것을 만든다. 모든 종교는 나름의 예전을 만들고, 그 예전을 통해 신도들을 이끌어 가고 있다. 그 예전의 대표적인 것이 예배이다. 기독교에서 쓰는 예전이라는 용어는 제사장이 성전에서 하나님을 섬기는 것을 가리키는 단어인 히브리어 '아바드'에 기원을 두고 있다. 이 용어에서 '종', '섬김'이라는 용어가 나왔다. 이 용어가 헬라어 '레이투르기아 leitourgia'로 번역되었는데, 로마 가톨릭에서는 바로 이 헬라어를 '전례典禮'라고 번역하여 사용한다. 흥미롭게도 신약성경에서는 제사장의 봉사를 가리키는 이 헬라어 용어가 자주 사용되지 않고 비슷하지만 다른 용어인 '라트레이아latreia'가 더 자주 사용되는데, 그것은 그리스도께서 제사장 사역을 성취하셨기 때문이다. 신약 시대는 예전, 특히 예배의 의미가 구약에서보다 다양해지고 풍성해졌다는 것을 알 수 있다.

모든 종교마다 그 중심에 예배禮拜, worship가 자리 잡고 있다. 그래서 종교라고 하면 머릿속에 가장 먼저 떠오르는 것이 예배일 것이다. 종교의 중요한 역할은 예배라는 것에 이의를 달 사람이 없을 것이다. 현대사회에서는 곧 예배가 사라질 것처럼 말하는 사람들이 있지만 예배는 우리 가까이로 더 다가왔다. 현대 기술 문명을 힘입어서 말이다. 이제는 예배당이나 절에 가지 않아도 예배를 볼 수 있다. 예배가 방송에까지 진출했기 때문이다. 이제는 손을 모을 필요도 없이 손에 들린 리모콘으로 예배를 얼마든지 시청할 수 있고, 예배를 얼마든지 돌려 버릴 수 있다. 종교방송들이 가장 많은 시간을 배정하는 것이 바로 예배하는 장면이다. 수많은 신도들이 모여서 예배하고, 미사하고, 예불하는 모습을 녹화해서 방송으로 내 보낸다. 얼마나 많은 신도들이 모여 있냐, 얼마나 장엄하게 혹은 열렬히 예배하느냐가 중요하다. 기독교, 천주교, 불교 방송을 비교해 보아도 크게 다르지 않다. 그런데 예배나 미사, 예불 전체를 방송하면 너무 길고 또 어쩌면 너무 지루하기 때문에 가장 중요한 부분이라고 할 수 있는 설교, 강설, 설법만 따로 편성해서 내보내기도 한다.

종교에서, 예배에서 말이 차지하는 비중이 너무나 크다. 신의 뜻은 말로 전해질 수밖에 없다고 생각하기 때문에 오직 말에 의지하는 것일까? 기독교는 '믿습니까'라는 설교자의 말과 '아멘'이라고 화답하는 회중의 말을 통해 상호 교통을 하려고 한다. 로마 가톨릭에서는 강설이 아주 짧은 데 반해 예식 자체를 중요하게 생각하기에 진중한 느낌을 준다. 불교에서의 설법은 소위 말하는 화두話頭를 던지고 삶을 깊이 성찰하게 해 주는데, 최근에는 '즉문즉설卽問卽說'이 유행하고 있다. 즉각적인 답을 주려고 한다. 삶이란 것이 그냥 몇 마디의 조언과 방법론으로 해결되는 것이 아닌데 말이다. 화두를 던지고 인생사를 깊이 고민하게 하던 불교도 이제는 즉각적인 답을 주려고 하니 불교가 현실에 적응하고 있다고 해야 할지, 아니면 현실에 타협하고 있다고 해야 할지 모르겠다. 이렇게 모든 종교가 그 믿음을 일차적으로 예배를 통해, 아니면 가르침으로 통해 표현한다는 것은 부인할 수 없는 사실이다. 아무리 과학기술이 발전해도 종교는 여전히 활발하다는 사실이다. 종교는 없어지지 않을 것이고 동시에 예배도 없어지지 않을 것이다. 예배 없는 종교가 없기에, 예배는 어디에나 있다.

예전은 기독교를 포함한 종교 집단에서만 의미가 있는 것이 아니다. 민족과 관련해서는 예전을 흔히 의례儀禮라고 부른다. 한 나라와 민족을 형성하고 유지하는 데에 의례가 중요한 역할을 한다. 의례가 중요한 것은 그 의례를 통해 우리가 하나임을 확인하기 때문이다. 우리를 근원으로 돌아가게 해 주는 것이 의례이다. 가까이 있는 한국, 중국, 일본의 국민성이 어떻게 형성되었을지 생각해 보자. 세 나라 민족이 원래부터 혈통적으로 다른 민족이었을까? 유럽의 라틴계와 게르만계와 슬라브계의 차이들처럼 말이다. 한편, 지리적인 특성이 이들 민족성을 형성한 부분이 클 것이다. 사람은 땅에 발을 붙이고 살아가는 존재이기 때문에 어느 땅에서 생활하느냐가 민족성을 형성하는 데에 큰 역할을 할 것이기 때문이다. 중국과 한국과 일본은 생활하는 토양이 너무나 다르다. 대륙, 반도, 섬이라는 독특한 지리적인 특성 말이다. 그것에다가 그 민족들이 겪은 독특한 역사적인 경험이 민족성을 형성했을 것이다.

이 모든 혈통의 전승, 지리적인 특성과 역사적인 경험이 고스란히 녹아 있는 것이 의례이다. 소위 말하는 관혼상제冠婚喪祭 말이다.

유교문화권에 있는 한중일의 이 관혼상제라는 의례가 한 인생의 평생을 포괄할 뿐만 아니라 모든 사람들이 하나의 민족에 속해 있다는 것을 확인시켜 준다. 태어나서 어른이 되고, 결혼해서 가정을 이루고, 죽어 초상을 치르고, 죽은 혼령에게 제사하는 것을 통해서 말이다. 동양 사람들은 제사를 통해 죽은 자들과도 연결된다고 생각했다. 동양의 유교 문화가 종교적이라기보다는 철학적이고 정치적이라는 말이 무색하다. 이 세 나라의 의례 속에 각 민족의 경험이, 즉 그들의 갈망과 절망이 녹아 있을 것이다. 그러므로 의례에 민족의 역사가 고스란히 녹아 있을 뿐만 아니라, 의례가 하나의 민족을 계속해서 형성해 가고 있다고 하겠다.

이제는 국가가 앞장서서 의례를 만든다. 우리나라에서는 중요한 행사마다 '국민의례', 곧 국기에 대한 맹세, 애국가 제창, 순국선열 및 호국영령에 대한 묵념 등을 행한다. 예전에 군사정권 시절에는 대한민국 사람이라면 잠을 자다가 갑자기 누가 깨워 물어도 벌떡 일어나서 '국기에 대한 맹세'를 외울 수 있어야 한다는 것을 강조했다. 온 국민이 태극기 아래서 오른손을 왼쪽 가슴에 올리고는 '나는 자랑스러운 태극기 앞에 조국과 민족의 무궁한 영광을 위하여 몸과 마음을 바쳐 충성을 다할 것을 굳게 다짐합니다'를 외웠다. 이렇게 국기에 대한 맹세를 외울 때 우리는 하나가 된 것처럼 느꼈다. 이것이 바로 의례가 주는 힘이다. 의례는 형식적인 것 같지만 놀라운 힘이 있다. 온 국민을 하나로 만드는 힘 말이다. 올림픽에서 외국과 대항경기를 시작하기 전 태극기에 대해 경례하고 애국가를 제창할 때 우리 속 저 깊은 곳에서 올라오는 울컥하는 감정을 생각해 보라. 이때는 다른 말이 필요하지 않고 온 국민이 이심전심으로 하나가 된다.

각종 의례를 통해 민족성이 형성되듯이 예배와 각종 예식을 통해 종교인이 만들어져 간다. 예배는 종교인 개개인만이 아니라 종교 자체를 만들어 간다. 역사를 살펴보면 예배의 모습이 바뀔 때마다 종교 자체가 획기적으로 바뀌는 것을 볼 수 있다. 예배가 종교의 총체이기 때문이다. 이 말을 뒤집어도 된다. 종교가 개혁을 추구할 때는 예배를 확 바꾼다. 예배를 바꾸면 신도들이 모르는 사이에 그들의 생각과 삶 자체를 바꿀 수 있기 때문이다. 16세기에 시작된 종교개혁의 핵심도 한마디로 예배의 개혁이었다. 많은 사람들이 종교개혁이 그저 중세교회의 일부 악습을 개혁한 운동이라고 생각하는데, 사실 그 범위가 훨씬 넓고 그 깊이도 훨씬 깊다. 예배 안에 하나님을 향한 신학이며 교회의 모습이며 신자의 삶 전체가 녹아 있었으니, 개혁이 예배로부터 시작되고 예배로 마칠 수밖에 없었을 뿐이다. 종교개혁은 예배의 본질과 예배의 모습을 획기적으로 바꾸었고, 예배가 바뀌니 교회도 바뀌고, 신학도 바뀌고, 신자들의 삶도 바뀌었다. 이렇게 예배가 중요한 역할을 한다.

2. 아무것도 아닌 예배

현대인들은 어디에나 예배가 있는 것을 보고는 도리어 예배를 무시한다. 어디든지 있기 때문에 아무것도 아닌 것이 되어 버린 셈이다. 모든 것을 예배라고 하자면 예배는 아무것도 아닌 것이다. 참으로 아이러니하게도 종교인들이 너무 많이 예배하기 때문에 예배가 무시당하고 있다. 종교인들이 끊임없이 예배하면서도 정작 제대로 예배하지 못하고 있다는 것을 비종교인들이 알아차린 것일까? 이미 종교인들에게도 예배가 아무런 감흥을 주지 못하고 있다는 것을 알아차린 것일까? 고등종교에서 행하는 종교의식이 무당이 푸닥거리하는 것과 과연 차이가 있을까? 한국에서는 고등종교들이 점집과 경쟁해야 한다고 하니, 이런 말이 과장이 아니다.

터키의 어느 선교사로부터 들은 이야기이다. 이슬람교도들은 기독교회에서 하는 치유집회를 우리가 무당 푸닥거리하는 것을 보듯이 바라본다고 한다. 이슬람 지역에서 효과적으로 선교하기 위해 치유집회를 여는 것인데, 정작 이슬람교도들은 그것을 이상하게 본다는 것이다. 종교의 최고의 모습이 바로 이슬람이라고 생각하고 스스로를 최고의 종교라고 말하기에 그들이 대단한 자부심을 가지고 있는 것이 사실이다. 이슬람교도들은 모스크에서 무릎을 꿇고 1시간 이상 꼼짝하지 않고 종교지도자인 이맘의 설교를 듣는다. 그러면서 이슬람 이전의 종교들은 뭔가 부족하고 모자랄 뿐만 아니라 시대착오적이라고 생각한다. 알라는 절대자이고, 주권자이고, 유일신이기 때문에 그분에게 무조건 복종해야 하는데, 이슬람 외의 종교들은 신을 매수할 수 있는 것처럼 여긴다고 보기 때문이다. 그들의 이 확신을 굳게 하는 것이 바로 기독교회가 행하고 있는 무당 푸닥거리와 같은 집회이다. 기독교인들이 온갖 노력을 다 기울여 자기들이 믿는 신을 설득하려 든다고 생각한다.

상황이 이렇기 때문에 선교적인 열심을 가지고 이슬람권에 가서 선교하던 서양 개신교회 선교사들 중에는 갈등을 하거나 심지어 자괴감을 느끼는 이들도 있다고 한다. 이러한 개신교의 문제에 대해 고민하다가 교파를 옮기는 일마저 있다. 로마 가톨릭으로 가기까지는 못하고, 중간쯤에 있는 성공회로 넘어가는 것이다. 참으로 충격적인 사실인데, 이런 것을 통해 과연 제대로 된 개신교 예배가 무엇인지, 제대로 된 개신교 예전이 어떤 것인지 생각하지 않을 수 없다.

독일의 그 유명한 불트만Rudolf K. Bultmann이라는 신약학자가 말했다지 않은가? 전기와 라디오를 사용하는 시대, 아프면 병원에 가는 시대에 어떻게 악마와 부활 같은 것을 믿을 수 있겠냐고 말이다. 그런데 현대인들이 종교를 무시하고 예배를 무시하는 것은 과학과 기술 문명 때문만이 아니다. 사람들이 종교도 인정하지 못하겠고 종교에서 하는 예배도 인정하지 못하겠다고 하는 것은 과학 기술이 신을 몰아내었기 때문만은 아니다. 그보다 예배가 순수하지 않다고 생각하기 때문이다. 예배를 인도하는 이들이 예배를 기획한다고 하면서 실은 자신들의 이익을 위해 조작하고 있고, 예배에 참석하는 이들은 그것을 알면서도 속아 주고 있다고 생각한다. 목사는 신도들의 헌금이 필요하고, 신도들은 헌금을 함으로써 구원받았으니 이제는 크게 염려할 필요가 없다고 선포해 주는 이들을 필요로 한다고 생각한다.

우리가 출애굽의 역사를 살펴보면 이 사실을 잘 알 수 있다. 하나님께서는 출애굽한 이스라엘을 시내산으로 인도하셨다. 하나님께서는 그 산에서 이스라엘 자손과 더불어 언약을 맺으셨다. 모세가 그 산으로 사라지고 나니까 이스라엘 자손들이 모세의 형 아론에게 와서 자기들이 섬길 신을 만들어 내라고 한다. 지금까지 모세를 거의 신처럼 생각했다는 것을 알 수 있다. 그것도 그럴 것이 모세가 단신으로 그 거대한 제국 이집트, 그리고 파라오와 맞서 싸워 이긴 것처럼 보였기 때문이다. 모세가 예언한 열 가지 재앙은 이집트의 모든 영역과 구성원들뿐만 아니라 그 모든 영역과 구성원들을 다스리는 신들에게 내린 재앙이었다. 즉, 모세가 그 모든 신들을 굴복시킨 것처럼 보였다. 그래서 그 모세를 믿고 발걸음도 가볍게 따라 나왔는데, 갑자기 모세가 사라져 버렸다. 40일이 되도록 모세가 보이지 않는다. 그래서 이스라엘 자손들은 그가 산으로 올라가 죽어 버린 것이라고 생각했을 것이다. 그리고는 자신들이 보고 섬길 수 있는 신을 만들어 내라고 한다. 그래서 아론이 만든 것이 송아지 우상이다. 애굽에서 보았던 풍요의 신을 상상해서 만든 것이다.

이스라엘 자손들은 송아지 우상을 만들어 놓고 제사하고 광란의 축제를 즐기면서 다음과 같이 외쳤다. "이스라엘아 이는 너희를 애굽 땅에서 인도하여 낸 너희의 신이로다"출32:4 이게 무슨 말인가? 이스라엘이 하나님을 버리고 다른 신을 섬기려고 한 것이 아니었다. 그들은 십계명의 제1계명, '너는 나 외에는 다른 신들을 네게 두지 말라'는 계명을 어기지 않았다. 그들은 그들의 하나님을 섬기려고 했다. 다른 신들을 섬기려고 하지 않았다. 다만 그들이 섬기는 하나님은 가까이 있어서 늘 볼 수 있고 언제든지 거래할 수 있는 하나님이기를 원했다. 그래서 송아지 모양 우상을 만들어 놓고는 이것이 자기들을 애굽에서 인도해 낸 하나님이라고 말했다. 이것으로 제1계명을 지키려 한 것인지는 몰라도, 제2계명은 분명히 어겼다. 우상을 만들어 섬기지 말라는 계명 말이다. 그 결과로 제1계명도 어긴 것이 되고 말았다.

누가 우상을 만들어 섬기는가? 불신자들이 우상을 만들어 섬기는가? 아니다. 종교가 없는 불신자들은 우상을 만들어 섬기지 않는다. 자기를 믿으니 말이다. 우상을 만들어 섬기는 이들은 종교인들이다. 그러면 타 종교인들만 우상을 만드는 것일까? 그렇지 않다. 기독교인들도 우상을 만들어 섬긴다. 그래서 하나님께서는 제2계명을 주셨다. 자기 백성들이 우상을 만들어 섬길 것을 아시고 이 계명을 주셨다. 하나님을 섬긴다고 하면서 하나님을 우상의 형태로 만들어서 제물을 대가로 복을 거래하고 멋대로 조작하려 하지 말라고 말이다. 우리는 타 종교인이나 비종교인들이 무언가를 만들어 놓고 손을 싹싹 비비면서 복 달라고 하는 것을 우상 숭배라고 말하면서 조롱하는데, 사실 우리의 우상 숭배가 더 큰 문제이다. 하나님을 예배한다고 하면서 하나님께서 원하시는 방식이 아니라 내가 원하는 방식대로 예배하는 우상 숭배가 너무 빈번하기 때문이다.

이렇게 타 종교인들이 아니라 기독교인들도 흔하게 우상 숭배를 한다는 사실을 안다면 우리의 예배를 다시 돌아보아야 하겠다. 과연 우리에게 예배는 무엇인가? 우리가 우리 욕망을 투영시킨 우상을 세워 놓고 예배하는 것은 아닌가? '신이 사람을 만든 것이 아니라 사람이 신을 만들었다'고 하는 말이 우연히 나온 것이 아니다. 우리는 과연 하나님을 예배하고 있는가, 아니면 우상을 섬기고 있는가? 신자들이 이렇게 우상 숭배를 한다는 것을 눈치챈 불신자들은 기독교를 우습게 안다. 예배를 우습게 안다. 예배로 하나님을 섬기는 것처럼 보이지만 사실은 종교인들이 자신들의 욕망을 분출하는 것에 불과하다는 사실을 알아챘으니 말이다. 그래서 이제 예배는 어디에서든지 무시받는 상황이 되었다. 예배는 하나의 공연 행위에 불과한 것이 되었다. 예배는 아무것도 아닌 것이 되어 버렸다.

3. 당연하지 않은 예배

마지막으로 예배가 당연한 것인지 물어보자. 사람이 신을 섬기는 것이 당연한지 물어보자. 불가지론자不可知論者들에 따르면 사람이 신을 아는 것은 불가능하다. 신이 나타났다고 우리가 인식하는 순간 그것은 신일 수가 없다고 한다. 신의 음성을 들었다고 생각하는 순간 그것은 신의 음성일 수가 없다는 말이다. 어떻게 보면 불가지론이야말로 너무나 솔직한 생각일 수 있다. 모르겠다고 하니 말이다. 하나님을 어떻게 파악할 수 있겠냐고 하니 말이다. 불가지론의 생각을 패러디해 보자면 다음과 같은 말도 가능할 것이다. '신을 예배한다고 하는 순간 신을 예배하는 것이 될 수 없다'고 말이다. 한편 사람이란 늘 불안한 마음이 있기에 신의 존재를 상정하고 그 신을 예배하는 것이라면, 예배는 인간 마음의 상상에 불과한 것이 아닌가? 만일 그렇다면 예배라는 것은 원천적으로 불가능하다. 예배는 결코 당연한 것이 아니게 된다. 신을 제대로 알 수 있는 방법이 없고, 신을 섬긴다고 하는 행위는 결국 인간 자신을 섬기는 것에 불과하니 말이다.

대개 종교들의 예배는 신을 찾아가려는 노력이다. 이것은 구약성경의 그 유명한 사건, 선지자 엘리야가 갈멜산 위에서 바알과 아세라의 선지자들과 대결한 사건을 통해서 잘 알 수 있다왕상18장. 선지자 엘리야는 바알과 아세라의 선지자들에게 양보했다. 그들의 신들에게 먼저 제사해 보라고 말이다. 제사했더니 하늘로부터 불이 내려오면 바알과 아세라가 참 신이라고 인정하겠다고 말했다. 그 선지자들은 제물을 잡아 제단 위에 벌여 놓고 하루 종일 불을 내려 달라고 빌었다. 기도만으로는 부족하다고 생각했는지 제단 주위를 돌며 뛰놀며 춤을 추었다. 의식적儀式的인 춤이다. 신기가 있다는 무당이 춤추는 것과 같다고 하겠다. 그래도 응답이 없자 칼로 자기 몸을 상하게 하면서 빌었다. 자해하며 피를 흘리면 신이 응답할 것이라고 생각했다. 그래도 응답이 없자 황홀경 상태에 들어가 사람이 알아들을 수 없는 말을 지껄였다. 응답이 없었다. 우상에게 응답해 달라고 소리치는 것은 헛된 노력에 불과하다는 것을 보여 주었다. 자기들의 욕망의 투영일 뿐인 신상 앞에 절하는 것은 자기에게 절하는 것과 다르지 않다.

기독교회의 예배는 방향이 다르다. 기독교회의 예배는 사람이 신을 찾아 나서는 것이 아니라 신께서 사람을 찾아오시는 행위이다. 예배의 가능성은 사람에게서 생기는 것이 아니라 하나님께로부터 생기는 것이라는 뜻이다. 즉, 스스로를 계시하시는 하나님께서 예배의 가능성이요, 예배의 현실성이시다. 하나님께서 스스로를 나타내 보여 주지 않으시면 우리는 하나님을 예배할 수 없다. 하나님께서는 숨으시는 분이 아니라 스스로 찾아오시는 분이다. 숨바꼭질을 즐기는 분이 아니라 '내가 여기 있다, 멀리 가지 말라'고 하시면서 친히 나타나시는 분이시다. 우리는 하나님을 예배할 수 있다. 하나님께서 스스로 나타나시니 우리는 그 하나님을 받아들여 예배할 수 있다.

하나님께서 찾아오셨다는 것이 우리의 착각은 아닐까? 진짜 하나님께서 찾아오실까? 하나님께서 꿈에서 자기에게 나타나셔서 말씀하셨다고 말하는 기독교인들을 종종 볼 수 있다. 진짜 하나님께서 나타나신 것일까? 구약성경을 살펴보면 종종 꿈에 나타나셔서 말씀하셨기 때문에 지금도 하나님께서 꿈에 나타나신다고 생각하고는 한다. 불신자들도 꿈속에 신이 나타났다고 말할 때가 있다. 흰옷을 입고 수염이 길게 난 사람이 나타났다는 것이다. 아마도 산신령일 것이다. 그렇기는 해도 보통 신이 아무데나 나타나지는 않는다고 생각하기 때문에 사람들은 신이 나타나시는 곳을 만든다. 그렇게 해서 그곳에서 신을 만날 수 있기 때문이다. 신이 나타나는 특정한 장소, 그곳이 바로 사람들이 만든 신전神殿이다.

예배는 존재가 막연한 하나님을 찾아가는 것이 아니다. 예배는 막연하게 이 우주 어딘가에 있을 것 같은 신을 향해 부르짖는 것이 아니다. 예배는 하나님께서 스스로를 낮추셔서 우리를 친히 찾아오실 때 비로소 시작된다. 예배는 우리를 들어 올리려는 노력이 아니라 하나님께서 그분을 친히 낮추시는 노력이다. 다른 모든 종교의 예배는 신도들이 신의 시선을 잡아끌기 위해 애를 쓰는 것이지만 기독교회의 예배는 하나님께서 친히 자신을 내어 주심으로 시작된다. 우리가 하나님을 찾아 나서는 것이 아니라 하나님께서 우리에게 찾아오실 때 비로소 예배가 시작된다.

그러니 예배는 당연한 것이 아니다. 내가 예배하고 싶을 때 얼마든지 예배할 수 있다고 생각하는 것이야말로 예배의 은혜로서의 성격을 모르는 것이다. 예배가 당연한 것이 되면 그 예배가 한순간에 우상 숭배가 된다. 예배에 있어서 제일 중요한 것이 열정이라는 말도 잘못된 것이다. 우리의 열정이 예배를 만드는 것이 아니다. 타 종교인들이 기독교인들보다 훨씬 더 열정적으로 예배하기도 한다. 그러나 열정은 얼마든지 그릇된 길로 갈 수 있다. 이미 언급했던 바알과 아세라 선지자들의 예배를 보라. 그것보다 더 열정적인 예배가 어디에 있겠는가? 예배는 우리의 공로와 열정이 아니라 하나님의 은혜와 열심이다. 하나님께서 그분 스스로를 내어 주지 않으신다면 우리는 결코 예배할 수 없다.

우리가 스스로 예배할 수 없다면, 하나님께서 찾아오시기를 무작정 기다려야 하는가? 미켈란젤로가 성 베드로 대성당San Pietro Basilica의 시스티나 성당Cappella Sistina 천장에 그린 천지창조의 장면을 머릿속에 떠올려 보자. 하나님께서 하나님을 향해 손을 뻗은 아담에게 손을 뻗으셨다. 하나님의 손가락이 아담의 손가락에 닿기 직전이다. 우리 스스로의 힘과 자원이 한계에 부딪혔을 때 우리는 외부로 눈을 돌릴 수밖에 없다. 사실 이것이 기독교의 구원이요, 예배이다. 우리의 구원을 우리 속에서 찾는 것이 아니라 우리 밖에서 찾고 찬송하는 것 말이다. 이것을 흉내 냈을 것이다. 예전에 나온 <E.T.>라는 영화가 말이다. 하나님이 아니라 이제는 외계인이 우리를 구원해 줄 것이라고 생각한 것이다. 그 못생긴 외계인이 우리를 구원해 줄 것이라는 생각은 분명 기독교 문화에 익숙한 사람의 머리에서 나온 것임에 틀림없다. 그러나 그 사람이 이후에는 정반대의 상황, 즉 외계인이 지구를 침공하는 상황의 영화를 제작하니 아이러니다.

현대인들은 예배를 미워하면서 동시에 열렬히 예배하는 인간이다. 최근에 전세계적으로 유행하고 있는 MCU마블 시네마틱 유니버스의 세계관이 이것을 잘 보여 준다. 온 세상이 이미 서양이 되었다는 것을 보여 주고 말이다. 그 마블의 세계에는 가장 물질적인 것과 가장 영적인 것이 절묘하게 섞여 있다. 마블의 세계관은 사람의 어리석음과 한계를 솔직하게 인정하는 것처럼 보이지만 외계에서 온 존재의 공격 앞에서 결국은 우리가 스스로를 믿어야 한다는 것을 보여 준다. 디즈니의 세계관도 마찬가지이다. 디즈니는 악의 공격이 거대할수록 동화와 같은 환상적인 세계를 펼쳐 보인다. 우리가 그런 동화의 세계가 있다는 것을 믿느냐 하는 것이 관건이다. 마술의 세계는 마술을 믿는 믿음에 달려 있다. '하늘은 스스로 돕는 자를 돕는다'가 현대적 예배의 모토이다. 이제 우리는 더 이상 신의 도움을 무작정 기다려서는 안 된다, 우리가 나서야 한다, 우리가 나설 때 신이 도와준다는 것이다. 한마디로 말해서 현대문화는 우리가 스스로를 믿고, 스스로를 예배해야 한다고 가르친다. 전통적인 종교인들이 하는 예배에 대해 알레르기 반응을 보이면서 동시에 스스로를 향한 예배를 지극히 당연하게 생각하는 것이 현대문화이다. 예배는 결코 당연한 것일 수 없는데 말이다. 예배는 당연한 것이 아니라 은혜일 수밖에 없다.

정리

예배와 현실에 대해 살펴보았다. 이 책의 첫 장을 시작하면서 "오늘 우리에게 예배는 무엇인가?"라고 물어본다. 예배에 대해 우리가 어떻게 생각하는지 그 현실을 살펴보자는 질문이다. 일 장을 요약하면 '예배는 어디에나 있지만, 예배는 아무것도 아닌 것이 되었으며, 우리는 당연하지 않은 예배를 하고 있다'가 될 것이다. 무슨 말인가? 현대인들은 아직까지도 예배가 사라지지 않고 존재하고 있는 것 때문에 신기해 하면서 동시에 예배에 대해 의혹의 시선을 보낸다. 신이나 예배라는 것은 결국 자신의 갈망과 절망의 외적 표현에 불과한 것이라고 생각한다. 예배의 대상은 결국 자기 자신일 수밖에 없다고 생각한다. 이 세상에서 그들이 믿을 수 있는 존재가 자기밖에 없기 때문이다. 여기까지 말하고 나면 아이러니하게도 현대인들은 예외 없이 이미 예배하고 있다고 말해야 할 것이다. 그렇다. 사람은 타락했지만 그 대상이 무엇이 되었든, 누가 되었든 예배할 수밖에 없다.

다시 한 번 더 물어보자. 우리의 예배 현실은 어떠한가? 오늘 우리에게 예배는 무엇인가? 오늘 우리에게 예배는 그 자체가 목적이 되어야 한다. 다른 어떤 쓸모가 없는 것이어야 한다. 우리는 예배를 너무 수단적으로 본다. 예배하면 내가 바라는 일이 일어날 것이라고 생각한다. 예배 중에 대단한 일이 일어나지는 않더라도, 적어도 예배했기 때문에 자기 삶은 안전할 것이라고 생각한다. 아무런 의미가 없다고 생각하면서도 예배에 참석하는 사람들도 있다. 예배에 참석하지 않으면 하나님께서 벌을 내리실 것 같아서 그런다. '설마 하나님이 그렇게 쫀쫀한 분이겠냐?'라고 생각해도 괜히 찜찜하니 예배한다. 아무것도 아닌 예배를 드린다.

우리는 당연하지 않은 예배를 해야 하겠다. 우리는 당연히 하나님을 예배해야 하지만, 그 예배는 당연한 그 무엇이 되어서는 안 된다. 우리의 예배는 늘 불가능한 예배, 당연하지 않은 예배, 은혜일 수밖에 없는 예배여야 할 것이다.

함께 나누기

1. 예배는 어디에나 있다는 것을 경험한 것을 이야기해 보자. 문화인류학자들이 '어떤 고대 문명도 종교 없는 문명이 없다'고 보고하는 것을 생각해 보자.

2. 종교인들이 열심히 예배하지만 정작 그들에게 예배가 아무것도 아닐 수 있음에 대하여 이야기해 보고, 이것과 관련한 자신의 경험이 있다면 이야기해 보자.

3. 예배가 왜 당연한 것이 아닌지 이야기해 보고, '오늘 우리에게 예배는 무엇인가?'라는 제목으로 에세이를 써 보자.

2장
예배와 교회

교회가 부름 받은 이유를 한 가지만 들라고 한다면 예배이다. 하지만 예배할 때 비로소 교회가 생겨난다는 것을 알아야 하겠다. 예배는 교회의 정체성이요, 동시에 교회를 표현한다. 더 나아가 예배가 교회를 교회 되게, 즉 교회를 실현한다. 예배가 아니고서는 교회가 어떤 경우에도 교회일 수가 없다는 말이다. 즉, 교회는 예배만 잘해도 된다.

서론

교회라고 하면 사람들이 가장 먼저 떠올리는 것이 무엇일까? 믿는 우리들이 아니라 불신자들이 무엇을 떠올릴까를 물었다. 비기독교인들은 십자가를 제일 먼저 떠올릴 것이다. 예배당 건물 꼭대기에 십자가가 항상 달려 있으니 말이다. 교회들마다 앞다퉈 십자가를 내건다. 상가에 있는 교회들은 십자가를 더 크게 내걸려고 한다. 함께 있는 수많은 업체들과 경쟁하려는 것은 아니지만, 여기 거룩한 교회도 있다는 것을 알려야 하기 때문이다. 간판만 가지고는 모자라니 옥상에 십자가를 세운다. 밤에 더 선명하게 보이도록 네온사인으로 십자가를 만들어 세운다. 십자가는 이렇게 기독교의 상징이 되었다. 세상 사람들이 십자가를 무엇이라고 생각할까? 아니, 우리 기독교인들이 십자가를 무엇이라고 생각할까?

우리나라의 어떤 개신교단에서는 예배당 내에서, 강단에서 십자가를 제거하기로 결정했다. 십자가가 우상 숭배의 대상이 될 수 있기 때문이란다. 개신교인들 중에서 예배당에 와서 십자가를 향해 두 손을 모으고 절하면서 복 달라고 비는 이들이 있는지 모르겠다. 그러나 지금의 문제는 십자가를 숭배하는 것이 아니라, 십자가가 아무런 의미 없는 것이 되어 버린 것이 아닐까? 사람들이 십자가를 액세서리로 사용하는 것을 보면 이제 십자가는 하나의 장식에 불과한 것이 되었다.

우리 기독교인들이 교회라고 하면 가장 먼저 떠올리는 것은 무엇일까? 십자가와 더불어 아마도 예배일 것이다. 기독교인들은 교회를 예배하는 곳이라고 생각한다. 물론, 교회는 건물이 아니다. 교회 건물은 예배당이라고 부르는 것이 낫겠다. 그런데 교인들이 모이는 건물을 예배당이라고 부르는 것을 통해 교회가 예배하는 곳이라는 생각이 더 굳어진다. 이러한 생각은 우리 기독교만의 생각이 아니다. 넓게 보면 모든 종교들이 마찬가지일 것이다. 종교 하면 가장 먼저 떠오르는 것이 예배일 것이다. 종교의 핵심은 예배에 있다고 생각하는 것이 무리가 아니다. 기독교회도 마찬가지이다. 예배 없는 교회를 상상할 수 없다. 요즘은 예배를 다른 활동들로 대체하려는 움직임이 일어나고 있지만 말이다.

이렇게 교회와 예배는 떼려야 뗄 수 없이 연결되어 있다. 이번 장에서는 바로 이 예배와 교회의 관계를 살펴보려고 한다. 말의 순서를 바꾸어야 한다고 말하는 이들이 있을 것이다. '교회와 예배'라고 해야 한다고 말이다. 교회가 먼저 있고, 그 교회가 하는 것이 예배라고 생각하면서 말이다. '예배와 교회'라고 한 것이 이미 결론을 담아 말한 것일 수 있는데, 그래도 왜 교회보다 예배를 앞세우는지를 들어 보면 좋겠다. 예배가 교회를 탄생시킨다는 것, 교회를 표현한다는 것, 교회를 실현한다는 것을 살펴보려고 한다.

1. 교회를 탄생시킨 예배

교회가 먼저 있었을까, 아니면 예배가 먼저 있었을까? '닭이 먼저냐, 달걀이 먼저냐'는 질문처럼 쓸데없는 질문이라고 할지 모르겠다. 농담에 너무 진지하게 반응하는 것일 수 있지만, 성경의 창조 기사에 의하면 하나님께서 닭을 먼저 만드셨다고 보아야 하지 않을까? 동물들을 종류별로 만드셨다고 하니 말이다. 하나님께서 닭을 만드셨고, 그 닭이 달걀을 낳았다고 말해야 할 것이다. 이것에 비추어 하나님께서 교회를 먼저 만드셨는지, 아니면 예배를 먼저 만드셨는지 생각해 보면 되겠다. 흔히들 교회가 먼저 있고, 그 교회가 하는 것이 예배라고 생각한다. 과연 그럴까? 또 다른 예를 들어 보자. 성경과 교회에 대해 생각해 보자. 성경이 먼저 있었는가, 아니면 교회가 먼저 있었는가? 성경의 권위는 교회에 매여 있는가? 교회가 성경을 승인했기 때문에 성경이 하나님의 말씀이 되었는가? 그래서 교회가 성경보다 우위에 있는가?

교회가 성경을 만든 것도 아니고, 승인한 것도 아니다. 성경이 먼저 있었고, 교회는 그 성경을 하나님의 말씀으로 받아들였다. 이것을 예배와 교회에 그대로 적용할 수는 없겠지만, 우리는 이것에 비추어 예배와 교회의 관계를 깊이 생각해 볼 필요가 있다.

성경을 확인해 보자. 교회는 언제 세워졌을까? 그리스도께서는 부활하신 후 하늘에 오르시기 전 40일 동안 제자들에게 종종 나타나셔서 그동안의 가르침을 전부 요약해 주셨다. 아마도 제자들은 기말고사와 종합고사까지 쳤을 것이다. 그것을 한마디로 요약하면 '하나님 나라의 일'행1:3이었다. 그런데 성령께서 오셔서 정작 세우신 것은 하나님 나라가 아니라 교회였다. 교회를 통해 하나님 나라를 이루신다는 것을 보여 주신 셈이다. 교회가 하나님 나라 자체는 아니어도 하나님 나라의 핵심기관이기는 하다는 것을 보여 준다. 교회는 하나님 나라의 베이스캠프base camp, 기지라고 하면 되겠다. 오순절에 성령께서 오셔서 교회를 세우신 것은 그리스도께서 이루신 구속 사역이 교회를 통해 선포되고 누려지는 것을 통해 온 세상으로 뻗어 나간다는 것을 보여 준다.

구약 시대에는 교회가 없었을까? 에덴동산을 교회로 볼 수 있을까? 아담과 하와를 교회로 볼 수 있을까? 그렇게까지 볼 필요는 없을 것이다. 아담과 하와는 가정이라고 보면 되겠다. 하나님께서 하와를 아담에게로 이끄셔서 주례하시면서 두 사람을 부부가 되게 하셨기 때문이다. 하나님께서 처음부터 세우신 것은 교회가 아니고

국가도 아닌 가정이라는 말이다. 교회는 국가와 함께 타락 이후에 세워졌다고 보는 것이 자연스럽다.

그런데 성경에는 구약의 특정한 시대에 있었던 교회를 언급한 경우가 있다. 흥미롭게도 스데반은 산헤드린 공회 앞에서 설교하면서 '광야 교회'를 언급한다^{행7:38}. 이스라엘 백성들이 광야에서 생활하던 모습을 '광야 교회'라고 규정한 것이다. 하나님께서 이스라엘을 애굽에서 탈출시키시고 시내산으로 인도하셔서 그 산에서 그들과 더불어 언약을 맺으신 것이 바로 광야 교회의 시작이었다. 시내산에서 광야 교회가 설립되었다. 모세가 개척하여 설립한 것이 아니라, 하나님께서 친히 광야 교회를 설립하시고 모세를 목회자로 세우셨다. 하나님께서 이스라엘 자손과 더불어 언약을 맺으신 것이 바로 광야 교회의 출발이었던 것이다.

광야 교회는 하나님께서 이스라엘 자손들 전체를 하나님 앞에 불러 모으셨을 때 시작되었다. 모세는 모압 평지에서 곧 가나안 땅에 들어가게 될 이스라엘 자손들에게 긴 고별설교를 하는데, 이것이 바로 '신명기'이다. 모세는 이스라엘의 광야 역사를 요약한 후에 광야 교회가 시작된 날을 회상하며 시내산에 강림하신 하나님께서 친히 하셨던 말씀을 언급한다. "네가 호렙 산에서 네 하나님 여호와 앞에 섰던 날에 여호와께서 내게 이르시기를 나에게 백성을 모으라 내가 그들에게 내 말을 들려주어 그들이 세상에 사는 날 동안 나를 경외함을 배우게 하며 그 자녀에게 가르치게 하리라 하시매"^{신4:10} 하나님께서 모세에게 백성을 "모으라_{히브리어 '카할'}"라고 하셨다. 이

"모으라"라는 말을 70인역은 '교회'헬라어 '에클레시아'라고 번역한다. 교회란 하나님의 백성들이 하나님의 부르심을 받아서 하나님 앞에 모이는 것임을 알 수 있다.

예배가 무엇인지는 다양하게 정의할 수 있지만, 예배는 아주 단순한 것이다. 온 회중이 하나님 앞에 모이는 것이 예배다. 하나님께서 회중을 부르시고, 하나님 앞에 선 회중을 향해 하나님께서 말씀하시고, 회중이 하나님께 응답하는 것, 이것이 바로 예배이다. 이스라엘 자손이 출애굽하여 시내산에 강림하신 하나님 앞에 선 것이 바로 첫 번째 공☆예배다. 이전에 아브라함이 제단을 쌓기도 하고 이스라엘이 고통 가운데 하나님께 부르짖곤 했지만, 최초의 공예배는 이스라엘 자손이 시내산에서 하나님 앞에 모여 선 것이다.

이 장면을 머릿속에 그려 보라. 이스라엘 온 회중이 하나님 앞에 모여 선 것 말이다. 얼마나 영광스러운 장면인가? 하늘에 계신 하나님께서 친히 시내산에 강림하시고, 그 산자락으로 이스라엘 자손들을 불러 모으셨다. 강림하신 하나님 그분 앞에 이스라엘이 모여 섰던 것이 최초의 공예배였다. 이렇게 이스라엘 자손이 하나님 앞에 모였을 때에 광야 교회가 설립되었다. 여기서 우리는 하나님 앞에 선 이스라엘 자손이 하나님을 예배하면서 교회가 형성되었다는 것을 알 수 있다. 교회는 인간이 주도하는 모임이 아니라, 하나님께서 친히 그분 백성을 불러 모으셔서 그분을 예배하게 하실 때 탄생된다.

자, 그럼 다시 물어보자. 교회가 먼저 생겼을까, 아니면 예배가 먼저 생겼을까? 교회가 먼저 생겼고, 그 교회가 이후에 예배를 만들었을까? 아니면 하나님께서 부르셔서 예배했는데 그 예배로 말미암아 교회가 생겼을까? 위에서 살펴보았듯이 예배하면서 교회가 탄생했다. 예배가 곧 교회라는 말이다. 교회는 건물이 아니라 하나님 백성이 하나님 앞에 모이는 것인데, 이 모임이 곧 예배요 교회이다. 교회가 예배를 기획하고 만든 것이 아니라 하나님을 예배하면서 교회가 생겨났다. 교회가 세워지고 난 다음에 교인들이 모여서 우리가 하나님을 이래저래 예배하자고 의논해서 예배가 시작된 것이 아니다. 하나님께서 택하신 그분 백성을 부르셔서 하나님 앞에 세우신 것이 예배였고, 이렇게 예배하면서 교회가 생겨났다. 이렇게 예배와 교회는 떼려야 뗄 수 없이 연결되어 있다. 교회보다 예배를 먼저 앞세워도 된다. 예배가 교회를 불러낸다.

교회는 한마디로 말해서 '예배하는 공동체'다. 예배 없이는 교회도 없다. 예배하면서 교회가 탄생했기 때문이다. 교회의 기원이 예배에 있기 때문이다. 실제로 한국교회는 예배를 가장 중요한 것으로 가르친다. 그런데 예배가 너무 흔한 것이 되다 보니 신자들이 예배에 큰 기대가 없는 것이 사실이다. 그래서 예배는 전부이면서 아무것도 아닌 것이 되어 버렸다.

이렇게 된 주된 이유는 우리가 예배를 주도해야 한다는 생각 때문이다. 우리는 바로 '우리가 예배한다'고 생각한다. 그러므로 예배를 우리가 원하는 대로 얼마든지 기획할 수 있다고 생각한다. 우리가 주도권을 가지고 '이렇게 예배해 보자, 저렇게 예배해 보자'고 한다. 예배를 적극적으로 기획한다는 말이다. 잘못된 것만은 아니다. 성경에는 예배 순서를 이렇게 하라고 명시적으로 말씀하는 내용이 없기 때문에 우리는 얼마든지 예배 순서를 짤 수 있다. 예배를 기획할 수 있다. 하지만 우리가 잊지 말아야 할 것은, 예배는 우리의 기획이 아니라 하나님의 기획이라는 사실이다. 우리가 하나님 앞에 모일 때에 예배가 시작된다. 이러한 예배를 통해 교회가 시작된다.

2. 교회를 표현하는 예배

교회라고 하면 제일 먼저 떠오르는 것이 십자가인데, 그렇다면 십자가를 교회의 얼굴이라고 말할 수 있을까? 십자가가 기독교의 상징이 되었지만, 나는 예배가 교회의 얼굴이라고 말하려고 한다. 교회는 예배를 통해 교회가 어떤 곳인지를 이 세상 가운데 드러낸다. 예배를 통해 교회는 우리가 하나님을 어떻게 만났는지를 고백한다. 예배를 통해 우리가 하나님께 어떻게 나아가게 되었는지를 드러낸다. 우리는 예배를 통해 하나님께서 그분의 백성에게 어떻게 찾아오시는지를 드러낸다. 예배는 하나님과의 만남이 어떻게 가능한지를 알려준다. 예배는 그냥 하나의 의식에 불과한 것이 아니라 우리의 신학 전체를 담고 있다. 그렇기 때문에 예배야말로 교회의 모든 것을 담고 있는 교회의 얼굴이라고 말할 수 있다. 예배는 하나의 의식에 불과한 것이 아니라 하나님께서 그분의 백성을 만나 주시는 것이고, 그것이 기독교의 모든 것이다.

세상은 우리가 어떻게 예배하는지 유심히 지켜보고 있다. 요즘은 비신자들이 예배당에 오지 않아도 얼마든지 예배를 볼 수 있다. 종교방송들이 앞다퉈 예배하는 장면을 내보내고 있기 때문이다. 교회들은 앞장서서 자기 교회의 예배 실황이며 담임 목사의 설교를 내보내려고 한다. 교회를 알리는 방법으로서는 이게 최고라고 생각하기 때문이다. 이제 세상 사람들은 마음만 먹으면 자기 안방에서 예배를 얼마든지 구경할 수 있다. 굳이 예배당을 찾아가는 수고를 하지 않아도 된다.

문제는 이제 기독교인들조차 예배에 대해 다양한 선택을 할 수 있게 되었다는 사실이다. 어느 정도의 규모가 있는 교회들은 주일에 아침부터 저녁까지 여러 번 예배를 나누어서 한다. 그 교회의 신자들은 자기가 원하는 시간을 골라서 예배에 참석하면 된다. 하루 중 언제든지 시간을 내면 된다. 심지어 예배당에 가지 않아도 된다. 주일이라도 자기가 하고 싶은 일을 마음껏 하고 나서 잠시 짬을 내어서 방송으로 예배를 시청하면 되니 말이다. 이제는 온라인교회도 생기고, 온라인으로 헌금할 수도 있으니 굳이 예배당을 찾아가지 않아도 된다.

이제는 교회도, 예배도 그렇게 너무나 다양해졌다. 예배가 다양해졌다는 것을 부정적으로만 볼 필요는 없다. 예배가 다양해졌다는 것은 그만큼 교회에서 예배가 중요하다는 것을 보여 주니 말이다. 어떤 형태의 예배이든지 그 예배가 교회를 지속적으로 표현하고 있다. 교회가 어떤 곳인지를 알 수 있는 것이 예배다. 예배는 교회의 계속적인 현현顯現이라고 할 수 있다. 예배를 교회의 성육신成肉身이라고 말하면 이상한가? 예배할 때마다 교회가 이 땅에 새롭게 출현한다고 말하면 이상한가? 아직까지도 많은 신자들이 예배당에 출입하는 것을 교회에 간다고 말한다. 우리는 주일마다 정해진 건물로 가지만 그곳이 교회가 아니다. 교회가 고정되어 있는 것이 아니라는 말이다. 어디가 되었든지 상관없이 하나님의 부름을 받은 회중이 모여 하나님을 예배하는 순간에 교회가 계속해서 생겨난다고 말할 수 있다.

신약 시대 교회는 구약 시대처럼 성전이라는 특정한 건물을 중심으로 이루어지는 것이 아니라 살아 있는 건물로 이루어진다. 교회는 살아 있는 건물이다. 움직이는 건물이다. 이스라엘 자손들과 함께 이동하던 광야 시대에 지어진 성막을 말하는 것이 아니다. 신약 시대는 성막도 성전도 필요 없고, 어디서든지 신자가 예배할 때마다 그리스도의 몸이 이 땅에 우뚝 선다. 사도 바울은 승천하신 주님께서 교회에 은사와 직분을 허락하셨는데, 그것을 통해 그리스도의 몸을 세운다고 말씀한다엡4:12. 이 은사와 직분이 예배를 위한 것임을 안다면, 우리는 예배를 통해 이 세상 속에서 그리스도의 몸이 우뚝 선다는 것을 알 수 있다. 예배할 때마다 건물이 아니라 그리스도의 몸이 우뚝 선다. 예배할 때마다 온 세상 가운데 그리스도의 몸인 교회가 그 아름다운 자태를 드러낸다.

우리는 교회가 어떤 고정된 모습으로 특정 장소에 항상 있을 것이라고 생각한다. 그래서 우리는 '교회에 간다'는 표현을 자주 쓴다. '예배당'을 '교회'라고 생각하는 것도 이런 생각을 하게 만든다. 그러나 교회는 어떤 장소에 고정되어 있는 것이 아니다. 교회는 발전한다. 교회는 자란다. 교회 회원이 계속해서 늘어나면 교회가 성장하는 것이라고 생각할 수 있다. 헌금이 늘어서 사회를 위해서 여러 가지 사업을 하며 교회의 대사회적인 영향력이 커지는 것도 교회가 성장하고 하나님 나라가 확장되는 것이라고 말할 수 있다. 그런데 우리는 교회의 성장을 그런 수적인 측면, 물질적인 측면에서만 생각해서는 안 된다. 교회의 성장은 교회가 그리스도의 장성한 분량에까지 자라는 것이다엡4:13. 이렇게 그리스도에게까지 자라는 것은 신자 각 개인의 향상에 달린 것이 아니라, 교회가 하나가 될 때에 이루어진다. 이 연합, 이 장성함이 바로 예배를 통해서 이루어지는 것이다.

교회는 예배를 통해서 계속해서 자라 간다. 식물이나 나무가 자라는 것처럼 말이다. 예배로 교회가 성장한다. 우리는 에베소서 5장 16절 말씀을 주목해야 하겠다. "그에게서 온 몸이 각 마디를 통하여 도움을 받음으로 연결되고 결합되어 각 지체의 분량대로 역사하여 그 몸을 자라게 하며 사랑 안에서 스스로 세우느니라" 예배할 때 하늘에 계시는 교회의 머리이신 그리스도께서 지상에 있는 그리스도의 몸인 교회와 연합하신다. 그래서 교회가 살아나고, 움직이고, 성장한다. 하나님의 회중이 어디서든지 모여 하나님을 예배할 때 교회는 비로소 살아 움직이기 시작한다.

이렇게 예배는 교회를 표현할 뿐만 아니라 교회를 늘 새롭게 세우고 있다. 이 땅에 지금도 개척교회가 계속해서 세워지고 몇 년이 되지 않아 수많은 개척교회들이 문을 닫는다. 그러면 또 다른 교회가 그 장소를 빌려서 교회 명패를 단다. 이렇게 수많은 교회들이 세워졌다가 문을 닫는 것이 반복되기에, 교회를 개척한다고 하면 신자들조차 또 개척교회냐며 고개를 절레절레 흔드는 경우가 있다. 잘못된 생각이다. 이 땅에는 교회가 여전히 필요하기에 교회가 계속해서 세워져야 한다. 건물이 새로 생기지 않아도 우리가 예배할 때마다 교회가 계속해서 세워진다는 사실을 알아야 하겠다.

　　교회는 다른 어떤 프로그램이 아니라 예배할 때 활기를 얻고 새로운 생명을 얻는다. 이것을 신자 개개인의 문제로 접근해 보자. 우리는 신자이기에 예배한다. 교회 회원이기에 예배한다. 불신자도 예배에 참석할 수 있다. 고대 교회에서도 불신자가 예배에 참석하곤 했다. 그 예배는 2부로 된 예배여서 1부 말씀 예배에는 불신자도 참석할 수 있지만, 성찬 예배가 시작될 때는 불신자를 다 내보낸다. 심지어 세례 받기 위해 준비하고 있는 세례 준비자들도 내보낸다. 성찬 예배 중에 세례 받지 못한 이들에게 보여 줄 수 없는 불편한 것이 있기 때문이 아니다. 성찬 예배 안에서 어떤 일이 벌어지는지를 궁금해 하라고 한 것이 아니다. 이렇게 신자 외에는 성찬 예배에 참석할 수 없었기 때문에 온갖 억측이 생겨났다. 어린 아기를 잡아 먹는다느니, 교제의 입맞춤을 오해하여 동성애를 한다느니 하는 억측들 말이다. 중요한 것은 신자가 이렇게 성찬에 참여하면서 자신이 교회에 속해 있고, 하나님께 속해 있다는 것을 분명하게 누린다. 예배하면서 우리는 계속해서 신자가 되어 간다는 말이다. 예배하기 전에도 이미 신자였지만 불신자와 다르지 않을 때가 많다. 사실, 우리에게는 믿음이 없다. 믿음은 오직 그리스도의 것이다. 믿음은 우리가 만들 수 있는 것도, 우리에게서 발산되어 나오는 것도 아니다. 믿음은 선물이다. 믿음은 은혜이다. 예배를 통해서 그 믿음이 주어지고, 믿음이 강화되고, 믿음이 자라난다. 예배를 통해 교회가 제대로 표현되고, 신자가 제대로 표현된다.

3. 교회를 실현하는 예배

예배는 교회를 탄생시켰을 뿐만 아니라 이 세상에 교회를 드러내고, 더 나아가 교회를 실현한다. 예배가 교회를 실현한다고 말하는 것이 예배를 지나치게 숭상하는 것은 아닌가? 사람이 드리는 예배가 아무런 흠결이 없는 것도 아닌데 말이다. 예배 안에 온갖 인간적인 욕망이 꿈틀대고 있으니 그렇다. 교회가 세상처럼 되었다는 것이 예배하는 모습을 통해 드러난다. 아주 교묘한 방식으로 숨기고 있지만 세상 사람들조차도 알아차린다. 가면 갈수록 예배의 위상이 추락하고 교회는 회중의 요구를 충족시켜 주기에 바쁜데, 예배를 이렇게 격상시키는 것은 시대착오적인 것이 아닌가?

아니다. 하나님과 그분 백성의 만남인 예배야말로 교회를 최종적으로 실현한다. 너무나 원칙적인 이야기에 불과하다고 말할지 모르겠지만, 예배가 곧 교회이기에 예배가 교회를 실현한다고 말해도 될 것이다. 교회를 교회답게 만드는 일은 다른 그 어떤 것이 아니라 예배에 달려 있다는 말이다.

예배를 통해 '나타나는' 교회를 넘어, 예배를 통해 '실현되는' 교회의 모습을 살펴보자. 고대 교회로부터 교회의 속성을 그리스도의 몸에 속하여 일치를 이루는 '단일성', 세상에서 불러내어 성령이 거하시는 집이 되었다는 '거룩성', 시공간을 초월하여 모든 민족 가운데 세워졌다는 '보편성', 사도들과 선지자들의 터 위에 세워져서 사도적인 교훈을 파수한다는 '사도성'으로 규정했다. 이것은 고대 교회의 세 가지 중요한 신경 중 하나인 니케아신경Nicene Creed, Symbolum Nicaenum에서 분명하게 고백하고 있다. "또한 하나이고 거룩하고 보편적이고 사도적인 교회를 우리는 믿습니다." 니케아신경을 계승하는 동방 교회의 고백과 달리 서방 교회의 신앙고백인 사도신경The Apostles' Creed, Symbolum Apostolorum은 "나는 거룩한 공교회를 믿습니다."라고 고백함으로써 '거룩성과 보편성'에 더 집중하지만, 어쨌든 교회의 이 네 가지 속성은 예배를 통해서 거듭 확인될 뿐만 아니라 실현된다. 교회가 예배하면서 교회의 속성이 구현된다는 말이다.

그러므로 교회가 제대로 예배하지 않고서는 교회의 속성은 하나의 구호에 머물 수밖에 없다. 그래서 종교개혁자들은 구호에 불과하게 된 교회의 속성을 점검하는 방안으로 '교회의 표지'를 말했던 것이다. 그들은 '바른 말씀 선포'와 '정당한 성례 집행'을 통해 교회의 속성을 확인하려고 했다. 곧 종교개혁자들은 예배의 회복을 통해 교회를 회복하려고 했다. 예배를 통해 하나이고, 거룩하고, 보편적이고, 사도적인 교회를 실현할 수 있다고 믿었기 때문이다.

우리가 어디서든지, 어떤 민족에서든지, 심지어 시대를 초월하여 하나님을 예배하는 것이야말로 교회의 단일성을 구현하는 것이다. 수많은 지역교회地域敎會, local church들의 예배가, 갈가리 찢기고 나뉘어 있는 교회 곧 그리스도의 찢어진 몸을 하나로 만든다. 예를 들어, 우리가 회원인 본교회가 아닌 다른 교회에서 예배하는 경우를 생각해 보자. 어떤 경우 우리가 다른 교단의 교회 예배에 참석할 수 있다. 심지어 예배를 알아 가기 위해 동방 정교회東方 正敎會, Eastern Orthodoxy의 예배에 참석해 볼 수도 있다. 우리는 이런 낯선 형식의 예배에 참석하여 어색함을 느끼면서도, 그들도 역시 나와 동일하게 삼위 하나님께 예배한다는 것을 알 수 있다. 역사상 있어 온 다양한 예배, 특정 민족이나 특정 지역들에서의 특정한 예배들은 다양하게 나타나면서도 '교회의 단일성'을 구현한다. 우리가 예배하는 모습은 다양해도 예배를 통해 우리는 우리 믿음이 하나요, 우리 구원주가 한 분이시요, 우리를 위해서 일하시는 영이 한 분이심을 안다.

지상 교회의 예배는 아직도 여전히 온전히 거룩하지 못한 타락한 냄새를 많이 피운다. 우리의 예배가 하나님께 올리는 향기로운 향기가 되는 것이 아니라, 하나님께 역겨운 냄새를 피워 올리는 것일 수도 있다. 구약 시대에 종종 그랬다. 하나님께서 이스라엘 자손들이 예배하지 못하도록 성전 문을 닫아거는 자들이 있으면 좋겠다고 말씀하셨던 적도 있다말1:10. 사실, 구약 시대의 하나님 백성들은 결국 순수하게 예배드리지 못했다. 바벨론 포로 생활 이후에도 하나님 백성 이스라엘 사람들은 여전히 우상 숭배에 빠져 있었다. 구약의 마지막 성경인 말라기서를 보면 이 사실을 잘 알 수 있다. 그래서 우리는 하나님을 온전히 예배하신 그리스도를 의지할 수밖에 없다. 즉, 하나님을 온전히 예배하신 그리스도, 그리하여 이제는 친히 예배를 인도하시는 그리스도로 말미암아 예배는 '교회의 거룩성'을 구현한다.

예배가 어떻게 '교회의 보편성', 즉 '공교회성'을 구현할까? 현대 교회의 예배는 전통적인 예전으로부터 계속해서 멀어지고 있지 않은가? 소위 말하는 토착화로 인해 예배가 나라마다, 민족마다 달라져도 너무 달라졌지 않은가? 심지어는 예배가 토착 종교들의 모습을 반영하여 하나의 토착 종교 의식이 되기도 하지 않았는가? 예배의 현실은 이렇게 보편성과는 거리가 먼 것처럼 보이지만, 우리는 예배야말로 보편적이고 우주적인 교회를 구현한다고 본다. '공예배'라는 말을 통해서 알 수 있듯이 예배는 사사로운 모임에 불과한 것이 아니기 때문이다. 독일의 사회학자 막스 베버Max Weber가 그의 저서 『소명으로서의 정치』에서 정치를 '비창조적 흥분상태'라고 표현한 것을 빌려 말하자면, 예배는 교회마다 나름으로 '종교적인 흥분상태' 빠지는 것이 아니다. 예배는 지역적이면서 동시에 보편적이다. '공예배'를 통해 '공교회'가 실현된다.

예배는 가시적인 것이기에 교회들이 경쟁하듯이 특별한 예배를 추구하고 있지는 않은가? 상품이 경쟁력이 있기 위해서는 타 제품과 조금이라도 차이가 있어야 하기 때문이다. 현대 교회의 예배는 가면 갈수록 '달라 보이기 경쟁'을 하고 있다. 예배가 달라지려고 하면 할수록 예배는 보편적이 되는 것이 아니라 편파적으로 되고, '사도성使徒性'으로부터도 멀어지기 쉽다. 교회의 사도성은 로마 가톨릭에서 중시하는 사도의 권위, 곧 사도권使徒權 계승의 문제에 달린 것이 아니다. 예배도 마찬가지이다. '예배의 사도성'이라는 말을 쓸 수 있다면, 그것은 누가 예배를 인도하느냐에 달린 문제가 아니라 예배자들이 어떤 고백을 하느냐에 달렸다. 즉, 예배는 고백이다. 예배에서 사도신경과 니케아신경을 고백하는 것이야말로 예배의 사도성, 그리고 교회의 사도성을 구체적으로 드러내는 것이다. 우리는 내가 속하지 않은 다른 교회의 예배에 참석해도, 이 고백을 함께하면서 '사도성'을 함께 누린다.

공예배가 이처럼 교회를 구현한다고 말함에도 불구하고 여전히 "예배가 교회를 분열시키는 일에 앞장선다"라고 말하는 이들이 있을 것이다. '우리가 예배하는 모습이 교회의 본질을 구현하는 것을 방해하는 것이 아닌가' 하는 의구심을 가진 이들도 있을 것이다. 이제는 예배를 좀 줄이고 기독교적인 실천사항들을 만들어 함께 협력한다면 기독교가 세상에 훨씬 더 매력적으로 다가갈 것이라고 생각하는 이들도 많다. 어떤 교인이 미국에 있는 자기 아들이 다니는 교회를 예로 들었다. 그 교회는 주일 오전에 예배하고, 오후에는 예배 없이 지역사회 봉사를 위해 다들 예배당 밖으로 나간다는 것이다. 예배가 세상에서 도피하는 것이 될 수 있고, 주일이 그저 교인들끼리 모여서 재미있게 놀고 즐기는 것이 될 수 있기에, 그런 것들을 되도록 줄이고 사회를 향해 적극적으로 나간다는 것이다. 그러면서 그렇게 생각하고 실천하는 것이 가장 기독교적이 아니겠냐고 말했다. 이제는 활동이 예배를 대체하기 시작했다는 것을 보여 준다고 하겠다. 예배가 너무 다양해서 혼란스럽고, 예배가 우리 신앙의 실천 의지를 약화시키는 것이 아닌지 꺼림칙하게 느낀다. 그럼에도 불구하고 예배가 아니고서는 교회의 본질, 즉 단일성, 거룩성, 보편성, 사도성을 실현할 수 있는 길이 없다.

교회는 마지막 날까지 예배하는 무리로 남아 있어야 한다. 교회가 예배하는 무리가 아니라 활동하는 무리가 되고자 하는 것은 큰 패착이다. 교회가 예배를 포기하고 NGO단체들처럼 사회를 위해 활동하고 기여하는 특수단체가 되어서는 안 된다. 그것은 하나님의 활동을 인간의 활동으로 대체하려는 것이다. 총독 느헤미야가 좋은 모범을 보여 주었다고 하겠다. 그는 포로 생활에서 귀환한 하나님 백성, 곧 교회를 회복하기 위해 어떤 프로젝트 활동을 시행한 것이 아니라, 하나님께서 이미 지키라고 하신 절기를 지키면서 하나님을 기뻐하는 것으로부터 출발했다느8:10. 하나님을 예배하기를 포기하는 순간 교회는 맛을 잃은 소금이 되어 뭇 사람들에게 밟힐 수밖에 없다. 예수님께서는 "그들로 너희 착한 행실을 보고 하늘에 계신 너희 아버지께 영광을 돌리게 하라"마5:16라고 하셨는데, 그 착한 행실은 예배를 통해 힘입은 하나님의 은혜와 능력이 아니고서는 나타날 수 없는 행위이다. '오직 활동'이 지배하는 이 시대에, 그러나 교회가 제대로 실현되는 것은 '오직 예배'할 때라는 것을 잊지 말아야 하겠다.

정리

예배와 교회의 관계를 살펴보았다. 우리는 교회가 하는 활동 중 제일 중요한 것이 예배라는 생각을 넘어서야 한다. 우리는 예배를 교회보다 앞세워 설명할 수 있어야 한다. 한마디로 말해서 예배는 교회의 탄생이고, 교회의 성장이고, 교회의 완성이다. 예배는 교회의 역사, 교회의 생애 전체를 감싸고 있다. 교회를 신자의 어머니라고 부르는데, 그렇다면 또한 예배를 신자의 어머니라고 부를 수는 없을까? 우리는 예배를 통해 태어나고, 예배를 통해 양육을 받고, 예배를 통해 완성된다. 지상교회의 영광스러움은 다른 것이 아닌 예배로 드러난다. 교회가 예배를 만든 것이 아니라, 하나님께서 교회에 가장 좋은 선물인 예배를 주셨다. 예배는 교회의 기획이 아니라 하나님께서 교회를 기획하기 위해 주신 선물이다. 교회는 예배를 통해 하나님의 영광을 누린다. 교회는 예배를 통해 하나님의 생각과 마음에로 들어간다. 성령께서 친히 인도하시면서 그리스도를 드러내는 예배를 통해 우리는 하나님의 마음으로 들어간다요4:24, 고전2:12.

마지막 날에 모든 교회가 하나님 앞에 서게 될 텐데, 그때 교회의 종말이 올 것이다. 세상 역사의 종말과 더불어 교회의 종말도 있을 것이다. 타락으로 인해 교회가 세워졌으니, 그리스도께서 다시 오셔서 타락한 세상을 회복하시면 교회의 역할도 종말을 고할 것이다. 종말이라고 해서 이상한 생각이 든다면 끝이라고 말해도 되겠고, 아니면 완료라고 말해도 되겠다. 교회의 종말과 더불어 예배도 종말에 이를 것인가? 그렇지 않다. 교회는 없어지겠지만 예배는 영원할 것이다. 요한계시록 마지막 부분에 보면 그리스도께서 오실 때에 처음 하늘과 처음 땅, 처음 바다가 다시 있지 않을 것이라고 말씀하신다. 새 하늘과 새 땅이 펼쳐질 것이라고 말씀하신다. 하늘에서부터 새 예루살렘이 내려온다고 말씀하신다. 그런데 그 새 예루살렘에는 성전이 없다21:22. 교회가 없어질 것이라는 말이다. 전능하신 하나님과 어린양께서 친히 성전이 되어 주실 것이기 때문이다. 즉, 마지막 날에는 구원의 복음을 선포하고 그 복음으로 인한 구속의 은혜를 누리게 해 주는 교회라는 기관은 사라진다.

그러나 구속의 은혜를 계속해서 찬양하는 예배는 영원히 남아 있을 것이다. 교회가 완료되는 그날에도 예배는 완료되지 않고 계속될 것이다. 그리스도께서 다시 오시면 그리스도와 그분의 재림에 대한 믿음과 소망은 중단되어도 그분을 향한 사랑은 계속되듯이, 예배도 영원할 것이다. 이 땅을 살았던 주의 백성들이 다 같이 영원히 삼위 하나님을 예배하게 될 것이다. 교회의 역할은 끝날 때가 오겠지만, 예배는 끝나지 않고 가면 갈수록 영광스러워질 것이다.

함께 나누기

1. 교회와 예배 중에 어느 것이 먼저 있었다고 말할 수 있는 가? 예배하면서 교회가 탄생 했다는 것에 대해서 이야기해 보자.

2. 예배가 교회의 얼굴이라는 것, 즉 예배가 교회를 어떻게 표현하고 있는지 이야기해 보자. 예배야말로 교회를 성 장시킨다는 사실에 대해서도 이야기해 보자.

3. 예배가 교회를 실현하고 있 다는 것을 '교회의 속성들'(단 일성, 거룩성, 보편성, 사도 성)이 실현된다는 관점에서 설명해 보자.

3장
예배와 언약

공예배는 하나님과 그분의 백성이 맺은 언약 관계를 분명하게 드러낸다. 예배는 하나님과 그분 백성의 언약 체결식이다. 예배를 통해 하나님과 그분의 백성이 계속적으로 교제한다. 더 나아가 예배는 언약을 갱신하는 예식이다. 이렇게 언약을 갱신하는 예식을 통해 교회는 하나님을 닮아 간다. 예배하는 대상을 닮게 되어 있기 때문이다.

서론

기독교를 어떤 종교라고 부르면 될까? 흔히들 기독교를 '사랑의 종교'라고 부른다. 요한일서에서도 "하나님은 사랑이시라"4:8라고 말씀하고 있으니 맞는 말이다. 이것은 어떤 한 가지 관점을 가지고 모든 것을 설명하는 방식이다. 즉, 하나님께서는 거룩하신 하나님, 공의의 하나님이기도 하시지만, 거룩한 사랑, 공의로운 사랑을 베푸시는 분이라고 말할 수도 있다. 놀라운 사실은 하나님께서 그리스도를 통해 우리를 사랑하신 것 속에 하나님의 거룩과 공의가 함께 있다는 것이다.

그러면 불교는 어떤 종교라고 부르면 될까? 흔히들 '자비의 종교'라고 부른다. 석가모니가 생로병사生老病死를 벗어날 수 있는 깨달음을 얻어 중생들에게 가르쳤고, 그래서 윤회輪廻로부터 벗어날 수 있는 길을 보여 주었다고 하니, 이것만큼 사람에게 자비로운 일이 어디에 있겠는가? 이렇게 기독교는 하나님께서 베풀어 주시는 사랑을 강조하고, 불교는 스스로 깨달아서 자비를 나누어 주는 것을 강조한다. 하나님께서 베푸시는 사랑과 사람이 나누는 자비가 어떻게 다른가? 겉으로 보면 사랑과 자비는 아무런 차이가 없어 보인다.

또 다른 유일신 종교인 이슬람은 어떤 종교라고 부를까? 기독교인들은 흔히 이슬람을 '호전적인 종교'라고 생각하는데, 이슬람은 '순종의 종교'라고 부를 수 있겠다. 유일신 알라에게 절대적으로 순종해야 한다고 강조하니 말이다. 이 순종은 이슬람만의 것이 아니라 기독교에서도 예외가 아니다. 사실, 사랑, 자비, 순종 같은 것들은 종교 보편적인 것이라고 말할 수 있다.

기독교를 '사랑의 종교'라고 부를 수 있지만, 사랑이라는 단어가 너무 일반화되고 세속화되어 있기 때문에 뭔가 설명을 덧붙여야 한다. 그런 관점에서 기독교의 독특성을 드러내는 다른 한 단어를 언급하고자 한다. 그것은 '언약Covenant'이다. 세상에서는 이 언약을 소위 말하는 계약Contract이라고 부른다. 언약과 계약은 언뜻 크게 차이가 없어 보이지만 사실은 너무나 큰 차이가 있다. 언약은 하나님과 그분 백성 사이에 맺어지는 계약이다. 이 계약은 동일한 권리와 자격을 지닌 나라들과 사람들 간의 계약이 아니기 때문에 독특할 수밖에 없다.

고대 사회에서는 보통 진정 자유로운 존재가 오직 신뿐이다. 대부분 고대 종교의 신도들은 신의 노예에 불과하다. 그런데 놀라운 사실은, 하나님께서는 친히 그분 백성에게 찾아와 주셔서 계약을 맺자고 하셨다는 것이다. 우리는 기독교의 예배야말로 '언약적 예배'라고 본다. 우리는 하나님과 그분 백성 사이에 맺어진 언약을 통해 기독교를 설명할 수 있다. 기독교는 하나님께서 그분 백성과 더불어 맺으신 언약으로 인해 시작되었고, 교회도 예배도 이 언약에 근거하고 있다. 즉, 언약이 교회뿐만 아니라 예배를 설명한다. 이번 장을 통해 예배는 언약을 체결하는 것이요, 언약의 교제를 누리는 것이요, 언약을 늘 새롭게 갱신하는 것임을 살펴보려고 한다.

1. 언약 체결 예식으로서의 예배

기독교회의 예배는 한마디로 말해서 '언약적'이다. 하나님께서 친히 찾아와 주셔서 언약을 맺자고 하시고 언약을 체결하기 위해 하나님 앞에 회중이 모인 것이 예배이다. 하나님 앞에 선 회중이 곧 예배하는 회중이고, 그 회중이 곧 교회이다. 언약을 생각하지 않고서는 우리가 예배를 바르게 이해할 수 없다.

우리는 출애굽기를 통해 하나님께서 그분 백성을 친히 찾아와 주셨음을 알 수 있다. 우리가 너무나 잘 아는 시내산 사건이다. 하나님께서는 출애굽시키신 이스라엘 자손들을 시내산으로 데려가셨다. 하나님께서 그분 백성을 만나 주시기 위해 시내산에 강림하신 것은 언약을 체결하시기 위해서였다. 하나님께서는 이스라엘 백성과 언약을 체결하시기 위해 자신을 낮추어 이 땅으로 내려오셨다. 다른 모든 종교들은 사람이 신을 찾아가지만 기독교는 하나님께서 사람을 찾아오신다. 이렇게 하나님의 찾아오심이 예배를 가능하게 한다. 사람이 하나님을 찾아가는 노력으로 예배가 시작되는 것이 아니라는 사실이다.

시내산에서 언약이 체결되는 장면을 보자. 이스라엘 자손이 시내산 앞에 장막을 치자 하나님께서 모세를 산으로 불러올리시고는 이스라엘 자손과 더불어 언약을 맺겠다고 말씀하신다. 처음으로 언약이라는 단어를 사용하시는 말씀을 보자. "내가 애굽 사람에게 어떻게 행하였음과 내가 어떻게 독수리 날개로 너희를 업어 내게로 인도하였음을 너희가 보았느니라 세계가 다 내게 속하였나니 너희가 내 말을 잘 듣고 내 언약을 지키면 너희는 모든 민족 중에서 내 소유가 되겠고 너희가 내게 대하여 제사장 나라가 되며 거룩한 백성이 되리라"출19:4-6 얼마나 놀라운 말씀인가? 온 세상이 하나님 소유인데, 그중에 오직 이스라엘 자손과 더불어 언약을 맺겠다고 하신다. 이스라엘 자손은 이제 하나님께서 가장 아끼시는 보물'세굴라'이 되고, 온 세상을 위한 중보中保로서 제사장 나라가 되고, 하나님의 거룩하심을 드러내는 민족이 될 것이다. 놀라운 것은 하나님께서 이스라엘 자손과 더불어 맺으시는 언약은 '온 세상'을 위한 것이라고 하신다. 하나님께서는 온 세상을 위해 이스라엘과 더불어 언약을 체결하신다.

하나님께서 친히 찾아오셔서 언약을 맺어 주신 일이 은혜인 것은, 하나님께서 그분 자신을 내어 주겠다고 하시는 것이기 때문이다. 공식적으로는 십계명 선언 후에 기록된 출애굽기 20장 22절에서 23장 33절까지의 계명들을 '언약서'라고 부르지만, 십계명이야말로 하나님께서 그분 백성과 더불어 맺으신 언약의 내용이 담긴 문서의 요약이다. 그리고 십계명의 서언緖言이 바로 하나님의 '자기 증여'를 잘 보여 주고 있다. "나는 너를 애굽 땅 종 되었던 집에서 인도하여 낸 네 하나님 여호와니라" 하나님께서는 이스라엘을 "너"라고 부르신다. '나와 너'의 관계이다. 그 유명한 유대계 독일인 사상가 마틴 부버Martin Buber가 지은 책 『나와 너Ich und Du』가 바로 이 십계명의 서언에서 따온 것임을 알 수 있다. 하나님께서는 그분 백성을 "너"라고 부르시면서 그들을 아신다고 말씀하신다. 하나님께서는 그 "너"를 애굽 땅에서 구해 내시고 종 되었던 집에서 건져 내셨다. 하나님께서는 이렇게 이스라엘 자손을 종살이하던 땅에서 건져 내시고는 그 백성을 향해 "네 하나님"이 되어 주시는 언약을 체결하자고 하신다.

하나님께서 이스라엘 자손과 더불어 맺으신 언약은 고대 근동에서 히타이트Hittite 민족의 문화에 있었던 '종주권宗主權 계약Suzerain Treaty', 곧 종주국과 종속국 사이에 맺어지는 계약과 유사성이 있었다. 이 계약은 전쟁에서 이긴 나라의 왕과 패배한 나라의 왕 사이에서 맺어지는 계약이었다. 그런데 하나님과 이스라엘 자손 사이의 언약은 하나님께서 이스라엘 자손에게 구원을 베풀어 주신 후에 맺자고 하신 것이다. 얼마나 은혜로운 언약인가? 힘으로 굴복시킨 뒤에 내가 시키는 대로 하기로 맹세하라고 요구하는 것이 아니다. 친히 구원해 주시고 난 다음에 그분 자신을 내어 주시기로 서약하시는 것이 언약이다. 하나님께서는 이스라엘을 구출해 주셨을 뿐만 아니라, 그것만으로 그치지 않으시고 하나님 자신을 계속해서 내어 주겠다고 하신다.

하나님께서 그분 백성과 더불어 맺으신 언약은 인간의 다른 어떤 계약들과도 성격이 다르다. 하나님께서 주권적으로 찾아와 주셔서 맺으시는 언약이기 때문이다. 하나님께서 그분 백성과 맺으시는 언약은 그 시작이 일방적이다. 우리는 일방적이라고 하면 항상 부정적으로 생각하는데, 그렇지 않다. 하나님의 일방성은 하나님께서 주권자이심을 보여 주는 것이다. 하나님께서는 우리가 가진 것을 나눠 받으시기 위해서 다가오지 않으신다. 하나님께서는 우리에게서 얻으실 것이 없으시나 친히 찾아와 주셔서 언약을 맺어 주신다. 아무런 자격이 없는 자들에게 찾아와 주셔서 언약을 맺으시고는 '나는 너희의 하나님이 되고 너희는 나의 백성이 될 것이다'라고 하신다렘11:4, 겔11:20, 36:28.

이처럼 언약은 상대방이 가진 패를 머릿속에 그리면서 내가 가진 패를 하나씩 조심스럽게 내어놓는 게임과 다르다. 하나님께서는 부르짖는 백성에게 친히 찾아와 주시고 일방적으로 패를 다 펼쳐 보이신다. 하나님께서는 '나를 위해 내놓을 것이 무엇인지 말해 보라'고 하지 않으신다. 하나님께서는 그분 백성을 향해 하나님 자신을 주겠다고 하신다. 그렇다면 언약의 시작이 일방적이라는 것은 부정적인 것이 아니라 가장 긍정적인 것임을 알 수 있다. 하나님께서는 자발적으로 찾아오시고, 자발적으로 자신을 내어 주신다. 하나님께서 주권적으로 그분 백성을 찾아오셔서 자신을 내어 주시는 것이야말로 예배의 시작이다.

우리는 예배가 언약적이라는 것에 주목해야 하겠다. 언약처럼 예배는 우리가 주도할 수 없다. 하나님께서 주도하신다. 예배는 그저 종교행사의 하나가 아니다. 하나님께서 친히 그분 백성 가운데 주권적으로 찾아오실 때에 예배가 시작된다. 하나님께서 친히 그분 백성을 부르실 때에 예배가 시작된다. 우리는 흔히 '예배를 드린다'는 표현을 쓴다. 사실, 예배는 드리는 것이 앞설 수 없다. 아니, 모든 종교는 예배를 드린다. 신에게 무엇인가를 드리는 것이 예배이다. 신의 비위를 맞추기 위해서든, 신의 복을 받기 위해서든, 신의 진노를 누그러뜨리기 위해서든 예배는 신에게 올려드리는 그 무엇이다. 그렇지만 우리 기독교회의 예배는 먼저 하나님께서 우리에게 자신을 주시는 것이다. 그러니 우리가 예배를 드린다고 하면 절반만 맞는 말이다. 이상한 말처럼 들릴 수 있지만, 우리는 먼저 예배에서 받아야 한다. 하나님을 받아야 한다. 하나님께서 주신 것을 받지 않고는 하나님께 올려드릴 수 있는 것이 없다. 하나님께서 주시지 않은 것을 가지고 하나님께 올려드리는 것은 예배가 아니라 우상 숭배일 수밖에 없다.

우리는 하나님께서 우리 예배를 주도하신다는 것을 잊지 말아야 할 것이다. 하나님께서 자신을 우리에게 주시는 것이 예배라는 것을 잊지 말아야 할 것이다. 하나님께서는 일방적인 분이 아니라 주권적인 분이다. 하나님께서는 그분을 기쁘게 내어 주신다. 우리의 예배는 하나님께서 우리에게 그분을 내려 주시는 순서들로 가득 차 있다. 예배 순서를 머릿속에 떠올려 보며 하나님께서 우리에게 자신을 주시는 순서에 하향 화살표를 그려 보자. 대표적인 것이 설교이겠다. 또 대부분의 교회에서는 예배의 마지막 순서를 '축도祝禱'라고 부를 것인데, 축도는 '축복하는 기도'라는 뜻이다. 그런데 이 순서는 본래 목사가 하나님의 복을 선언하는 '강복 선언'의 시간이다. 이 순서에도 하향 화살표를 그려야 한다.

이처럼 기독교회의 예배는 하나님께 뭔가를 올려 드리고, 우리의 그 공로에 대해 하나님께서 복 주시기를 기대하는 것이 아니다. 예배는 하나님께서 기뻐하셔서서 그분 자신을 주시는 것이요, 그 하나님을 잘 받는 것이다. 우리는 드리기 전에 받아야 한다. 예배의 핵심은 잘 드리는 것이 아니라 잘 받는 것에 있다. 우리는 예배의 주도권을 하나님께 넘겨 드려야 한다.

2. 언약의 교제를 누리는 예배

하나님과 그 백성 사이의 언약은 하나님의 주권적 일방성이 두 드러진다. 예배는 하나님께서 주도하셔서 시작된다. 하지만 언약 체결은 결코 일방적일 수가 없다. 언약의 파트너가 존재하기 때문이다. 하나님께서 언약의 한쪽 당사자시라면, 하나님의 백성은 언약의 다른 쪽 당사자이다. 하나님께서 주권적으로 찾아와 주셔서 언약을 체결하자고 하시지만 언약 체결은 쌍방적일 수밖에 없다. 언약 쌍방에 '언약의 의무'가 주어진다. 하나님께서는 '내가 이렇게 저렇게 하겠다'고 하시고, 그 백성은 '우리가 이렇게 저렇게 하겠습니다'라고 맹세한다. 하나님께서도 자발적으로 자신을 주겠다고 하시고, 우리는 하나님을 받아서 너무나 감사한 마음으로 하나님께 맹세한다. 언약을 체결할 때는 언약의 의무에 잘 순종하는 자들에 대해 '언약의 축복'이 선포되고, 언약의 의무를 저버리는 자들에 대해서는 '언약의 저주'를 선언한다. 이처럼 언약의 체결은 쌍방적이다.

언약이 체결되면 언약의 의무 사항들이 발생하는데, 하나님의 백성들은 한마디로 말하자면 하나님께 순종하겠다고 고백한다. 그 언약에 순종하지 않을 때는 피를 흘려야 한다. 구약성경에서 히브리어 '베리트'로 기록된 언약의 체결은 종종 '자르다'를 뜻하는 표현과 함께 사용되고, 엄중한 맹세를 동반한다. 이 엄중한 맹세는 동물을 죽여 반으로 잘라 벌여 놓고 언약 당사자들이 그 사이로 지나가면서, 언약을 지키지 않을 때는 이 동물처럼 쪼개지리라는 것을 보여 주는 것이다창15:9-11. 그래서 언약을 '피로 맺은 언약'이라고 부른다. 하나님께서 우리에게 피를 요구하신다는 말인가? 아니다. 오히려 하나님께서 피를 흘려 주신다. 그것이 바로 그리스도의 십자가이다.

우리는 우리를 무력으로 억압하며 굴복하지 않으면 피를 흘려야 할 것이라고 위협하는 왕에게 복종하는 것이 아니라, 우리를 구원해 주시기 위해 자신의 피를 흘리시는 왕께 순종한다. 그래서 그 순종은, 그 충성 맹세는 자발적이고 기쁜 것일 수밖에 없다.

종교개혁자 칼빈은 예배를 개혁하면서 예배 시작 순서를 '보툼 VOTUM'으로 정했다. 이 라틴어 단어는 다른 말로 번역하기가 쉽지 않아서 지금도 그냥 그대로 쓰는데, 충성을 맹세하는 의미였다. 보툼의 문구는 "우리의 도움은 천지를 지으신 여호와의 이름에 있도다"시124:8라는 성경 말씀으로, 중세 로마교회도 미사Missa를 시작할 때 사용하던 것이다. 앞선 단락에서처럼 예배의 이 시작 순서에 화살표를 달아 본다면 놀랍게도 상향으로 보인다. 하나님께 충성을 맹세하는 것이니, 하나님께서 내려 주시는 것이 아니라 우리가 하나님께 올려 드리는 것이 아닌가? 예배는 하나님께서 주도하시는 것이라고 했는데, 우리가 하나님께 충성을 고백하는 것으로 예배를 시작하는 것은 너무나 세상 종교적인 것이 아니냐고 지적할 수 있을 것이다. 시내산에서도 그랬지만 예배는 하나님께서 그분의 백성을 불러 모으시는 것으로 시작되어야 하는 것이 아닐까?

영미권에서는 예배 시작 순서를 '예배로의 부름Call to Worship'이라고 부른다. 누가 누구를 부른다는 말일까? 우리가 하나님을 부르는 것이 아니다. 하나님께서 우리를 부르신다는 것을 보여 준다. 하나님께서 우리를 불러 주셔야 예배가 시작된다는 것을 보여 주니, 이 순서에 화살표를 달면 하향이겠다. 그런데 '보툼'은 우리가 충성을 고백하는 것이니 상향식이 아닌가? 어떤 것이 예배 시작 순서로 좋을 것인가? 이렇게 본다면 '예배로의 부름'이 더 좋다고 생각할 수 있다.

그런데 사실 '보툼'과 예배로의 부름은 그 방향이 다르지 않다. '보툼'이 상향식이라고 해서 우리가 예배의 주도권을 쥐고 있다는 뜻이 아니다. '보툼'은 '예배로의 부름'에 우리의 적극적인 반응을 더한 것이다. 우리를 불러 주신 하나님께 우리는 충성을 맹세한다. 이것이 예배이다. 이 '보툼'이라는 시작 순서에는 먼저 찾아와 주셔서 우리를 그분의 백성으로 삼으신 하나님을 향한 감사와 충성이 고스란히 녹아 있다. "우리의 도움은 천지를 지으신 여호와의 이름에 있도다!" 이렇게 예배의 시작은 불러 주신 하나님을 향한 적극적인 응답으로 시작된다. 우리는 찾아오시는 하나님을 향해 능동적으로, 적극적으로 반응한다.

예배는 찾아오시는_{하향} 하나님을 향해 회중이 적극적으로 응답_{상향}하면서 교제하는 것이다. 예배에서 하나님께 대한 응답의 대표적인 것이 찬양과 기도라고 할 수 있다. 우리는 개인적으로 얼마든지 찬양하고 기도할 수 있다. 하지만 공예배에서의 기도와 찬양은 다르다. 공예배에서의 기도는 함께 기도하고 함께 찬양하는 것이기 때문에, 온 회중이 함께 '아멘'으로 화답할 수 있는 내용이어야 한다. 개인적인 감정과 의견을 쏟아내는 것이어서는 안 된다. 공예배 때 대표 기도하는 이들의 기도에 회중이 아멘으로 화답하지 못한다면 얼마나 괴로울 것인가? 찬양도 마찬가지이다. 찬양대의 찬양 곡

조뿐만 아니라 가사에 동의하기 힘들 때면 너무나 괴롭다. 공예배의 찬양과 기도에는 우리의 신앙 고백이 담겨야 한다는 말이다. 찬송과 기도에 우리의 신학이 담겨야 한다는 말이다.

찬양과 기도는 하나님께서 우리에게 선포해 주신 말씀을 우리의 언어로, 우리의 감정을 담아 다시금 하나님께 올려 드리는 것이다. 즉, 하나님 말씀을 복창하는 것이다. 그러나 앵무새와 같은 복창이 아니라 우리의 언어로 마음을 담아 복창한다. 하나님께서는 우리가 올려 드리는 찬양과 기도를 통해 그분께서 우리에게 하셨던 말씀을 들으신다. 그분께서 백성에게 하셨던 말씀이 백성의 고백이 되어 그분의 귀에 재차 들리기를 원하신다. 예배 때의 모든 찬양과 기도는 하나님의 말씀을 되울리는 것이다. 찬양과 기도는 하나님과 교제하는 필수 방편이다.

예배는 언약의 교제를 즐기는 것인데, 그 즐김은 식탁의 교제를 통해 가장 풍성하게 표현된다. 아브라함이 천사를 길 가던 나그네로 알고 대접한 적이 있었듯이, 시내산에서도 언약의 식사를 나누는 놀라운 장면이 있었다. "모세와 아론과 나답과 아비후와 이스라엘 장로 칠십 인이 올라가서 이스라엘의 하나님을 보니 그의 발 아래에는 청옥을 편 듯하고 하늘같이 청명하더라 하나님이 이스라엘 자손들의 존귀한 자들에게 손을 대지 아니하셨고 그들은 하나님을 뵙고 먹고 마셨더라" 출24:9-11 사람이 하나님을 뵙고 먹고 마셨으니 얼마나 황송한 일인가? 우리도 그 자리에 있었다면 얼마나 좋았을까. 어느 유명 인사가 자신의 이름으로 사람들을 초청하여 식사를 하는데, 한 끼에 수백만 원을 내야 한단다. 그런데 하나님께서는 공짜로 우리를 식사 자리에 초대하셨다. 이것이 바로 언약이 주는 복이다. 하나님과 함께 먹고 마시는 것 말이다.

우리는 지금도 예배를 통해 하나님과 함께 식사한다. 하나님과 한 식탁에 앉는다. 그것이 바로 '성만찬'이다. 성만찬은 하나님께서 우리를 식사 자리에 초대하시는 것이다. 그리스도께서 우리를 복된 상으로 초대해 주신다. 그리스도께서는 그분과 함께 먹고 마시자고 하신다. 그리스도께서는 그분의 살을 먹고, 그분의 피를 마시라고 하신다. 로마 가톨릭의 믿음처럼 빵과 포도주가 예수님의 살과 피로 바뀌는 것은 아니다. 종교개혁 전통을 따르는 개신교회는 그렇게 믿지 않는다. 빵과 포도주라는 본질은 하나도 바뀌는 것이 없음에도 불구하고, 그 빵과 포도주가 성례전적으로 그리스도의 살과 피가 된다하이델베르크 교리문답 78문답. 성찬식에서 사용되는 빵과 포도주는 평상시에 우리가 먹고 마시는 빵과 포도주와 하나도 다르지 않다. 그럼에도 불구하고 그 빵과 포도주는 기존과 전혀 다른 빵과 포도주다. 그 빵과 포도주는 성례전적으로 그리스도의 살과 피이다.

우리는 복된 성찬상에서 빵과 포도주만 먹고 마시는 것이 아니라 주님 그분을 먹고 마신다. 예수님께서는 오병이어의 기적을 베푸신 후에 주님을 왕으로 삼으려는 이들을 향해 바로 이렇게 말씀하셨다. "나는 하늘에서 내려온 살아 있는 떡이니 사람이 이 떡을 먹으면 영생하리라"라고 말이다요6:51. 무리들은 '우리를 무슨 식인종으로 아는 것인가' 하고 생각했는지 다 주님을 떠났다. 예수님께서 제자들에게 "너희도 가려느냐" 물으시자6:67 베드로가 대답한다. "주여 영생의 말씀이 주께 있사오니 우리가 누구에게로 가오리이까 우리가 주는 하나님의 거룩하신 자이신 줄 믿고 알았사옵나이다"6:68 성만찬은 영생의 말씀이신 주님께서 그분 자신을 내어 주시는 것이다. 『예수와 함께한 저녁식사』라는 제목의 책이 출간되었는데, 이 성만찬에서 힌트를 얻어서 지었을 것이다. 우리는 우연히 예수님과 한 끼 식사를 한 것이 아니라, 성만찬이 베풀어질 때마다 그리스도와 함께 계속적으로 식사한다. 이렇듯 예배는 언약의 교제를 즐기는 것이다.

3. 언약 갱신 예식으로서의 예배

예배는 언약 체결 예식일 뿐만 아니라 언약 갱신 예식이기도 하다. 하나님께서는 그분의 백성과 더불어 계속적으로 언약을 맺으신다. 하나님께서 그분의 백성과 더불어 처음부터 언약을 맺으셨고, 지속적으로 언약을 갱신하신다. 언약을 갱신해야 할 이유는 하나님 백성들 앞에 새로운 상황이 전개되고, 그 언약 백성이 하나님께 불신실했기 때문이다. 하나님께서는 인간의 타락 이전에도 아담과 하와와 더불어 언약을 맺으셨다. 인간의 타락 이후에는 언약 체결이 본격화된다. 하나님께서는 노아와 더불어 온 세상을 마지막 날까지 보존하겠다는 언약을 체결하셨다창7:20-22. 하나님께서는 아브라함을 부르셔서 자손과 땅을 주고 그로 말미암아 온 세상이 복을 받을 것이라고 하셨다창12:1-3. 하나님께서는 출애굽한 이스라엘을 시내산으로 인도하여 가시고는 그들과 더불어 언약을 체결하셨다출19:3-6. 이스라엘은 하나님과 맺은 언약을 통해 한 민족이면서, 한 나라이면서, 동시에 교회가 된 유일한 경우이다. 이 언약을 '모세 언약'이라고 부른다. 모세의 중보로 이 언약이 체결되었기 때문이다. 모세 언약은 하나님께서 한 민족과 더불어 맺으신 독특한 언약이었다. 이 언약이 곧 예배를 출발시켰고, 교회를 출발시켰다.

모세는 이스라엘 자손이 40년의 광야 방황이 끝날 때쯤 약속의 땅 가나안이 내려다보이는 모압 평지에서 언약을 갱신한다신29:1. 하나님께서는 동일한 이스라엘 자손들과 더불어 언약을 새롭게 체결하셨다. 이것이 바로 언약 갱신 예식이다. 하나님께서는 시내산에서처럼 모압 평지에서 이스라엘 자손들을 하나님 앞에 불러 모으셨다. 하나님께서는 산의 하나님이실 뿐만 아니라 평지의 하나님이시라는 것을 알 수 있다. 하나님께서 하신 말씀을 들어보자. "오늘 너희 곧 너희의 수령과 너희의 지파와 너희의 장로들과 너희의 지도자와 이스라엘 모든 남자와 너희의 유아들과 너희의 아내와 및 네 진중에 있는 객과 너를 위하여 나무를 패는 자로부터 물 긷는 자까지 다 너희의 하나님 여호와 앞에 서 있는 것은 네 하나님 여호와의 언약에 참여하며 또 네 조상 아브라함과 이삭과 야곱에게 맹세하신 대로 오늘 너를 세워 그분 백성을 삼으시고 그는 친히 네 하나님이 되시려 함이니라"신29:10-13

하나님께서는 언약을 맺는 백성을 일일이 언급하신다. 위로는 지도자와 수령과 장로들이며, 아래로는 이스라엘 모든 사람들을 다 거명하신다. 남녀의 차이가 없다. 언약의 표징인 할례는 남자들만 가지고 있지만, 남녀의 차별 없이 누구나 하나님의 언약 백성이 된다고 하신다. 놀라운 사실은 이스라엘 자손들과 함께 거주하고 있는 나그네와 이방인 종들까지도 하나님 앞에 불러 모으셨다는 것이다. 언약과 예배는 모든 차별을 무너뜨린다. 하나님께서 이스라엘 자손들과 맺으시고 갱신하신 언약이 이스라엘을 넘어 온 세상을 향하고 있다는 것을 보여 준다.

하나님께서는 새롭게 갱신되는 이 언약이 아브라함과 이삭과 야곱과 더불어 맺으신 언약을 성취하시는 언약임을 밝히신다. 역사를 통해 지속적으로 갱신되는 모든 언약은 여러 다른 언약이 아니라 단 하나의 언약이다. 하나님께서 한 분이시요, 그분의 백성은 어느 시대에나 하나의 언약 백성이다. 그래서 하나님께서는 이 언약 갱신 예식이 언약의 당사자인 이스라엘만이 아니라 '오늘 우리와 함께 여기 있지 아니한 자'29:15에게까지 유효할 것이라고 말씀하신다. 언약의 갱신은 이전 언약의 갱신일 뿐만 아니라 이후에 일어날 언약의 발판이 된다. 하나님께서는 언약 갱신 예식을 통해 그 폭을 그분의 백성만으로 좁히신 것이 아니라 온 세상을 향해 넓히신다. 언약 갱신 예식은 하나님의 백성을 새롭게 하실 뿐만 아니라 온 세상을 향해 열려 있다. 우리의 예배가 이렇게 언약 갱신 예식이기에, 매번 예배 때마다 우리가 새롭게 우리 자신을 하나님께 드릴 뿐만 아니라 그 예배를 통해 하나님께서 온 세상을 향해서 나아가시는 길이 열린다.

언약 갱신 예식에서 언약서의 중요성이 강조된다. 언약을 체결할 때는 언약의 모든 내용을 기록한 언약서를 두 부 작성해서 언약의 당사자들이 한 부씩 보관한다. 언약 체결 당사자들은 어느 쪽이든지 언약의 동일한 내용을 늘 확인할 수 있다. 하나님께서는 모세에게 돌판을 두 개 준비하라고 하셨다. 돌판이 두 개 필요했던 이유가 무엇일까? 십계명을 제4계명까지와 나머지로 두 부분으로 나누어서 기록하기 위해서였을까? 그것이 아니라, 각 돌판마다 십계명 전체를 기록하였다면, 언약서를 두 부 작성하기 위해서였다고 볼 수 없을까? 하나님께서 돌판 하나를 가져가신 것은 아니지만, 하나님께서는 법궤 속에 보관되어 있는 언약서를 늘 보시면서 하나님께서 친히 하신 약속을 상기하신다. 이스라엘도 자신들이 보관하고 있는 언약서를 늘 낭독함으로써 하나님과 더불어 언약을 체결한 것을 상기한다. 모세가 이스라엘 자손들에게 언약서를 낭독한 것은 이것을 잘 보여 준다고 하겠다출24:7.

하나님께서는 그분의 백성과 더불어 언약 갱신 예식을 체결하시면서 언약서에 기록된 복과 저주를 선언하신다. 이스라엘이 언약의 내용이 기록된 율법책, 즉 언약서를 마음에 두고 순종할 때에 복을 받고, 그 언약서를 무시할 때에 저주를 받는다. 이스라엘의 삶과 죽음이, 복과 저주가 바로 이 언약의 말씀에 얼마나 주목하고 순종하느냐에 달렸다. 하나님의 뜻은 멀리 있는 것도 아니고, 지키기 힘든 것도 아니다출30:11. 언약서가 바로 옆에 있기 때문이다. 언약을 갱신한 모압 언약에서 언약서, 곧 율법책을 주기적으로 낭독하라고 말씀하신 것에서, 공적인 성경 읽기야말로 언약 갱신 예식에서 핵심적인 위치를 점하고 있다는 것을 알 수 있다. 성경의 마지막 책인 요한계시록에서도 공적인 성경 읽기를 강조하고 있다. "이 예언의 말씀을 읽는 자와 듣는 자와 그 가운데에 기록한 것을 지키는 자는 복이 있나니 때가 가까움이라"계1:3 이렇듯 예배에서는 언약서가 핵심적인 위치를 차지한다. 그 언약서를 읽는 것이 언약을 새롭게 갱신하는 예식이 되기 때문이다.

예배 때 성경을 공적으로 읽는 일은 고대 교회 때부터 중요하게 생각했다. 성경 전체가 언약서이기 때문이다. 이것을 위해 예배당 내에 만들어진 자리가 이른바 '암보Ambo'라는 낭독대朗讀臺였다. 이 낭독대는 후대로 갈수록 점차로 높아져서 나중에는 계단을 만들어 올라가서 성경을 낭독했다. 하늘에서부터 울려 퍼지는 말씀이라는 것을 강조하기 위해서였다. 중세 교회는 성경 낭독을 위한 사람을 전문적으로 양성했다. 성경 읽기가 너무나 중요하기 때문이다. 그 낭독이 바로 하나님 말씀의 선포라고 생각했기 때문이다. 예배 때마다 구약에서는 시편과 선지서를 낭독하고, 신약에서는 서신서와 복음서를 낭독했다. 제일 마지막 낭독 순서가 신약의 복음서였는데, 성육신하신 그리스도께서 친히 하신 말씀을 포함하여 그리스도를 가장 분명하게 보여 주기 때문이었다.

우리가 수없이 예배하고 있지만 매번 드리는 예배가 거의 대동

소이하기에 지루해 하는 이들이 많다. 심지어 예배는 지루한 것이라고 생각을 하는 교인들도 많을 것이다. 그래서 예배의 활기를 찾는다며 시끌벅적하게 만들기도 하는데, 그것이 과연 옳은 일일까? 뭔가 새로운 것을 기대하기에는 예배는 진부하기 짝이 없을지도 모른다. 하지만 예배는 늘 새롭다. 우리 자신의 마음이 계속해서 바뀌기 때문에 그렇다는 것이 아니다. 예배가 늘 새로운 것은 하나님께서 늘 새롭게 우리를 찾아오시기 때문이다. 우리가 하나님을 배반할 때마다 하나님께서는 다시금 찾아와 주셔서 우리를 회개의 자리로 이끄시고 품어 주신다. 하나님께서 언약을 갱신하자고 찾아오시고, 우리는 하나님을 향해 새롭게 충성을 고백한다. 이것이 예배이다. 예배는 언약을 저버린 우리를 다시금 하나님의 언약 백성으로 삼겠다고 하시는 하나님의 의지의 표현이다. 언약 갱신 예식인 예배에서 하나님의 주도성이 더 분명하게 드러난다.

정리

예배는 언약적이다. 예배는 외로운 개인의 탄식도, 열광적인 무리의 광란도 아니다. 예배는 일방적이지 않고 쌍방교통이다. 예배는 하나님의 일방적인 찾아오심에서 시작된다. 그러나 하나님께서 그분의 외로움을 해소하시기 위해 오시는 것은 아니다. 우리가 믿는 하나님께서는 삼위일체 하나님이시기에 그분 안에 거룩한 사회가 구성되어 있다. 삼위의 각 위位께서 서로를 향해 자신을 온전히 내어 주는 가장 복된 교제가 있는데, 무슨 외로움으로 우리에게 찾아오셔서 교제하자고 하시겠는가? 오히려 삼위 하나님께서는 삼위 하나님 간에 나누고 계시는 교제에 우리를 동참시켜 주신다. 하나님께서는 그분의 외로움을 해소하기 위해, 또한 자신이 주목받기 위해 우리를 끊임없이 괴롭히는 분이 아니시다. 하나님의 외로움이 아니라 우리의 외로움 때문에 하나님께서 그분 자신을 우리에게 주신다. 그것이 예배이다. 예배는 하나님께서 그분의 풍성함을 우리에게 나누어 주시는 것이다.

예배는 언약적이고, 그래서 쌍방교통과 상호교제가 넘친다. 하나님께서는 주시고 우리는 받는다. 우리는 받은 것을 가지고 다시금 하나님께 올려드린다. 하나님께서는 그것을 받으시고는 우리에게 더 좋은 것을 주신다. 하나님께서 주신 것을 하나님께 드렸음에도 불구하고 기분 나빠 하지 않으신다. 하나님께서 주지 않으신 새로운 것을 내놓아 보라고 하지 않으신다. 하나님께서는 주님께서 주신 것을 다시 받으실 때에 기뻐하신다.

이렇게 예배는 하나님의 일방적인 찾아오심으로 시작되지만, 언약적이기에 하나님과의 끊임없는 주고받음이라는 것을 잊지 말아야 하겠다. 일단 예배가 시작되면 회중은 하나님과 더불어 계속해서 교제한다. 하나님과 회중은 언약의 양쪽 당사자이기 때문이다. 회중은 침묵하지 않는다. 회중은 예배를 구경하기만 하는 것이 아니다. 예배는 다람쥐 쳇바퀴 돌듯 하는 것이 아니라 하나님과 회중의 끊임없는 주고받음이다. 예배가 이렇게 언약적이라는 사실을 아는 것이야말로 예배의 영광을 누리는 길이 될 것이다. 그렇지 않으면 예배는 늘 부담일 수밖에 없다. 내가 좀 더 극적인 뭔가를 하나님께 드려야 한다고 생각할 것이니 말이다. 또 이렇게 예배했는데 하나님께서 나에게 극적인 뭔가를 주지 않으신다면 하나님을 향한 불만이 커질 수밖에 없다. 내가 이렇게 대단한 것을 드렸는데도 하나님께서 내게 보상하시는 것이 없다고 생각할 것이니 말이다.

함께 나누기

1. 한마디로 말해서 '예배는 언약적'이라는 관점에서 예배에서 하나님 주도성에 대해 이야기해 보자.

....
....
....
....
....
....

2. 언약이 하나님과 그 백성 간의 쌍방 교통이듯이 예배 전체가 하나님과 회중 간의 언약적 교제를 누리는 것이라는 사실에 대해 이야기해 보자.

....
....
....
....
....
....

3. 예배의 순서를 통해 예배 예식이 어떻게 언약을 갱신하는 것이 되는지 구체적으로 이야기해 보자.

....
....
....
....
....
....

4장
예배와 세상

예배는 신자들의 활동이다. 세상에 보여 주기 위한 퍼포먼스가 아니다. 그럼에도 불구하고 예배는 교회의 얼굴이다. 예배는 세상을 위협한다. 예배는 세상을 향한 증언이다. 놀랍게도 예배는 세상을 대표한다. 즉, 예배하지 않는, 아니 자기들의 방식대로 예배하는 세상을 대표하여 하나님을 예배한다. 세상은 교회를 통해 예배를 알 수 있다.

서론

교회는 세상과 어떤 관계를 맺어야 할까? 교회는 세상으로부터 나온 사람들이 모여 있는 곳이다. '에클레시아', 곧 교회라는 단어가 '세상으로부터 불러내다'라는 뜻을 가지고 있다는 것이 이것을 잘 보여 준다. 그렇다면 교회는 세상과 다른 곳이다. 하나님께서 불러내셨기 때문이다.

그런데 교회는 산속에 존재하는 것이 아니다. 유대인들은 가는 곳곳마다 율법을 지키기 위해 이방인들과 거리를 두고 그들끼리 모여 폐쇄된 집단을 구성하고 살았다. 그러나 기독교인들은 달랐다. 교회는 세상 속에 존재했다. 세상 사람들과 같은 의복을 입고, 같은 음식을 먹고, 같은 언어를 사용했다. 그렇게 하나도 다르지 않으면서 전혀 다른 원리 가운데 살았다. 이것이 기독교인들의 모습이다. 기독교인들은 세상에서 나와서 따로 생활하는 것이 아니라 세상으로 다시금 들어간다. 세상에서 나온 이유는 세상으로 다시 들어가기 위해서다. 하나님께서 세상에서 불러내신 이유는 기독교인들이 세상으로 들어가서 세상을 세상답게 만들도록 하기 위함이다. 세상 속에서 사는 이들은 세상 원리에 함몰되어 살아가기에 세상을 세상답게 만들 수 없다. 세상에서 나와 세상으로 다시 들어간 신자만이 세상을 새롭게 할 수 있다.

현대 교회의 예배는 세상에 무언가를 보여 주기 위한 것이 되어 가고 있다. 요즘은 예배가 세상에 보여 주기 위한 공연이 되어 가는 경향이 있다. 예배는 믿는 이들이 하나님과 교제하는 것임에도 불구하고 전도가 목적이 되어 예배를 공연처럼 기획하는 것을 볼 수 있다. 믿지 않는 이들이 예배 자리에 참석할 수는 있지만 그들은 결코 예배할 수 없다. 예배는 오직 믿는 이들만이 할 수 있다. 우리는 세상에 보여 주기 위해 예배하는 것이 아니다. 우리의 예배는 우리가 세상에서 나온 자들이라는 것을 보여 주는 것이다. 더 나아가 교회가 세상으로 다시 들어간다는 것을 보여 주는 것이 예배이다.

여기서 우리는 예배와 세상과의 관계를 적극적으로 재구성하는 것이 좋겠다. 우리 예배는 세상에 보여 주기 위한 그 무엇이 아님에도 불구하고 세상을 위한 것이라는 사실 말이다. 예배가 세상을 위한 것이라는 말은 세상이 우리가 어떻게 예배하는지를 보고 있다는 측면에서도 그렇고, 예배 자체가 세상에 메시지를 전하고 있음을 가리키는 말이기도 하다. 세상이 예배에 참석하든 참석하지 않든 상관없이 말이다. 우리는 예배가 폐쇄적인 것이 아니라 세상을 향해 열려 있다는 것을 알아야 하겠다. 이번 장에서는 예배와 세상의 관계, 즉 예배가 세상과 어떤 관련을 맺고 있는지 구체적으로 살피되 예배가 세상을 위협한다는 것, 세상을 향해 증언한다는 것, 세상을 대표한다는 것을 보려고 한다.

1. 세상을 위협하는 예배

기독교만 예배하는 것이 아니다. 모든 종교가 다 예배한다. 심지어 종교 없는 사람들도 예배한다. 사람은 타락했지만 하나님의 형상이 완전히 파괴된 것이 아니다. 사람에게는 하나님의 형상이 어떤 식으로든 남아 있어서 종교를 만들어 신을 섬기려고 한다. 그래서 신약성경 로마서는 세상 사람들이 하나님을 안다고 말한다1:19. 동시에 그들은 하나님을 모른다고 말한다1:21. 알면서 모른다니, 이 무슨 궤변인가? 그러나 그것이 바로 세상의 종교이고, 종교들에서 하는 우상 숭배이다. 심지어 믿지 않는 이들이 하는 예배이다. 그들은 신을 예배하는 것이 아니라 자신의 욕망을 예배한다. 하나님을 모르지는 않기 때문에 예배하지 않는 인생이란 없고, 어떤 인생이든지 예배할 수밖에 없다. 그러나 잘 모르니 하나님을 예배하지는 못하고, 하나님 대신에 다른 것들을 하나님 자리에 두고 예배한다.

이렇듯 사람은 예배할 수밖에 없다.

기독교회의 예배는 다른 종교의 예배와 하나도 다르지 않다고들 한다. 여느 종교와 다를 바 없이 열심히 신을 섬기려고 하는 것처럼 보이고, 그 신이 주는 복을 받으려고 하는 것처럼 보인다. 하지만 기독교회의 예배는 다른 종교의 것과는 전혀 다른 예배이다. 기독교회의 예배는 모두가 하지만 아무도 하지 않는 세상 예배의 거짓됨을 폭로한다. 지난 장에서 살펴보았듯이 우리 기독교회의 예배는 언약적인 예배이다. 교회의 예배는 예배자의 욕망을 투영시킨 예배가 아니라, 하나님께서 기쁘신 뜻 가운데 친히 찾아와 주심으로 시작되는 예배이다. 어쩌면 인간이 할 수 있는 가장 고상한 일은 받아들이는 것이다. 이런 하나님을 받아들이는 예배는 세상을 위협할 수밖에 없다. 세상의 인간 중심적인 적극적 세계관을 뒤흔들어 놓기 때문이다. 이렇게 교회의 예배는 사람의 욕망을 승인하는 것이 아니라 도리어 폭로하고 책망한다.

시내산 사건으로 돌아가 보자. 하나님께서 그 산에 강림하셨을 때 산 전체가 흔들렸다. 진동했다. 이스라엘 자손들은 자신들이 친 장막이 내려앉는 느낌을 받았을 것이다. 하나님께서 그 산에 강림하시는 모습에 모세조차도 크게 두려워하며 떨었다. 다른 사람들은 더 말할 것이 없었다. 그래서 이스라엘 자손들이 모세에게 와서 부탁한다. 하나님께서 자기들에게 직접 말씀하시지는 말아 주시기를 말이다히 12:19. 모세가 산으로 올라가서 하나님의 음성을 듣고는 내려와서 자기들에게 그분의 말씀을 전해 달라고 한 것이다. 하나님께서 직접 하시는 말씀을 들으면 자기들의 영혼이 뒤흔들릴까봐 두려웠다. 시내산 전체를 뒤흔들어 놓으신 하나님께서는 온 세상의 마지막 날에 아드님을 보내셔서 온 땅만이 아니라 하늘도 뒤흔들어 놓으실 것이다히12:26. 이렇게 온 하늘과 땅을 뒤흔들어 놓으시는 것이 예배이다.

예배가 온 세상을 뒤흔들어 놓는다. 예배는 온 세상 질서를 뒤흔들어 놓는다. 하나님을 중심에 두지 않는 세상을 뒤흔들어 놓는다. 세상의 자기 의義와 자랑을 뒤흔들어 놓는다. 이 사실로 예배가 세상의 위협이 된다. 예배는 자신을 왕으로 삼아 세상의 중심에 두려고 하는 모든 것들을 흔들어 놓는다. 우리는 정작 예배가 이렇게나 위험하고 위협적이기까지 하다는 것을 잘 모른다. 우리가 예배에 너무 익숙해져 있기 때문이다. 예배는 예배하는 회중, 즉 세상에서 살면서 세속화되어 가는 회중을 먼저 뒤흔들어 놓는다. 항상 우리를 흔들어 놓는다. 그런 우리를 예배가 항상 위협한다. 그러니 우리는 예배를 조심해야 할 것이다. 되도록이면 예배 자리를 피해야 할지도 모른다. 예배하면 내 진상이 폭로될 수밖에 없고, 그런 내가 변할 수밖에 없기 때문이다. 내가 폭로되어도 좋은가? 내가 변해도 좋은가? 하나님께서는 예배를 통해 세상을 뒤흔들어 놓으셔서, 우리 가운데 흔들리지 않는 나라를 세우려고 하신다히12:27.

예배는 우리의 속마음을 드러낸다. 그래서 예수님께서 이 땅에 계실 때 친히 말씀하셨다. "너희가 어떻게 들을까 스스로 삼가라"라고 말이다눅8:17. 왜 유의하여 들으라고 하셨을까? 말씀이 우리 속에 감추어 놓았던 것들을 드러내기 때문이다. 말씀 앞에서는 숨길 수가 없다. 감출 수가 없다. 말씀은 모든 감춰진 것들을 다 드러낸다. 폭로한다. 말씀은, 즉 예배는 폭로회견장이다. 어떤 사람의 비리를 폭로하기 위해 기자회견을 열지 않는가? 그것처럼 예배는 우리 한 사람, 한 사람이 가장 깊은 곳에 숨겨놓았던 것을 폭로하는 회견장이다. 우리가 죄인임이 가장 분명하게 드러나는 시간이 예배시간이다. 예배할 때 우리는 벌거벗겨진다. 예수님께서 친히 하신 말씀을 들어 보자. "숨은 것이 장차 드러나지 아니할 것이 없고 감추인 것이 장차 알려지고 나타나지 않을 것이 없느니라"8:17 말씀은 우리가 감추어 놓았던 것을 드러내서, "누구든지 있는 자는 받겠고 없는 자는 그 있는 줄로 아는 것까지도 빼앗기리라"라고 하셨다8:18. 그러니 말씀이 선포됨에도 불구하고 자신을 감추려고 하는 사람은 아무것도 얻을 수 없다.

초대 교회 때 로마 사람들은 기독교인들을 무신론자들이라고 불렀다. 하나님을 섬기는 기독교인들을 무신론자들이라고 불렀다는 것이 이상하지 않은가? 기독교인들이 그들이 섬기는 각종 신들을 섬기지 않기 때문에 무신론자들이라고 불렀던 것이다. 그러나 무신론자들이라고 불린 기독교인들이 그들의 경건한 삶으로 유신론자들, 곧 로마 사람들을 부끄럽게 했다는 사실이 참으로 아이러니하지 않은가? 신을 섬긴다고 해서 사람이 변하는 것이 아니다. 수많은 신들을 섬긴다고 해서 사람이 새로워지는 것이 아니다. 초대 기독교인들은 무신론자들이라는 낙인이 찍혔지만 도리어 하나님 앞에서 경건하게 살았다. 기독교인들이 예배하는 모습이 바로 독일의 그 유명한 신학자 본회퍼Dietrich Bonhoeffer가 말했듯이 '하나님 없이 하나님 앞에' 서는 것이다.

현대 교회의 예배는 어떠한가? 세상이 우리 예배를 보고 위협을 느끼는가? 쉽게 말하자면, 세상 사람들이 우리의 예배를 보고는 자기 욕심을 예배하고 사는 것에 제동이 걸릴까 두려워 하냐는 것이다. 물론 우리의 예배를 통해 불신자들이 하나님의 심판이 있다는 것을 두려워하게 되면 좋겠지만, 우리의 예배가 심판이라는 단어를 남발해서 믿지 않는 이들에게 공포심을 주는 것은 아니어야겠다. 그보다는 불경건한 그들의 삶을 폭로하는 묵직한 두려움을 주어야 한다. 예배가 불신자들을 정죄하여 기분 나쁘게 하는 것이 아니라, 예배 안에 거룩함과 경건함이 있기에 사람들이 스스로 부끄러움을 느끼게 되는 것 말이다. 그런데 현대 교회들의 예배는 너무 안전하기만 하지 않은가? 요즘 예배에는 세상을 위협하는 것이 없지 않은가? 세상을 부끄럽게 하지도 못하고 말이다. 세상 사람들은 기독교회의 예배가 자신들의 욕망 분출과 크게 다르지 않다고 느낄지도 모르겠다.

요즘은 교파마다 예배를 편리하고 즐거운 문화생활로 만들기 위해 경쟁하고 있지 않은가? "우리 예배는 다른 곳보다는 볼거리가 많아요. 구경하러 오세요. 시간이 아깝지 않을 겁니다"라고 외치고 있지는 않는가? 불신자들이 기독교회의 예배를 보고 너무 유익하다고만 느낀다면 뭔가 문제가 있다. 세상을 위협하지 않는 예배는 결코 참된 예배라고 할 수 없다. 우리의 예배가 참석하여 점잔 빼며 앉아 있는 이들의 내면을 하나도 드러내지 못하고, 그들의 생각을 하나도 바꾸지 못하고 있지는 않은가?

우리의 예배가 믿지 않는 이들에게 거부감을 주어야 한다는 말이 아니다. 그들을 좌불안석으로 만들어야 한다는 뜻은 아니다. 우리의 예배가 평범한 불신자들에게 일부러 거부감을 주는 모습이어야 할 필요는 없다. 하지만 우리의 예배는 세상 사람들의 거짓된 평안을 흔들어 놓아야 한다. 그들의 자기 의를 무너뜨려야 한다. 세상 사람들이 우리 예배 가운데서 너무 안전하다고 느끼고, 편안하다고 느끼고, 심지어 안락하기까지 하다고 느낀다면 뭔가 문제가 있다. 불신자들이 관람하듯이 예배에 참석해서 "오늘 예배로 마음에 큰 위로를 받고, 좋은 통찰을 얻고, 신이 복 주실 것을 느꼈어요"라고 한다면, 이것이 과연 기독교회의 예배일까? 예배는 세상을 뒤흔들어 놓는 것인데 말이다.

2. 세상에 증언하는 예배

예배가 세상을 위협한다는 것, 세상을 뒤흔들어 놓는다는 것은 예배의 수동적인 측면이다. 예배에는 이것보다 훨씬 더 능동적인 측면이 있는데, 그것은 바로 세상을 향해 '증언'하는 것이다. 예배는 증언이다. 그리스도께서 이 땅에 오셔서 하늘 아버지를 증언하셨듯이, 승천하신 그리스도께서는 예배를 통해 이 세상을 향해 계속해서 증언하신다. 그래서 예수님께서는 요한복음 17장의 이른바 '대제사장적 기도'에서 제자들을 위해 기도하신다. 주님께서는 아버지께로 돌아가시겠지만 제자들은 데려가지 말아 달라고 하신다. 제자들만 남겨두고 세상 고난을 피해 도망가시려는 것이 아니다. 예수님께서는 하늘 아버지께서 자신을 세상에 보내신 것 같이 제자들을 세상으로 보내신다. 그리고 하늘 아버지께 기도하신다. 제자들을 악에 빠지지 않게 보호해 주십사 간구하신다. 그들을 진리로 거룩하게 해 주십사 간구하신다. 그들을 하나가 되게 해 주십사 간구하신다. 이것은 제자들, 즉 교회를 통해 이 세상이 하나님을 알게 하시려는 것이다.

부활하신 예수님께서는 이 땅에 계실 필요가 없다. 하늘로 가셔서 성령을 보내어 주실 것이기 때문이다. 성령께서 오시면 예수님께서 함께 계시는 것과 마찬가지의 효과가 있다. 아니, 예수님께서 지상에 계시는 것보다 훨씬 더 좋은 효과가 있다. 예수님께서는 육체가 있으시기 때문에 한 곳에 머물러 계실 수밖에 없으셨다. 어느 곳에 머물러 계실 때 다른 곳에 계실 수 없으셨다. 그러나 성령께서는 어디에나 계신다. 제자들이 사방으로 흩어지더라도 성령께서는 그들과 항상 함께 계실 수 있다. 이로써 바로 예수님께서 하늘에 오르시기 전에 제자들에게 하신 말씀이 성취된다. "볼지어다, 내가 세상 끝날까지 너희와 항상 함께 있으리라"라는 말씀마28:20 말이다. 예수님께서는 하늘에 오르셔서 하늘 아버지를 증언하기 위해 이 땅에 남아 있는 제자들을 후원하신다. 성령으로 후원하신다. 이것이 바로 예배다. 교회는 예배를 통해 세상에 증언한다. 하늘 아버지를 증언한다. 하늘 아버지께서 보내신 아드님 예수 그리스도를 증언한다.

세상이 하나님을 대적하고 있고 거짓 예배를 하고 있기에, 하나님께서는 교회의 예배를 통해 세상을 돌이키기를 원하신다. 우리가 너무나 잘 아는 성경 구절, 요한복음 3장 16절에서 하시는 말씀이 바로 이것이다. "하나님이 세상을 이처럼 사랑하셔서 독생자를 보내셨으니"라고 하지 않는가? 하나님께서는 타락한 세상을 사랑하셔서 그분의 독생자를 보내셨다. 여기서 말하는 세상'코스모스'은 물리적인 우주를 가리키는 것이 아니라 타락한 세상, 즉 유대인들을 포함한 타락한 세상을 가리킨다. 하나님께서는 타락한 세상을 구원하시기 위해 그분의 독생자를 내어 주셨다. 그분의 아드님을 이 세상에 내어 주셨다. 이것을 다음과 같이 바꾸어 말해 보자. "하나님이 세상을 이처럼 사랑하사 예배를 주셨으니"라고 말이다.

예배를 통해 하나님의 사랑이 증언되어야 한다. 예배의 목적은 수동적으로 세상을 정죄하는 것이 아니다. 예배의 목적은 세상의 거짓을 폭로함을 통해서, 하나님께서 세상을 얼마나 사랑하시고 하나님께로 돌아오기를 기다리시는지를 보여 주는 것이다요3:17. 예배야말로 말씀이 육신이 되어 우리 가운데 오신 성육신 사건을 재현하는 것이라고 말할 수 있다. 예배는 온 세상을 향해 하나님의 사랑을 증언한다.

예배는 세상의 자랑과 의義를 위협하고 무너뜨린다. 예배는 세상의 자랑과 의를 무너뜨린 후 그리스도의 의義를 소개한다. 그리스도의 의는 다른 어떤 의와 비교해 비교 우위에 있는 정도의 것이 아니다. 그리스도의 의는 유일한 의이다. 모든 의는 바로 이 그리스도의 의로부터 나온다. 예배는 인간의 모든 의와 공로를 무너뜨리고 오직 그리스도의 의와 공로를 증언한다. 기독교회의 예배는 신의 호의를 받기 위해 자신들의 공로를 내세우는 것이 아니다. 신의 진노를 잠재우기 위해 각종 의식들을 행하는 것이 아니다. 교회의 예배는 오직 그리스도의 의를 증언한다. 교회의 예배는 세상과 다른 의를 증언한다. 우리를 위해 자신의 목숨을 내어 놓으신 그리스도께서 우리의 의가 되신다는 것을 증언한다.

온 세상을 향한 가장 강력한 증언 중의 하나는 예배 때 시행하는 '세례'이다. 세례는 단순한 씻음이 아니라 삶과 죽음에 관해 증언한다. 인류 역사와 개인의 인생사는 삶과 죽음으로 점철되어 있지 않은가? 삶이라는 것이 무엇인가? 죽음이라는 것은 무엇인가? 세례는 세상을 향해 삶과 죽음에 관한 분명한 메시지를 던진다. 사람은 죽을 수밖에 없는 존재이고, 또한 사람은 살아날 수 있다는 사실을 말이다. 세례는 '살고자 하면 죽을 것이고, 죽고자 하면 살 수 있다'는 격언을 떠올리게 하는 것 정도를 의미하지 않는다. 세례는 삶과 죽음이 우리를 위해 살고 죽었던 한 분께 달려 있다는 사실을 표시한다. 세례는 어떤 사람이 한 것이 우리 모두가 한 것이 되는 것을 보여 준다. 우리는 공짜를 좋아하지만 결국에는 '내가 한 것만이 내 것'이라는 생각을 한다. 세상에 공짜는 없으니 말이다. 우리를 등쳐

먹기 위해 공짜라고 말하면서 접근해 오는 사람들이 많지만 진짜 공짜는 없으니 말이다. 그런데 진짜 공짜가 있다. 나를 전적으로 대신하는 삶과 죽음이 있다. 그것을 보여 주는 것이 바로 세례이다.

세상은 아무리 노력해도 하나가 될 수 없다. 세례는 이 세상에 '연합'을 가장 분명하게 보여 준다. 하나가 된다는 것이 무엇인지를 가장 잘 보여 주는 것이 세례이다. 또한 남을 위해 사는 삶이 있다는 것을 보여 준다. 남을 위해 죽는 삶도 있다는 것을 보여 준다. 이 세상에서도 옳은 일을 위해 자신의 삶을 내던져서 다른 사람을 살리는 이들이 있지 않은가? 살신성인殺身成仁이라는 표현이 있지 않은가? 이런 살신성인으로 이 세상은 좀 더 나은 세상이 되고 있다. 자기만을 위해 산다면 이 세상이 이전투구泥田鬪狗의 장이 되지 않겠는가? 세례는 모든 면에서 우리와 똑같아지신 분께서 우리를 위해 죽으셨고 살아나셨기 때문에, 우리가 그분과 함께 죽고 살아났다는 것을 보여 준다. 세례가 세상을 향한 증언인 것은 세례 받는 사람 자신이 세상에서 나와 하나님 나라로 들어가기 때문이다. 세례는 세상을 세상답게 하는 삶과 죽음이 있다는 것을 증언한다.

예배는 세상에 증언하는 것이다. 그런 의미에서 예배를 복음 전도라고 말할 수 있다. 복음 전도로서의 예배 말이다. 예배를 어떻게 복음 전도라고 말할 수 있냐고 생각하는 이들이 있을 것이다. 예배는 신자들이 하는 것이고, 복음 전도는 신자들이 세상에 나가서 하는 것이라고 생각하니 말이다. '예배가 복음 전도가 되면 그것은 예배를 세상을 위한 수단으로 삼는 것이 아닌가'라고 말이다. 예배는 말 그대로 하나님을 예배하는 것 외에 다른 목적이 있어서는 안 된다고 생각하는 것 말이다. 맞는 말이다. 예배의 목적이 복음 전도가 되면 예배가 타락하기 쉽다. 예배가 믿지 않는 세상의 비위를 맞추는 것이 될 것이니 말이다.

하지만 예배는 세상을 향한 증언이기 때문에 복음 전도라고 말할 수 있다. 예배하는 회중 자체를 생각해 보아도 이것은 맞는 말이다. 예배하는 회중은 세상에서 떠나 왔지만 세상으로 들어가야 하는 사람들이기 때문이다. 회중이 세상으로 들어가야 하기 때문에 예배는 복음 전도이다. 세상만이 아니라 세상에서 살아가야 할 회중이기에 그들이 계속해서 복음을 들어야 한다.

우리는 종종 예배와 전도를 구분한다. 설교도 구분한다. 믿는 이들을 향한 설교는 전도와 상관이 없다고 생각하고, 불신자들을 초청해서 설교할 때는 특화해서 '전도 설교'라고 부른다. 설교학에서도 '전도 설교'를 따로 떼어서 강조하는 것을 볼 수 있다. 신자를 양육하기 위한 설교와 불신자를 전도하기 위한 설교를 구분한다는 말이다. 양육 설교와 전도 설교를 지나치게 구분할 필요가 있을까? 회중을 향한 설교는 양육하는 설교이면서 동시에 그들을 향한 복음 설교, 전도 설교여야 한다. 회중들도 끊임없이 복음을 들어야 하기 때문이다.

사실 우리말 성경에서 '전도'로 번역된 말이 곧 '설교'다. 고린도전서 1장 21절 말씀이 대표적이다. "하나님의 지혜에 있어서는 이 세상이 자기 지혜로 하나님을 알지 못하므로 하나님께서 전도의 미련한 것으로 믿는 자들을 구원하시기를 기뻐하셨도다" 하나님께서 '설교의 미련한 것으로' 믿는 자들을 구원하신다고 해야 한다. 이렇게 예배는, 예배 안에 있는 설교는, 세례는 온 세상을 향해 증언한다. 하나님께서는 예배를 통해 세상을 향해 증언하시고, 이 세상을 세상으로부터 불러내신다.

3. 세상을 대표하는 예배

예배는 세상의 자기 의를 공격하고 뒤흔들어 놓을 뿐만 아니라 세상을 하나님의 의이신 그리스도께로 나아오도록 부른다. 예배는 세상을 향해 하나님의 의를, 하나님의 복음을 증언한다. 예배는 세례가 보여 주듯이 세상을 죽이고 살린다. 예배는 믿는 우리만의 문제가 아니라 온 세상의 문제라는 말이다. 예배를 통해 세상이 죽고, 세상이 살아난다. 그런데 예배가 세상과 맺고 있는 관계는 이것만이 아니다. 예배는 세상을 대표한다. 무슨 말인가? 세상도 예배하고 있다는 말인가? 그렇다. 잘못 예배하고 있지만 말이다. 그런데 우리가 하는 예배는 온 세상이 하고 있는 예배를 대표한다. 우리 예배가 세상 예배와 비슷하게 되어야 한다는 뜻이 아니다. 우리 예배가 너무 튀면 안 된다는 뜻이 아니다. 우리 예배가 온 세상이 하고 있는 예배, 그들의 예배가 마땅히 이르러야 할 예배를 보여 준다. 이런 관점에서 우리 예배는 세상을 대표하고 있다.

로마서에 보면 온 세상 만물이 하나님의 자녀들이 나타날 때를 탄식하면서 기다리고 있다고 말씀하고 있다. "피조물이 고대하는 바는 하나님의 아들들이 나타나는 것이니"8:19 피조물은 하나님의 아들들이 나타나서 예배하기를 간절히 기다리고 있다는 말이다. 사도는 피조물이 간절히 바라는 것이 무엇인지를 더 분명하게 밝힌다. "그 바라는 것은 피조물도 썩어짐의 종노릇 한 데서 해방되어 하나님의 자녀들의 영광의 자유에 이르는 것이니라"8:21 피조물은 하나님의 아들들이 하나님을 예배하는 영광, 예배하는 자유를 누리는 것을 부러워하면서 자기들도 그 예배에 동참하기를 기다리고 있다는 것이다. 지금은 그 예배에 참여하지 못하고 있기에 피조물은 탄식하면서 기다리고 있다고까지 말한다. "피조물이 다 이제까지 함께 탄식하며 함께 고통을 겪고 있는 것을 우리가 아느니라"8:22 우리는 피조물의 이 탄식 소리와 간절한 기다림을 의식하면서 예배해야 할 것이다. 우리는 피조물을 대표해서 예배하고 있다는 사실을 잊지 말아야 할 것이다. 그러면 우리의 예배는 더 큰 기대와 탄성으로 넘쳐나게 될 것이다.

피조물이 탄식하면서 기다리고 있는 예배와는 달리 피조물이 놀라운 호기심을 가지고 알고 싶어 하는 예배가 있다. 이 후자는 천사들이 알고 싶어 하는 예배이다. 베드로전서 1장 12절에서 말씀한다. "이 섬긴 바가 자기를 위한 것이 아니요 너희를 위한 것임이 계시로 알게 되었으니 이것은 하늘로부터 보내신 성령을 힘입어 복음을 전하는 자들로 이제 너희에게 알린 것이요 천사들도 살펴보기를 원하는 것이니라" 사도 베드로는 구약의 선지자들이 발견한 진리를 말한다. 그들은 그리스도께서 고난당하시고 영광에 이르실 것을 알고 누릴 이들이 자기들이 아니라 먼 미래의 교인들이라는 것을 알았다는 것이다. 하나님께서 보내신 그리스도를 알고 누리는 것은 오직 성령의 역사로 되는 것이다. 이것을 누리는 신약 성도들이 얼마나 영광스러운지 천사들도 부러워한다는 것이다. 그렇다. 우리는 천사들조차 부러워하는 구원을 받았고, 천사들도 부러워하는 예배를 하고 있다. 우리의 예배가 피조물들의 예배, 천사들의 예배마저 대표하고 있다는 사실이다.

세상은 교회의 예배를 보면서 자기들의 예배가 도달해야 할 곳을 볼 수 있다. 우리의 예배가 세상 예배에 힌트를 줄 뿐만 아니라 그들이 이르러야 할 곳을 보여 준다. 예배의 외형과 구조를 두고 하는 말이 아니다. 예배의 정신과 방향을 두고 하는 말이다. 쉽게 말하자면 세상의 모든 예배는 우상 숭배적이다. 인격성이 결여되어 있다. 관계성이 결여되어 있다. 세상 예배는 아무리 화려하더라도 일방적일 수밖에 없다. 자기 욕망을 투영시켜 예배하는 것이니 일방적일 수밖에 없다. 결국은 독백에 불과하니 말이다. 그들은 예배하면서도 결여되어 있는 그것을 갈망하고 있다. 우리의 예배는 철저하게 언약적이기 때문에 교제가 넘쳐난다. 우리 예배는 하나님께서 주권적으로 찾아오시는 것을 인정하면서 동시에 찾아오시는 하나님과 자유롭고도 친밀한 교제를 누린다. 이에 세상은 우리 예배를 보면서 자기들이 목표하는 예배를 교회에서 이미 하고 있다는 것을 알게 될 것이다. 이런 관점에서 교회의 예배는 세상 예배를 대표해야 하는 것이다.

　교회는 온 세상을 대표하여 예배하고 있다. 이것을 다른 말로 바꾸어 보자면 '교회의 예배는 세상의 예배이다'가 될 것이다. 교회가 세상을 대표하고 있고, 교회의 예배가 세상의 예배를 대표하고 있다는 말이다. 교회가 세상을 대표한다는 말은 아무리 생각해도 너무 과도한 표현이라고 말할지 모르겠다. 세상의 패권 국가들이 있고, 대기업들이 있는데 어떻게 보잘것없는 교회가 세상을 대표한다는 말인가? 또한, 교회의 너무나 초라한 예배가 세상의 모든 예배를 대표하고 있다는 말도 너무나 우스꽝스럽게 들린다. 이 세상에 너무나 화려하고 눈이 휘둥그레지는 퍼포먼스들이 많은 데 말이다. 여기서 그리스도께서 등장하셔야 한다. 성부 하나님이 아니고 말이다. 우리와 같아지신 그리스도 말이다. 우리와 하나도 다르지 않은 모습으로 이 땅에서 사셨던 그리스도 말이다.

　그리스도께서 계시지 않으시면 교회의 예배조차 이 땅에 뿌리를 박지 못한다. 영적인 기운으로 가득 차 있다고 착각하면서 공허한 말만 늘어놓는 예배가 될 수밖에 없다. 그리스도로 인해 철저하게 이 땅에 뿌리를 박고 있으면서 동시에 하늘을 소망하는 예배가 가능하다. 그리스도께서 예배 가운데 계실 때 교회의 예배가 세상을 대표한다. 그리스도께서 온 우주의 중심이기 때문에 그리스도를 중심에 모신 예배, 성령께서 친히 이끄시는 예배를 할 때에 그 예배는 세상 어떤 퍼포먼스와 비할 데 없는 놀라운 예배가 된다. 이 땅의 고

단한 현실을 껴안는 가운데 천상을 누리는 예배 말이다. 이런 예배
야말로 온 세상이 드릴 예배를 대표한다.

우리는 예배를 화려하게 만들 필요가 없다. 우리는 세상 예배를
흉내 내거나 닮으려고 애쓸 필요가 없다. 우리는 단순하게 예배해
도 된다. 우리 예배가 세상 예배를 대표하고 있기 때문이다. 이런 자
부심을 가져야 한다. 우리가 세상을 본받아야 하는 것이 아니라 세
상이 우리를 본받아야 한다. 그만큼 우리 예배는 앞서가고 있다. 우
리 예배 속에 이미 세상이 몽땅 들어와 있기 때문이다. 우리 예배 속
에 세상의 기대와 갈망이 들어와 있고, 세상의 절망과 탄식이 들어
와 있다. 우리는 세상과 함께 예배한다고 말할 수 있다. 우리가 세상
을 끌어안고 예배하니 말이다. 세상 속에 있는 우리가 예배하니 말
이다. 아니, 하나님께서 세상을 껴안고 예배로 끌고 오시니 말이다.
우리 예배는 세상을 적으로 만들고 정죄하는 예배가 아니라 세상을
구원하는 예배이다. 이상한 말인 것처럼 들리겠지만, 교회의 예배가
세상을 위한 예배, 세상을 대표하는 예배가 되어야 하겠다.

정리

예배는 세상과 밀접하게 관련을 맺고 있다. 기본적으로 교회의
예배는 세상 속에서 드리는 예배일 수밖에 없다. 우리의 예배는 천
상에 올라가서 하는 예배가 아니기 때문이다. 이 땅에 뿌리를 박

고 하는 예배이기 때문이다. 우리의 예배는 어떤 경우에도 세상에서 도피하는 것이 되어서는 안 된다. 산 속에 들어가서 기도하는 것을 무시하는 것이 아니다. 기도원에서 기도하는 것을 무시하는 것이 아니다. 우리의 예배는 공개적인 장소에서 하는 공적 예배이기에 비밀스러운 것이 없다. 우리의 예배는 소위 말하는 가현설假現說적인 것일 수가 없다. 물질적인 것을 무시하면서 영적인 예배를 해야 한다고 말해서는 안 된다. 우리의 예배는 철저하게 이 세상에 뿌리를 내린 가운데 하는 예배여야 한다. 현대 교회의 무수한 예배가 문제가 되는 것은 가장 세속적이면서 동시에 세상을 저버리는 예배를 하고 있기 때문이다. 우리는 결코 세상을 저버려서는 안 된다. 우리는 세상 속에서, 세상을 위해 예배하고 있다는 것을 한시도 잊어서는 안 된다.

우리의 예배는 세상의 예배를 불편하게 하고 뒤흔들어 놓고 심지어 정죄한다. 세상 예배가 사이비임을, 우상 숭배임을 폭로한다. '폭로하는 예배'로서 말이다. 이것은 동시에 세상에서 살고 있는 우리 자신을 폭로하는 것과 다르지 않다. 또한 우리 예배는 세상을 향한 증언이다. 우리는 '증언으로서의 예배'를 하고 있다. 우리는 예배를 통해 세상의 죄악과 더불어 그 죄인들을 향한 하나님의 사랑을 증언한다. 예배는 세상을 향해 이중성을 지니고 있다는 말이다. 예배는 세상을 내치면서 동시에 품는다. 세상을 정죄하면서 동시에 복음에로 초대한다. 마지막으로 우리의 예배는 '세상을 대표하는 예배'이다. 우리 예배는 세상이 마땅히 해야 할 예배를 대표하고 있다는 뜻이다. 더 나아가 세상이 마침내 이르러야 할 예배를 보여 주고 있다는 뜻이다.

세상은 자신들이 해야 할 예배를 교회가 하고 있다는 것을 알면 고맙게 생각할 것이다. 너무나 이상적인 이야기를 하고 있는 것인가? 악한 세상은 우리의 예배를 조롱하고 정죄하고 있는데 말이다. 하지만 우리의 예배는 '세상이 기대하는 예배'이다. 우리 예배가 세상과 함께하는 예배가 되어야 하겠다. 우리 예배는 세상을 끌고 와서 예배하는 것이기 때문이다. 우리 예배는 세상을 강력하게 굴복시키는 예배이기도 하고, 세상이 즐겁게 항복하는 예배이기도 할 것이다.

함께 나누기

1. 교회의 예배가 세상의 기대와 욕망을 부추기는 것이 아니라 도리어 세상을 위협하고 뒤흔 든다는 것을 이야기해 보자.

2. 예배는 그리스도께서 이 땅 에 오셔서 하늘 아버지를 증 언하셨듯이 세상을 향해 증 언하고 있다는 것을 이야기 해 보자. 예배순서를 통해 이 증언을 이야기해 보자.

3. 기독교회의 예배가 모든 예 배를 대표한다고 말할 수 있 는가? 어떤 의미에서 우리 예 배가 세상을 대표하고 있다 고 말할 수 있는지 적어보자.

5장
예배와 회중

공예배는 사사로운 경건 활동이 아니라 온 회중이 함께하는 활동이다. 온 회중이 함께 하나님 앞에 서는 것이 예배이다. 처음부터 끝까지 모든 것을 함께하는 것이 예배이다. 이렇게 회중에 속해서 예배할 때에 회중이 세워진다. 그 회중에 속한 나 자신도 세워진다. 우리는 모든 것을 함께 하면서 함께, 그리고 각자가 세워진다.

서론

예배와 회중은 어떤 관계가 있을까? 너무나 당연한 이야기라서 언급할 필요조차 없지 않을까? 그렇지 않다. 너무나 당연하기에 그냥 넘어가서는 안 될 문제다. 우리는 예배하는 회중의 문제를 다루지 않을 수 없다. 예배는 분명히 회중이 하는 것이기 때문이다. 하나님께서 그분의 백성을 부르셔야 하지만, 회중이 없이는 예배가 시작될 수 없고 유지될 수도 없다. 예배를 인도하는 이들은 회중을 신경 쓰지 않을 수 없다. 무엇보다 중요한 것이 회중의 반응이기 때문이다. 그래서 오늘날 예배는 회중을 얼마나 적극적으로 동참시킬 수 있는가를 가장 큰 숙제로 생각하고 있다. 누군가는 예배를 공연처럼 만들어서 회중을 구경꾼으로 만들기도 하고, 다른 누군가는 회중이 참여할 수 있는 예배 순서를 늘려서 그들을 예배의 주체자가 되도록 애를 쓰고 있다.

회중은 예배에서 어떤 위치를 점하는 것일까? 회중은 수동적인 것이 좋을까, 아니면 적극적이어야 할까? 두말할 것도 없이 회중은 예배에서 적극적이어야 한다. 하나님 백성이 하나님과 더불어 끊임없이 언약의 교제를 누리는 것이 예배인데 회중이 예배의 구경꾼으로 전락해서야 되겠는가? 그러니 물론 예배 인도자는 '어떻게 해야 회중이 예배에 적극적으로 참여하도록 만들 수 있을까?'를 고민해야 하겠지만, 그것을 위해 먼저 예배가 '회중의 일'임을 알아야 하겠다.

예배는 회중 전체가 함께하는 일이다. 그러나 정작 예배에 참석한 신자 개인들은 각자가 회중에 속해 있다는 것을 간과하는 경향이 있다. 무슨 말이냐고 할 것이다. 혼자 집에서 예배하는 것도 아니라 예배당에 나와서 회중 속에서 예배하는데 어떻게 그렇게 되느냐고 할지도 모르겠다. 그렇지만 우리는 회중에 속해서 예배하면서도 정작 나 자신에게만 집중하는 경향이 많다. 예배에서 제일 중요한 것이 무엇이라고 생각하는지 물어보면 알 수 있다. '내가 은혜 받아야겠다'는 생각이 가장 크지 않은가? '다른 신자도 은혜를 받아야하겠지만, 어쨌든 나 혼자라도 은혜 받아야겠다'고 생각하고, 심지어 '내가 다른 성도들보다 은혜를 더 많이 받으면 좋겠다'고 생각하지 않는가?

예배는 회중 전체의 일이요, 처음부터 끝까지 함께하는 일임에도 불구하고 우리는 여전히 예배 가운데서 외톨이로 남아 있는 경우가 많다. 우리는 예배가 함께하는 것임을 다시 한 번 더 확인해야 하겠다. 예배는 지역교회에 속한 하나님의 백성들이 모두 함께하는 것이다. 예배는 몇몇 신자들이 자신들의 경건 활동을 위해 모임을 가지는 것과는 다르다는 사실이다. 모두가 함께해야 한다. 이것이 예배다. 이번 강의에서는 예배가 어린아이들을 포함하여 모든 회중이 함께 모이는 것이고, 예배는 처음부터 끝까지 회중에 속해서 하는 것이고, 그 예배를 통해 회중이 세워진다는 것을 살펴보려고 한다.

1. 온 회중이 모이는 예배

예배는 온 회중이 하나님 앞에 서는 것이다. 우리말 성경은 이스라엘 자손들이 다 함께 시내산에서 하나님 앞에 선 것을 '총회'카할', Assembly'라고 번역했다. "여호와께서 그 총회 날에 산 위 불 가운데에서 너희에게 이르신 십계명을 처음과 같이 그 판에 쓰시고 그것을 내게 주시기로"신10:4 하나님께서 시내산에 강림하셔서 언약의 열 가지 말씀들을 주시던 날이 바로 총회 날이었다고 말씀하고 있다. 이스라엘은 시내산에서 총회로 모였다. 흔히 각 교단에서 가장 넓은 범주의 치리회를 가리킬 때에 '총회The General Assembly'라고 부르는데, 그렇다면 교단들의 총회는 모든 하나님 백성들의 모임을 압축적으로 보여 주는 것이라고 볼 수 있다. 모세는 죽기 전에 마지막으로 이스라엘 자손을 축복하는데, 하나님께서 시내산에 강림하시고 이스라엘이 하나님의 총회가 된 것을 언급하는 것으로 시작한다. "여호와께서 백성을 사랑하시나니 모든 성도가 그의 수중에 있으며 주의 발 아래에 앉아서 주의 말씀을 받는도다 모세가 우리에게 율법을 명령하였으니 곧 야곱의 총회의 기업이로다"신33:3-4 이 고별사에서 모세는 시내산에서 이스라엘 자손이 하나님 앞에 선 날, 하나님으로부터 율법을 받은 그날을 이스라엘의 출발점으로 생각하고 있다는 것을 알 수 있다.

언약을 맺을 때에 어린아이들을 포함한 하나님의 모든 백성들이 하나님 앞에 섰다. 신명기 4장부터의 말씀에 보면 모세는 이스라엘 자손들이 하나님 앞에 섰을 때에 너무나 두려워서 하나님께서 직접 말씀하지 말아 달라고 부탁했고, 하나님께서 그것을 허락하셨다는 사실을 밝힌다. 그리고는 하나님께서 자기를 통해 주신 명령과 규례와 법도를 설명하기 시작하는데, "곧 너와 네 아들과 네 손자들이 평생에 네 하나님 여호와를 경외하며 내가 너희에게 명한 그 모든 규례와 명령을 지키게 하기 위한 것이며 또 네 날을 장구하게 하기 위한 것이라"신6:2라는 말씀이다. 그리고 바로 이어서 우리가 너무나 잘 아는 "이스라엘아 들으라"로 시작하는 구절이 등장한다. 그 유명한 '쉐마 본문' 말이다. "쉐마"로 시작하기 때문에 그렇게 부르는 이 본문도 핵심은 자녀들에게 주님의 말씀을 부지런히 가르치라는 것이다. "오늘 내가 네게 명하는 이 말씀을 너는 마음에 새기고 네 자녀에게 부지런히 가르치며 집에 앉았을 때에든지 길을 갈 때에든지 누워 있을 때에든지 일어날 때에든지 이 말씀을 강론할 것이며"6:7 언약 체결 예식인 예배, 언약 갱신 예식인 예배는 어린아이들까지 포함한 하나님의 백성들 전체가 하나님 앞에 서는 것이다. 우리가 어린아이들을 간과하기 쉬운데, 그들도 언약 백성이다.

우리는 어린아이들도 부모들과 함께 하나님 앞에 선 모습을 성경을 통해서 명확하게 확인할 수 있다. 가나안 정복 전쟁 시 여호수아는 아이성에서의 실패 후 아간의 죄악을 처벌하고 난 다음에 마주보고 있는 두 산에 이스라엘 자손을 각각 절반씩 세웠다. 그리심산과 에발산이다. 이어서 여호수아는 축복하고 저주하는 모든 율법을 선포했다. 이때 어린아이들도 부모들과 함께 서서 그 모든 축복과 저주의 말씀들을 들었다. "모세가 명령한 것은 여호수아가 이스라엘 온 회중과 여자들과 아이와 그들 중에 동행하는 거류민들 앞에서 낭독하지 아니한 말이 하나도 없었더라"수9:35 바벨론 포로 생활로부터 귀환하고 나서 학사 에스라는 하나님의 백성들을 다 불러 모으고는 그들에게 하루 종일 율법을 읽어 주었다. "수문 앞 광장에서 새벽부터 정오까지 남자나 여자나 알아들을 만한 모든 사람 앞에서 읽으매 뭇 백성이 그 율법책에 귀를 기울였는데"느8:3 이렇듯 회중이 예배할 때는 어린아이들도 하나님 앞에 함께 서야 한다는 것을 보여 준다.

지금은 공예배 시에 어린아이들을 배제하고 그들을 따로 모아서 예배하게 하는데, 이것은 교회 전통에서는 비교적 새로운 것이다. 유럽에서 산업혁명 이후 도시의 열악한 환경에서 방황하는 어린이와 청소년들을 전도하기 위해 주일학교가 생겨났다. 이 주일학교에서 성경공부만이 아니라 어른들과 따로 예배도 드리기 시작했는데, 이것이 교회의 역사에서는 낯선 일이라는 사실이다. 예수님께서는 "어린아이들이 내게 오는 것을 용납하고 금하지 말라 하나님의 나라가 이런 자의 것이니라"눅18:16라고 하셨다. 이 말씀이 어린아이들도 함께 예배드려야 하는 근거가 된다. 오순절 성령 강림 시에 베드로는 회개하여 세례를 받고 죄 사함을 받는 약속이 어른들만이 아니라 자녀들에게도 약속되었다는 사실을 강조한다. "이 약속은 너희와 너희 자녀와 모든 먼 데 사람 곧 주 우리 하나님이 얼마든지 부르시는 자들에게 하신 것이라"행2:39 또한 사도 바울이 빌립보에서 간수에게 복음을 전하면서 "주 예수를 믿으라 그리하면 너와 네 집이 구원을 받으리라"라고 했던 것이야말로 예배하는 회중이 어린아이들을 포함한다는 사실을 알 수 있다. 그래서 그 간수와 '그 온 가족이 다' 세례를 받았다행17:33.

고대 교회에서는 어린아이들이 예배에 참석했을 뿐만 아니라 성경을 낭독하는 일도 했다. 예배 시에 성경의 여러 부분을 낭독했는데, 마지막 읽기는 복음서였다. 이때 어린아이들을 잘 훈련시켜서 낭독자Lector로 세웠다. 6세기에는 낭독자가 5세에서 8세여야 한다는 지침이 있었다는 것을 생각한다면 어린아이들을 예배에 참여시키는 데 얼마나 적극적이었는지 잘 알 수 있다. 설교를 어린아이가 할 수는 없었겠지만 성경 낭독은 어린아이를 포함한 온 회중이 할 수 있다. 회중의 한 사람이 성경을 낭독하면 그 성경 말씀이 목사를 위한 말씀이 아니라 회중 전체에게 주신 말씀이라는 것이 더 생생하게 드러나지 않겠는가? 물론, 성경 읽기를 잘 준비하지 않으면 듣기가 너무 거북하기에 그 성경 본문을 연구하여 설교하는 목사가 낭독하는 것이 나을 것이다. 요즘의 성경 낭독은 고대 교회와는 달리 설교할 성경 본문의 낭독이니 말이다.

고대로부터 교회는 유아에게 세례를 주고 예배에 함께 참석하게 했지만, 후대에 이르러 점차로 어린아이들이 예배에서 밀려나기 시작한다. 교회가 원죄를 강조하면서 유아가 특히 죄인으로 취급받아서 예배에서 밀려나기 시작하기도 했다. 또한 세례에 대한 그릇된 이해도 어린아이들을 예배 밖으로 밀어내기 시작했다. 세례가 세례 전에 지은 모든 죄를 씻는 예식이라는 인식이 확산되자, 자녀가 세례 이후에 짓는 죄를 염려한 부모들이 자기 자녀들의 세례를 가급적 미루기 시작했던 것이다. 이것이 아이들의 예배 참여를 등한시 여기는 계기가 되었다. 게다가 중세 로마 가톨릭교회는 어린아이들의 세례, 즉 영세를 강조하면서도 정작 아이가 자라서 견진성사堅振聖事를 받을 때 비로소 성령을 받는 것으로 간주했다. 그러니 어린아이가 언약 백성으로서 적극적으로 예배에 참여해야 한다는 것을 등한시할 수밖에 없었다. 종교개혁은 어린아이들도 언약의 백성이라는 것을 강조하면서 다시금 어린아이들, 곧 언약의 자녀들을 예배에 적극적으로 참여시켰다.

우리는 회중 전체가, 온 회중이 함께 하나님 앞에 서야 한다는 사실을 다시금 확인해야 하겠다. 우리의 예배가 언약적 예배라는 사실을 분명하게 안다면 우리 자녀들을 예배에서 배제시켜서는 안 될 것이다. 요즘 소위 말하는 '세대 통합 예배'를 해야 한다는 목소리가 커지고 있는 현실은 우리가 그동안 언약적 예배, 언약적 신앙생활을 간과했다는 것을 반성하는 모습이기도 하다. 세상과 마찬가지로 교회에서도 세대 간의 벽이 높아지고 있고, 의사소통이 안 될 뿐만 아니라 믿음이 전수되지 못하는 상황은 아이러니하게 주일학교가 부흥했기 때문이기도 하다. 부모들은 주일학교에 자녀들을 맡겨 버리고는 홀가분하게 예배하고 집으로 돌아간다. 부모는 교회에서마저 자녀들을 볼 수 없고 신앙적 대화를 할 수 없는 상황이 되어 버렸다. 어른들은 청년 예배나 어린이 예배를 예배가 아니라고 생각하고, 청년들이나 어린이들은 어른들과 예배하느니 교회를 나가겠다고 으름장을 놓기도 한다. 현실적으로 어린이 예배, 청년 예배를 따로 하고 있다고 할지라도, 우리는 모든 세대가 함께 예배한다는 사실을 다시 확인해야 하겠다. 예배는 모든 세대를 다 아우르는 온 회중의 일이라는 사실을 잊지 말아야 하겠다.

2. 회중에 속해서 하는 예배

한국교회는 신자들의 모든 모임을 다 예배라고 부른다. 주일 예배만이 아니라 수요일 예배, 금요 심야 예배, 새벽 예배, 심방 예배 등등이다. 신자들이 모여서 하는 모든 모임을 다 예배라고 부르는 것이 좋을까? 신자들이 하는 모든 활동이 예배가 되면 그 어떤 것도 예배가 아닌 셈이 된다. 우리는 공예배를 다른 모든 활동과 구별할 필요가 있다. 무엇이 공예배를 공예배로 만들까? 회중의 관점에서 보자면 예배는 모든 회중이 함께해야 하는 것이다. 온 회중이 함께 하는 공적 예배 모임을 '예배'라고 구별해서 부르는 것이 좋겠다는 말이다. 이런 의미에서 주일에 온 회중이 모여서 하는 예배만을 공식적으로 '예배'라고 부르는 것이 좋다. 흔히 주일 오전 예배, 주일 오후 예배라고 부르는 것 말이다. 주일 오전 예배를 '대大예배'라고 도 부르는데, 이것은 좀 어색하다. 대예배가 있으면 소小예배도 있을 것인데, 주일 오전 예배가 가장 큰 예배이고 나머지 예배는 작은 예배라고 보는 것은 예배를 차등화시키는 것이 될 것이다. 공예배와 달리 몇몇 신자들이 참여해서 경건 활동을 하는 것은 예배가 아니라 성격에 따라 기도회나 경건회로 부르는 것이 좋겠다.

예배는 회중 전체가 처음부터 끝까지 모든 것을 함께하는 것이다. 예배 전체를 인도하는 인도자가 있고, 특정 순서를 맡는 직분자들이 있지만, 예배는 회중 전체의 일이다. 기본적으로 직분자들도 회중으로부터 부름 받아 나왔기에 회중에 속해 있다. 그렇다면 회중은 예배의 시작부터 모든 것을 함께해야 한다. 우리가 주일에 예배당에 들어가는 모습과 예배를 시작하기 전의 모습을 생각해 보자. 예배를 어떻게 준비하는 것이 좋을까? 자기가 정해 놓은 자리에 가서 조용히 기도하면서 예배를 시작하는 것이 좋을까? 아니면, 예배 준비를 위해 찬양단의 인도로 찬양하는 것으로 예배를 준비하도록 돕는 것이 좋을까?

　예배 준비는 예배당에 와서 시작하는 것이 아니라고 본다. 예배 준비는 토요일부터 시작되어야 한다. 토요일에 주일의 예배를 기대하면서 몸과 마음을 준비해야 한다. 특히, 토요일 저녁에 가정에서 예배를 위해 기도하는 것이 가장 좋은 예배 준비가 될 것이다. 주일 예배 순서가 미리 나온다면 정해진 찬송을 불러 보고 설교할 본문을 미리 읽는다면 이것만큼 좋은 준비가 없을 것이다. 이렇게 예배는 토요일부터 준비해야 한다.

　예배를 제일 잘 준비할 수 있는 길은 예배의 성격을 확인하는 것이다. 우리는 예배가 온 회중이 함께하는 것임을 상기해야 한다. 우리가 조용히 기도하면서 내 몫의 은혜 받기를 준비하기보다는, 내가 회중에 속해서 예배한다는 것을 상기하는 것이 좋겠다. 이것을 위해서는 예배에 참석하는 다른 성도들을 바라보는 것이 좋겠다. 예배가 좀 어수선해질 수 있겠지만 서로를 향해 눈인사라도 하는 것이 좋겠다. 예배를 마치고 우리는 얼마든지 성도의 교제를 많이 나눌 수 있다. 그럼에도 불구하고 성도의 교제는 예배를 마치기 전에 예배 가운데서 이미 누릴 수 있는 것이고, 예배를 시작하기 전에 이미 누릴 수 있는 것이다. 우리는 성도의 교제를 누리고 있기에 함께 예배할 수 있다.

　예배는 오직 하나님만을 바라보아야 하는 것이기에 예배 전에는 교인들과 인사하면 안 된다고 생각할 수 있는데, 하나님과의 교제를 예배에서의 교제와 예배 밖에서의 교제로 이분법적으로 나눌 필요가 없다. 우리는 함께 하나님께 나아가기 때문이다. 예배에 참석하는 이들을 바라보자. 그들이 입고 있는 옷이 보이기도 하고, 그들의 표정이 보이기도 할 것이다. 그들과 내가 차이가 나는가? 그들은 아무 문제없이 잘 사는 것처럼 보이는가? 같은 교인이라도 그들과 나와 신분이 다르고, 능력이 다르다는 생각이 드는가? 그런 것은 중요한 것이 아니다. 중요한 것은 내가 그들과 함께 예배한다는 사실이다.

누구든지 그리스도의 몸에 속하지 않고서는 예배할 수 없다. 우리는 그리스도의 몸에 속해 있을 때에만 머리이신 그리스도께 나아갈 수 있다. 예배하면서 서로를 바라보며 마음으로 다음과 같이 생각해 보자. "이 세상에서 내가 혼자인 것 같았고 아무도 나와 함께 있지 않는다고 생각하면서 외로웠는데, 내가 혼자가 아니구나. 나는 성도의 교제 가운데 있구나. 나 혼자만이 아니라 저 성도도 나와 동일한 고난을 당하면서 한 주간 이 세상을 살았을 텐데, 우리가 함께 예배하는구나." 이렇게 예배에 참석하는 순간부터 우리는 모든 것을 함께한다. 예배에 참석하면서부터 우리는 모든 외로움을 떨쳐버린다. 예배에 참여하면서도 연합을 누리지 못하고 홀로 은혜를 받으려고 한다면 얼마나 손해인가. 회중에 속해 있을 때만 하나님께서 주시는 모든 선하고 좋은 은혜를 받을 수 있는데 말이다. 우리는 함께 은혜를 받는데 말이다. 다른 성도가 은혜를 받는 것을 보면서 나도 은혜를 받는다는 것을 확인하는데 말이다.

예배에 함께 참여하지만 온전하게 예배하지 못하는 이들이 있다.

사용하는 언어가 달라서 함께 예배드리는 데 어려움을 겪는 그런 경우를 말하는 것이 아니라, 아직 세례 받지 못한 이들이 예배에 참석하는 경우이다. 그들은 예배에 참석하면서도 예배에 온전히 참여하게 되기를 간절히 바라는 이들이다. 앞서 이야기했지만, 고대 교회 때는 예배가 2부로 되어 있었다. 예배를 두 번 했다는 말이 아니라 하나의 예배를 2부로 나누어 예배했다는 말이다. 1부 예배는 설교가 중심이 된 '말씀 예배'였는데, 이 예배 때는 믿지 않은 자들이며 세례예비자들Cathecumen이 다 참여할 수 있었다. 2부 예배는 성만찬이 중심이 된 '성찬 예배'였다. 성찬 예배 때는 믿지 않는 이들뿐만 아니라 세례예비자들까지 다 내보냈다. 성찬 예배에는 세례자들만이 참여할 수 있었다. 여기서 예배하는 자들의 분리가 일어난다. 예배는 오직 세례자들의 일이라는 것이 드러난다. 누구든지 예배 자리에 참여할 수 있지만, 세례 받은 사람들이 아니고서는 진정으로 예배할 수 없다는 사실이다. 우리가 하는 예배는 세례 받지 못한 이들이 진정으로 참여하기를 바라는 예배가 되어야 할 것이다.

예배에 온전히 참여하지 못하는 이들이 또 있었다. 바로 '고해자 告解者, penitant'다. 고대 교회에서 큰 죄를 지은 자들, 특히 박해 가운데 신앙을 저버린 이들에 대한 예배 참여가 문제가 되었다. 그들은 고해자로 등록하고 공식적으로 죄를 뉘우치고 용서받는 고해 과정을 겪었다. 그들은 예배에 참석할 수 있지만 세례예비자들 뒤에 자리를 잡고는 회개하면서 성찬식에 다시 참여하게 될 날을 간절히 기대했다. 지금도 교회는 죄를 지은 성도에게 벌을 내리는 일, 즉 권징勸懲을 시행하는데, 가장 큰 벌 중에 하나가 바로 성찬 참여가 금지되는 '수찬 정지受餐 停止'이다. 공적으로 저지른 죄의 경우에는 공개적으로 회개해야 회중과 함께 예배할 수 있다. 현대 교회에서는 권징이 거의 사라졌지만, 이런 권징을 통해 우리는 거룩한 교회로 설 수 있고 예배가 거룩해질 수 있다는 것을 알아야 하겠다.

예배에서 믿지 않는 이들이나 세례예비자들, 권징을 받은 이들을 어떻게 배려할 수 있을까? 우리는 예배가 세상을 위한 것이기에 믿지 않는 이들이나 세례예비자들이 예배 자리에 있다는 것을 어색하게 생각해서는 안 될 것이다. 예배가 곧 복음 전도라는 관점에서 생각해 보자면 예배는 그들을 하나님 나라로 초청하는 것이다. 복음 전도는, 선교는 신약 시대에 비로소 시작된 것이 아니라 하나님께서 이스라엘 자손들을 주님의 백성으로 삼으시는 순간부터 시작되었다. 하나님께서는 시내산에서 암몬과 모압 사람은 결코 하나님의 총회에 들어오지 못할 것이라고 하셨고, 에돔 사람은 삼 대 후에 들어올 수 있다고 하셨지만신23:3, 23:8, 그들이 원천적으로 배제된 것이 아니다. 우리는 모압 여인 룻이 하나님의 백성이 되고 다윗이 오는 길을 열었다는 것을 알고 있다. 우리는 이렇게 예배 언저리에 있는 이들을 무시해서는 안 되겠고, 그렇다고 그들의 비위를 맞추는 예배를 할 필요가 없다. 우리가 진정으로 예배하면 그들은 예배를 알게 될 것이고, 그들도 우리와 함께 예배 자리에 계속해서 있게 되기를 바랄 것이기 때문이다.

3. 회중을 세우는 예배

예배는 개인의 일이 아니고, 가정의 일도 아니다. 혼자서 성경 읽고 찬송하고 기도하는 것을 예배라고 부를 수도 없고, 그렇게 경건의 시간을 가진 것을 가지고 온 회중과 함께 예배한 것이나 마찬가지라고 말하면 안 된다. 공예배 때는 다른 교인들의 시선을 의식할 수밖에 없기에 혼자서 조용히 예배하는 것이 더 나을 때도 있다고 말하면 안 된다. 이른바 가정예배도 온 회중의 예배를 대체할 수 없다. 예배는 가정의 문제가 아니라 교회 전체의 일이기 때문이다. 우리는 나 자신을 세우는 일에 관심이 많고 그래서 예배도 개인주의화되기 쉽다. 우리는 함께 예배하면서도 홀로 있는 것과 다를 바 없이 예배하곤 한다. 그러나 예배는 지역교회 온 회중의 일이다. 그래서 '공公예배'라고 부른다. 우리는 지역교회를 떠나서 예배할 수 없다. 우리는 회중에 속해서 예배한다는 사실을 잊어서는 안 된다.

현대 교인들은 지역교회에 속해 있다는 것을 중요하게 생각하지 않는 경향이 있다. 교회는 많고, 어디든지 옮겨 다니면서 신앙생활할 수 있으니 말이다. 교회는 신자들의 교회 등록을 너무 쉽게 받는다. 교인들은 조금이라도 문제가 생기면 언제든지 다른 교회로 옮길 준비가 되어 있다. 언제든지 오라고 하는 교회가 많으니 쉽게 옮길 수 있다. 왜 우리 교회에 등록하려고 하는지 묻지도 따지지도 않으니 말이다. 예배가 이것을 조장하기도 한다. 예배에서 중요한 것은 예배 분위기나 설교라고 생각하기에 교회를 쉽게 옮겨 다닐 수 있다. 개신교회들은 보통 성찬식을 자주 시행하지 않는다. 성찬식을 자주 시행하지 않으니 내가 지역교회에 속해 있고 성도의 교제를 나누고 있다는 것을 예배에서 경험하지 못한다. 성찬식을 자주 시행하고 서로를 돌아본다면 지역교회에 속해 있다는 것을 강하게 느낄 것이고, 그 결과 공교회公教會에 속해 있다는 것도 분명하게 경험할 수 있을 것이다. 성찬식이 신자를 세우는 가장 강력한 성례라는 사실이다.

성찬식에 대해 좀 더 구체적으로 말해 보자. 성찬식은 우리가 그리스도와 하나라는 것을 나타낸다. 그리스도께서 친히 말씀하신다. "나를 먹으라, 나를 마시라"라고 말이다. 그러면 우리는 그리스도와 하나가 된다. 그런데 성찬식에는 우리 각자가 그리스도와 연합하는 일만이 있는 것이 아니다. 성찬에 참여하는 신자가 서로에게 속했다는 것을 보여 준다. 한 상에 참여하기 때문이다. 한 상에 참여한 이들은 서로를 받아들여야 한다. 한 상에 참여해 놓고도 '나는 저 성도를 받아들일 수 없다'고 말하면 안 된다. 그리스도께서 자격 없는 나를 받아 주셨듯이 나도 다른 성도를 받아들여야 한다.

예전에 네덜란드에서 목회했을 때의 일이다. 어떤 성도가 자기에게 큰 손해를 입히고 상처를 준 성도를 도무지 받아들일 수 없었다. 같이 예배했지만 남남이었다. 그런데 그가 어느 주일에 보니, 자신에게 상처를 준 그 성도가 자기 앞에서 성찬을 받기 위해 걸어가는 모습을 보니 너무 측은하더라는 것이다. 자기도 이 낯선 땅에서 살아남기 위해 온갖 궂은 일을 다하다 보니 다른 사람들에게 상처를 입히면서 살아왔는데, '저 성도도 나와 다르지 않구나' 하는 생각이 번득 들었다고 한다. 그래서 왈칵 눈물이 나고 그 성도가 용서가 되더라는 것이다. 물론, 그 다음에 다시 사업터에서 지지고 볶고 싸워야 했지만 말이다. 이렇게 우리가 서로를 바라보면서 성찬에 참여한다면 말을 나누지 않아도 서로를 세워 준다.

우리는 오직 지역교회에 속해 있을 때만 제대로 예배할 수 있지만, 예배는 어느 한 지역교회 회중만의 일은 아니다. 예배는 모든 교회의 예배이고, 모든 선택받은 사람들의 예배이다. 지역교회의 예배는 모든 지역교회와 함께 예배하고, 이 땅을 살다 갔거나 앞으로 살게 될 모든 성도들과 함께 예배하는 것이다. 우리는 공교회公教會에 속해 있기 때문에 공예배公禮拜를 할 수 있다. 쉽게 말해서 우리는 모든 교회가 함께 예배한다는 사실을 잊지 말아야 한다. 과거의 교회, 그리고 미래의 교회와 함께 예배한다는 것을 잊지 말아야 할 것이다. 이렇게 지역교회에 속할 뿐만 아니라 전 세계의 교회에 속해 있을 때 우리는 아름답게 세워질 수 있다. 개교회의 예배는 항상 전 세계의 교회와 연결되어 있다. 우리는 전 세계의 교회, 전 역사의 교회와 연결되어서 예배한다. 이렇게 예배할 때 우리는 가장 잘 예배할 수 있고 가장 잘 세워질 수 있다. 우리는 다른 교회와 다른 교회 예배와 지나치게 달라지려고 애쓸 필요가 없다. 우리 교회의 독특한 열심을 강조하면서 독특한 순서를 만드는 것이 예배를 잘하는 것이 아니다. 우리가 다른 교회와 함께, 다른 신자들과 함께 예배한다는 것을 알 때에 잘 세워질 수 있다.

예배에서 우리가 보고 있는 방향이 중요하다. 예배는 하나님과 그 백성 사이의 교제이기에 회중이 하나님을 바라보고 있다. 중세 교회에서 사제가 미사를 집례執禮할 때도 제단을 향해 서서 제물을 바쳤다. 회중을 향해 서지 않고 회중에게 등을 보인 채로 미사를 드렸다는 것은 사제조차도 하나님의 백성들과 함께 하나님께 제사한다고 생각했다는 것이다. 그러면 회중은 하나님을 향해서만 서 있는가? 그렇지 않다. 회중은 그리스도의 몸이기에 서로에게 속해 있다. 예배할 때 우리는 지속적으로 서로를 향해야 한다. 그렇지 않으면 예배하면서도 회중 속에서 외로워질 수밖에 없다. 예배하는 회중은 하나님을 향해 서 있기만 한 것이 아니라 서로를 향해 서 있다. 예배는 각자, 그리고 함께 하나님께 나아가는 것이기 때문이다.

예배는 하나님께서 우리를 세워 주시는 것만이 아니라 서로를 세워 주는 것이기도 하다. 우리가 잘 아는 고린도교회의 모습을 생각해 보자. 고린도교회는 은사가 풍성한 교회였다. 예배 때도 은사가 넘쳤다. 은사가 너무 풍성해서 문제가 될 정도였다. 고린도전서 12장부터 은사의 문제를 다루는데 예배 때에 교인들의 방언과 예언이 풍성하게 나타났다는 것을 알 수 있다. 그런데 바울 사도는 말한다. 그렇게 은사를 풍성하게 주신 것은 오직 덕을 세우기 위한 것이라고 말이다. "그러나 예언하는 자는 사람에게 말하여 덕을 세우며 권면하며 위로하는 것이요"고전14:3 "그러므로 너희도 영적인 것을 사모하는 자인즉 교회의 덕을 세우기 위하여 그것이 풍성하기를 구하라"14:12 "그런즉 형제들아 어찌할까 너희가 모일 때에 각각 찬송시도 있으며 가르치는 말씀도 있으며 계시도 있으며 방언도 있으며 통역함도 있나니 모든 것을 덕을 세우기 위하여 하라"14:26

이렇게 사도는 예배가, 예배 때 나타나는 은사가 오직 덕을 세우기 위한 것임을 여러 번이나 반복해서 말하고 있다. 사실 성경 원문에는 '덕'이라는 말이 없다. 그냥 '세우는 것'이라고 되어 있다. 즉, 예배는 회중을 세운다는 말이다. 예배는 회중을 세우는 것이고, 서로를 세우는 것이다. 예배 시에 나타나는 은사는 자기를 자랑하기 위한 것이 아니라 서로를 세워 주기 위한 것이다. 교회를 세우기 위한 것이다. 예배를 통해 교회가 세워지고, 온 회중이 세워지고 온전해진다.

정리

예배는 하나님의 일이면서 동시의 사람의 일이다. 예배가 사람의 일이라고 하면 이상하다고 생각할지 모르겠지만 언약의 한쪽 당사자인 회중이 예배하기에 예배는 사람의 일도 된다. 사람이 하나님을 섬기는 일이 예배의 한 부분이다. 예배에서 회중이 무엇보다 중요하다는 사실이다. 회중이 예배에서 구경꾼이 되면 안 된다. 회중은 예배에 적극적으로 참여해야 한다. 예배가 언약적이기에 모든 순서는 하나님으로부터 우리에게 내려오면서, 동시에 우리가 하나님께 올려드린다. 그렇다면 예배의 절반은 회중이 하는 일이라고 말할 수 있다. 물론, 그 절반은 앞선 절반, 즉 하나님께서 우리에게 하신 일에 대한 반응이다. 하나님의 행하심이 먼저 있고 회중은 반응한다. 예배 인도자만 반응하는 것이 아니라 온 회중이 반응한다. 예배는 온 회중의 일이다. 몇몇 사람의 일이 아니다. 몇몇 예배 전문가들만의 일이 아니다. 회중은 예배에서 수동적이지 않고 능동적이다. 예배 처음부터 끝까지 모든 세대의 회중이 모든 것을 함께 한다.

예배는 회중에게 달려 있다. 회중이 예배를 이해하는 만큼 예배는 달라진다. 회중이 예배에 참여하는 만큼 예배는 달라진다. 회중은 예배를 훈련해야 할 것이다. 회중이 예배를 잘 알아야 한다는 말이다. 평생 예배하고서도 예배를 통해 아무 일도 일어나지 않았다고 말한다면 얼마나 가슴 아픈 일인가? 다른 성도들을 바라보면서 함께 예배에 참석하는 순간부터 눈물이 나고 은혜가 되어야 하는데 말이다. 이 세상에서 혼자인 것 같았는데, 주일이 되어 예배에 참석하니 내가 혼자가 아니라 성도의 교제 가운데 있고 하나님의 도우심 가운데 있다는 것을 확인하니 말이다. 예배 때 특별한 것이 없어도 예배하는 회중 가운데 내가 있다는 것 자체가 너무나 감격스럽고 복되다. 우리가 지역교회의 회중에 속해서 예배할 때에 나 자신이 세워진다는 사실을 잊어서는 안 된다. 모든 세대가 함께하는 것, 모든 순서를 함께하는 것, 지상의 모든 교회와 함께 예배하는 것, 그 예배가 우리를 세워 주고, 진정한 복이 된다.

함께 나누기

1. 예배가 언약의 모든 세대가 함께 하나님 앞에 나아가는 것임을 이야기해 보고, 세대 통합예배가 어떻게 가능한지 이야기해 보자.

2. 예배는 처음부터 끝까지 회중에 속해서 하는 것이요, 어떤 신자도 회중에서 유리되면 안된다는 것을 이야기해 보자.

3. 예배는 하나님을 높이는 것이지만 예배를 통해서 회중이 세워지는지, 그리고 어떻게 서로를 세워주는지 이야기해 보자.

6장
예배와 그리스도

예배는 회중이 적극적으로 드려야 하는 일이지만 그리스도가 아니고서는 불가능하다. 그리스도께서는 항상 하늘 아버지를 예배하셨다. 이렇게 항상 하나님을 예배하신 그리스도께서 우리 예배의 내용 자체이시다. 예배의 모든 순서는 그리스도로 채워져 있다는 말이다. 더 나아가 그리스도께서 예배의 대상이시다. 우리는 앞장서서 예배하시는 그리스도와 함께 예배한다.

서론

예배는 우리 신자들, 곧 교회가 하는 것이지만, 예배의 방향은 하나님을 향하고 있다. 신을 향하지 않는 예배가 있겠는가? 물론, 예배는 인간 자신을 향한 것이기도 하다. 모든 종교는 자신의 한계를 절감한 사람이 신을 향해 부르짖는 것이기 때문이다. 다른 모든 종교의 예배는 인간의 일방적인 열망과 절망에 불과하다. 우리 기독교회의 예배는 다르다. 하나님께서 친히 그분 백성을 부르시는 것으로 예배가 시작되고, 예배로 하나님께서 주권적으로 자신을 주시기 때문이다.

그런데 예배를 신과 관련지어 말하는 것은 모든 종교에서 하는 이야기이기 때문에, 우리는 예배를 좀 더 구체적으로 이야기할 필요가 있다. 그것이 바로 예배와 그리스도의 관계를 살피는 것이다. 그리스도께서는 우리 가운데 오신 하나님이시기 때문이다. 그리스도께서는 가장 실제적인 의미에서 예배를 가능케 하신다. 하나님께서 그리스도를 우리에게 보내어 주셨기 때문에 예배가 가능하게 되었다. 우리가 그리스도 없이 하나님께 나아가면 살아남을 수가 없다. 우리는 오직 그리스도를 통해서만 하나님께 나아갈 수 있고, 하나님께서도 그리스도를 통해서만 우리에게 찾아오신다. 하나님과 우리 사이를 연결시켜 주시는 분이 그리스도시기 때문에 우리는 예배와 관련하여, 또 예배에서 그리스도를 말하지 않을 수 없다.

우리의 예배가 무엇으로 채워져 있는지를 생각해 보자. 예배 안에 다양한 순서들이 있지 않은가? 그 모든 예배 순서들이 어디를 향해 흘러가고 있는가? 예배의 다양한 요소들과 순서들이 무엇으로 채워져 있는가? 예배는 다양한 것들로 채워져 있는 것 같지만 사실 오직 하나로 채워져야 한다. 아니, 오직 한 분으로 채워져야 한다. 바로 하나님이다. 그리스도시다. 우리는 예배에서 그리스도께서 차지하시는 위치를 정확하게 알고 있어야 한다. 우리는 예배에서 하나님을 자주 부르지만, 정확히는 예배는 온통 그리스도로 채워져야 한다. 그리스도로 채워지지 않는 예배는 기독교 예배가 아니라 다른 종교의 행사라고 불러야 할 것이다. 영적인 예배가 되기 위해서는 예배가 오직 그리스도로 채워져야 한다.

어떻게 예배를 그리스도로 채운다는 말인가? 기도의 경우를 예로 들어 보자. 기도가 끝날 때 "예수님 이름으로 기도합니다."라고 하는데, 이것은 기도를 끝마치는 문구 정도가 아니라 모든 기도의 내용들을 그리스도로 채워야 한다는 것을 보여 준다. 이것과 마찬가지로 우리 예배의 모든 순서 하나하나를, 예배의 전부를 그리스도로 채우는 길을 찾아야 할 것이다. 이번 장에서는 예수님께서 항상 하나님을 예배하신 분이시라는 것, 예수 그리스도께서 예배의 모든 내용이 되실 뿐만 아니라 예배에 친히 임재하신다는 것, 그리고 그리스도께서 친히 우리의 예배를 받으신다는 것을 살펴보려고 한다.

1. 항상 예배하시는 그리스도

사람은 예배하는 존재이다. 예배하지 않는 인생이 없다. 그런데 진정으로 예배하는 이들이 없다. 한 사람도 제대로 예배하지 않는다고 말할 수 있다. 로마서에서 사람은 하나님을 알면서도 모른다고 말했듯이, 사람은 하나님을 예배하면서 예배하지 않는다고 말할 수 있다. 그런데 평생 제대로 예배한 사람이 있다. 제대로 예배한 오직 한 분이 계신다. 그분이 바로 예수님이시다. 예수 그리스도께서는 평생 예배하셨다. 예수님의 삶을 한마디로 요약하면 예배하는 삶이었다고 말할 수 있다. 사람은, 심지어 하나님의 백성인 이스라엘 자손들도 결국 하나님을 떠나 우상을 섬겼다. 언약의 백성인 이스라엘도 하나님을 섬기는 것 같았지만 여지없이 우상을 섬겼다. 예수님께서는 사람이셨지만 다르셨다. 예수님께서는 우상을 섬기라는 온갖 유혹에도 불구하고 오직 하나님을 예배하셨다. 예수님께서는 하나님을 평생 잘 예배하신 분이시다. 하나님께서 예수님을 이 땅에 보내신 것은 하나님을 제대로 예배하는 인생이 있다는 것을 보여 주시기 위함이다. 하나님께서는 예배하신 예수님을 자랑하고 싶어 안달하셨다.

예수님의 어린 시절이 어떠했는지 보여 주는 유일한 사건이 있다. 예수님께서 열두 살이실 때 부모님과 함께 예루살렘 성전에 가셨을 때의 일이다눅2:41-52. 예수님의 부모님은 절기를 마치고 집으로 돌아가면서 아들이 귀향하는 무리 속에 있는 것으로 생각했는데, 길 가던 도중에 찾아보니 아이가 없어서 부랴부랴 되돌아가다가 성전까지 올라갔다. 아이 예수님께서는 성전에서 종교 지도자들과 대화하고 계셨다. 지도자들은 아이 예수님의 지혜로운 물음과 대답에 깜짝 놀라고 있었다. 부모가 "왜 이렇게 했냐? 우리가 너를 얼마나 찾았는지 아느냐?"라고 책망하자, 아이 예수님께서는 "왜 나를 찾으셨습니까? 제가 제 아버지 집에 있어야 될 줄을 알지 못하셨습니까?"라고 답하셨다. 참으로 어처구니가 없는 답이 아닌가?

그런데 예수님의 부모 마리아와 요셉은 이때 망치로 머리를 얻어맞은 것과 같은 느낌을 받았을 것이다. '이 아이가 하늘 아버지를 모시고 있구나'라고 생각했을 것이니 말이다. 우리는 이 사건을 통해 예수님께서 열두 살쯤에는 이미 하나님께서 자신의 아버지가 되신다는 것을 아셨음을 알 수 있다. 이것이야말로 바로 예배가 아닌가? 하나님을 아버지로 알고 고백하는 것 말이다. 성경은 예수님께서 지혜와 키가 자란 것뿐만 아니라 하나님과 사람에게 사랑스러워져 가셨다고 말씀하고 있다눅2:52. 예수님께서는 고정되어 계시지 않으셨다는 뜻이다. 예수님께서는 우리와 똑같이 몸이 자라셨고, 지식도 자라셨다. 예수님께서는 몸과 마음이 자라면서 하나님을 알아 가시고, 하나님을 예배하는 일에서 계속해서 자라 가셨다.

누가복음 3장이 되면 이제 성인이 되신 예수님의 이야기로 바뀐다. 예수님께서는 요한에게 세례를 받으신다. 예수님께서 요한에게 세례 받으신 사건은 독특하다. 이 사건은 예수님께서 하나님을 어떻게 예배하셨는지를 보여 주는 대표적인 사건이다. 죄 없으신 분께서 죄인인 것처럼, 회개해야 할 사람인 것처럼 세례 받기 위해 머리를 숙이신 것이야말로 예배자의 태도를 잘 보여 준다. 예수님께서는 자신을 죄인의 자리에 두심으로써 우리와 함께 하나님께 나아가기를 원하셨다. 요한이 세례를 베풀 수 없다고 거부하자 예수님께서 말씀하시지 않았는가? "이제 허락하라 우리가 이와 같이 하여 모든 의를 이루는 것이 합당하니라"마3:15 얼마나 놀라운 말씀인가? 예수님께서 우리와 같이 죄인의 자리에 서실 때에 하나님의 의가 이루어졌다는 사실 말이다. 하나님께서는 그분의 아드님을 죄인의 모양으로 보내셔서 죄인인 우리를 의롭게 하셨다. 예수님께서는 자신과 다른 이스라엘 사람들을 구분하지 않으시고 철저하게 그들과 함께 예배하셨다는 것을 알 수 있다.

예수님께서는 세례를 받으신 후 성령께 이끌려 광야로 나가셔서 마귀에게 시험을 받으셨다. 마귀가 무엇을 시험했는가? 마귀는 계속해서 "네가 만일 하나님의 아들이라면"이라고 말하면서 예수님을 시험했다. 예수님께서 하나님의 아들이신지를 마귀가 시험했다는 말이다. 첫 번째 시험은 돌을 떡으로 만들어 먹는 것을 통해 하나님의 아들임을 증명하라는 것이다. 둘째 시험은 성전에서 뛰어내려 천사들이 안전하게 받아 주는 것을 보여 줌으로써 하나님의 아들임을 증명하라는 것이다. 그러나 예수님께서는 빵이 생기는 것으로, 안전하게 보호받는 것으로 하나님의 아들임을 증명하려고 하지 않으셨다. 그런 기적과 도움이 없어도 그분께서 하나님의 아들이라는 사실은 변함이 없었기 때문이다.

바로 이것이 예배하는 자의 태도여야 한다. 우리는 하나님께 표적을 베풀어 달라고 계속해서 요구하고, 그런 표적이 일어나야 내가 하나님의 아들인 것을 알겠다고 해서는 안 된다. 우리는 하나님을 아버지로 믿기에 어린아이처럼 의지하며 예배한다. 마지막으로 마귀는 온 세상 만국과 그 영광을 보여 주면서, 나에게 절하면 이 모든 것을 주겠다고 했다. 예수님께서 말씀하신다. "사탄아, 물러가라 기록되었으되 주 너의 하나님께 경배하고 다만 그를 섬기라 하였느니라"마4:10 예수님께서는 세상 영광에 눈멀지 않으셨고 오직 하나님을 예배하기로 작정하셨다.

예수님께서 예배에 대해 친히 언급하신 적이 있다. 예수님께서는 제자들과 함께 유다에서 갈릴리로 가시면서 사마리아를 비껴가지 않고 통과해서 지나가시다가, 수가라는 동네에 들어가셔서 한 여인을 만나 대화하신다. 당시 유대인들은 사마리아 사람들을 이방인들과 다를 바 없이 취급했고 남자들은 여자들을 무시하고 살았는데, 예수님께서는 이 두 가지를 다 넘어서셨다. 예수님께서는 사마리아 여자에게 적극적으로 말을 거신다. 그 여인이 자기들의 예배에 대해 말하자 예수님께서는 유대인들이 예배하는 예루살렘에서도 말고, 너희가 올바른 예배 장소라고 주장하는 그리심산에서도 말고, 하나님을 제대로 예배하는 때가 올 것이라고 하셨다. 예수님께서는 하나님을 예배하되 "영과 진리로" 예배할 때가 온다고 하셨다. 예전에는 이를 "신령과 진정으로"라고 번역하는 바람에 예배가 우리의 열정에 달린 것으로 해석되기도 했다. 그러나 "신령과 진정으로"가 아니라 "영과 진리로" 예배할 그때가 '바로 지금'이라고 하셨다요 4:23. '바로 지금'은 시간을 가리키는 것일 뿐만 아니라 그 여인 앞에 서 있는 영과 진리이신 예수님 자신을 가리키는 것이다. 예수님 자신이 하나님께 예배하는 유일한 길이라는 사실을 밝히신 것이다.

예수님께서는 평생 예배하셨다. 하나님의 말씀을 잘 듣는 것이 예배라는 관점에서 보자. 예수님께서는 평생 하늘 아버지께 듣고 행하셨다. "내가 아무 것도 스스로 할 수 없노라 듣는 대로 심판하노니 나는 나의 뜻대로 하려 하지 않고 나를 보내신 이의 뜻대로 하려 하므로 내 심판은 의로우니라"요5:30 하나님께 기쁘게 찬양하는 것이 예배라는 관점에서 보자. 예수님께서는 자신이 피를 흘리심으로써 하나님께서 그분 백성과 더불어 새 언약을 체결하실 것을 생각하시면서 기뻐하셨다. "이에 그들이 찬미하고 감람 산으로 나아가니라"마26:30 최후의 만찬 후에 감람산으로 가시면서 예수님께서 하신 찬송이 바로 유월절 어린양을 잡아 식사하기 전후에 유대인들이 불렀던 '이집트 할렐 시편'시편111~118편이었다. 하나님의 뜻이 이루어지기를 간절히 간구하는 것이 예배라는 관점에서 보자. 예수님께서는 심하게 통곡하시면서 십자가를 면하기를 하나님께 간구하셨다. 그러나 결국에는 자신의 뜻을 꺾고 하늘 아버지의 뜻에 순종하셨다. "그는 육체에 계실 때에 자기를 죽음에서 능히 구원하실 이에게 심한 통곡과 눈물로 간구와 소원을 올렸고 그의 경건하심으로 말미암아 들으심을 얻었느니라"히5:7

예수님께서 부활하시고 하늘에 오르신 것도 하늘 성전에서 하나님을 예배하기 위함이었다. 그리스도께서는 하늘 성전에서 그분께서 구속하신 백성을 위해 늘 중보中保가 되신다. "예수는 영원히 계시므로 그 제사장 직분도 갈리지 아니하느니라 그러므로 자기를 힘입어 하나님께 나아가는 자들을 온전히 구원하실 수 있으니 이는 그가 항상 살아 계셔서 그들을 위하여 간구하심이라"히7:24-25 이 구절이 바로 예배 시에 회중이 공적으로 죄 고백을 하고 난 다음에 예배 인도자가 선포하는 사죄 선언의 말씀 중 하나이다. 그리스도께서는 하늘 보좌에 오르셔서 다스리기 시작하셨지만, 동시에 그분의 교회를 위해 성부께 중보가 되시는 일을 계속하신다. 그리스도의 예배는 이 땅에서만이 아니라 하늘에서도 계속된다는 사실이다. 그리스도께서는 부활과 승천으로 높아지셨지만 신인神人이시기에 여전히 하늘 아버지께 간구하신다. 그리스도의 예배는 지금도 계속된다.

2. 예배의 내용이신 그리스도

예배의 모든 내용은 하나님과 그분 회중 간의 교제이다. 하나님께서 주도하시는 순서가 있고 거기에 회중이 반응하는 순서가 있다. 예배는 먼저 하나님께 받아서 그 다음에 하나님께 돌려드리는 것이다. 그러면 하나님께서 주시는 것은 무엇인가? 한마디로 말해서 하나님께서는 그분의 백성에게 그리스도를 주셨다. 하나님께서는 이미 그리스도를 이 땅에 보내 주셨다. 물론 하늘이 그리스도를 다시 받으셨다. 처음에 계셨던 그곳으로 돌아가셨다. 그러나 하나님께서는 예배를 통해 그리스도를 다시 주신다. 마지막 날에 그리스도께서 다시 오실 것이지만, 그때까지도 이 땅이 비어 있는 것이 아니다. 초림과 재림 사이 이 땅에 그리스도의 공백기가 있는 것이 아니다.

그리스도의 승천은 이 땅을 버리고 떠나신 일이 아니다. 그리스도께서는 지상의 그림자 성전이 아니라 참 성전인 하늘에 오르셔서 일하고 계신다. "지금 우리가 하는 말의 요점은 이러한 대제사장이 우리에게 있다는 것이라 그는 하늘에서 지극히 크신 이의 보좌 우편에 앉으셨으니 성소와 참 장막에서 섬기는 이시라 이 장막은 주께서 세우신 것이요 사람이 세운 것이 아니니라"히8:1-2 '하늘에서 일하고 계시는 그리스도'를 고백하는 이 구절이 바로 히브리서의 요절이다.

그리스도께서는 이 땅에 있는 그림자 성전이 아니라 참 성전인 하늘에서 일하고 계신다. 친히 대제사장으로서 일하고 계신다. 하늘에서 대제사장으로 일하고 계신 것이 이 땅에 있는 교회와 무슨 상관이 있는가? 이 땅에 있는 우리를 하늘로 끌어올리시기 위함이다. 우리보다 먼저 가셔서 하늘 성전에서 예배하고 계신다는 말이다. 한마디로 말해, 그리스도께서 계신 곳에 우리가 있다. 우리는 그리스도와 함께 이미 하늘에 올라간 자들이라고 말할 수 있다. 우리의 영적인 신분은 하늘에 있다는 사실이다. "허물로 죽은 우리를 그리스도와 함께 살리셨고 또 함께 일으키사 그리스도 예수 안에서 함께 하늘에 앉히시니"엡2:5-6 이렇게 그리스도께서는 하늘 보좌에 오르셔서 그곳에서 우리를 위해 예배를 인도하신다. 우리는 이 땅에서 예배하지만 우리가 예배할 때 성령께서 그 예배를 통해 우리를 하늘에 계시는 그리스도께로 이끌어 올려 주신다.

성만찬의 예를 들어 보자. 성찬상에 그리스도께서 어떻게 임재하시는가? 그리스도께서 실제적으로 임재하시는가? 로마 가톨릭교회는 성만찬, 즉 미사missa를 그리스도의 제사라고 본다. 떡과 잔이 사제의 손에서 그리스도의 실제 살과 피로 바뀌고, 이 그리스도의 살과 피를 하나님께 봉헌한다고 말한다. 소위 말하는 이 화체설化體說은 그리스도께 영광을 돌리는 것이 아니라 하늘에 오르신 그리스도 그분의 몸을 이 땅으로 끌어내리는 것이다. 우리는 방향이 반대라고 본다. 성찬식 때 하늘에 계시는 그리스도의 몸이 이 땅으로 내려오시는 것이 아니라 성령께서 우리를 들어 올려 하늘로 올려 주신다. 우리는 하늘 성전에 올라가 그리스도와 함께 예배한다.

성찬식과 관련된 유명한 문구 중에 하나가 고대 교회로부터 전해 내려오는 '우리의 마음을 들어sursum corda'라는 말이다. 종교개혁자 칼빈John Calvin이 이 표현을 상징으로 만들어 사용했고, 지금도 칼빈의 후예들이 이 상징을 애용한다. 우리의 심장을 주님께 드리겠다는 것이다. 고대 교회는 이 외침을 아주 중요하게 생각했다. "그러나 우리의 시민권은 하늘에 있는지라 거기로부터 구원하는 자 곧 주 예수 그리스도를 기다리노니"빌3:20라는 구절에도 나와 있듯이 말이다. 이렇게 성찬식도 그리스도께서 채우신다. 내용적으로 채우는 것만이 아니라 그리스도께서 성령으로 충만하게 임재하시는 것이다. 그리스도께서는 하늘에 오르셨지만 예배를 통해 하늘에 계신 그리스도와 이 땅에 있는 주님의 교회가 합체된다. 성찬상의 떡과 잔이 하나도 바뀌지 않지만, 그 의미가 전혀 다른 떡과 잔, 그리스도의 떡과 잔이 되어 우리를 먹이시고 마시우신다. 성찬식을 통해 그리스도께서 가시적으로 분명하게 임재하신다.

성찬식에서만 그리스도께서 임재하시는 것이 아니다. 예배의 다른 순서들 하나하나도 그리스도께서 채우고 계신다. 예배 전체가 그리스도로 채워져 있다. 이것을 예수님께서 친히 하신 말씀에 빗대어 살펴보자. 예수님께서는 유대인들이 성경을 읽는 이유에 대해, 그리고 그 성경이 가리키는 바에 대해 다음과 같이 말씀하셨다. "너희가 성경에서 영생을 얻는 줄 생각하고 성경을 연구하거니와 이 성경이 곧 내게 대하여 증언하는 것이니라"요5:39 이것을 예배에 적용해 보자. "너희가 예배에서 교제를 얻는 줄 생각하고 예배를 하거니와 이 예배가 곧 내게 대하여 증언하는 것이니라"라고 말이다.

구약 시대에는 제사를 통해 동물의 피가 계속해서 흘렀다면 신약의 예배에는 그리스도의 피가 계속해서 흐르고 있다. 히브리서 12장에서는 신약교회가 예배하면서 이르게 되는 곳이 지상의 시내산이나 예루살렘이 아니라 하늘의 예루살렘이라고 말하고 있다. 그 하늘 예루살렘에 있는 것은 "천만 천사와 하늘에 기록된 장자들의 모임과 교회와 만민의 심판자이신 하나님과 및 온전하게 된 의인의 영들과 새 언약의 중보자이신 예수와 및 아벨의 피보다 더 나은 것을 말하는 뿌린 피"이다히12:22-24. 마지막으로 언급하는 "아벨의 피보다 더 나은 것을 말하는 뿌린 피"가 바로 그리스도께서 십자가에서 흘리신 피이다. 그 피를 아벨의 피보다 나은 피라고 말하는 이유가 있다. 아벨이 흘린 피는 정의를 호소하는 피였기에 하나님께서 아벨을 죽인 가인을 찾으셔서 그를 저주하셨다. 그리스도께서 흘리신 피는 정의를 호소하는 피일 뿐만 아니라 하나님의 긍휼을 구하는 피였다. "아버지 저들을 사하여 주옵소서 자기들이 하는 일을 알지 못함이니이다"눅23:34라고 하신 기도가 대표적이다. 그래서 그리스도의 그 피가 우리의 죄를 덮어 주신다. 그리스도의 그 피가 예배 때 계속해서 뿌려진다.

예배의 내용이 그리스도라는 것은 소위 말하는 '교회력敎會曆, church calendar'을 통해 더 잘 알 수 있다. 고대 교회가 교회력을 만든 이유는 그리스도께서 베푸신 은혜를 일 년 내내 계속해서 누리기를 원했기 때문이다. 처음 만들어진 것은 부활주기復活週期였고, 그 다음으로 성탄주기聖誕週期가 만들어졌다. 그런데 한 해 교회력의 시작은 우리 달력으로 연말인 성탄주기로부터 시작한다. 성탄주기는 준비절기인 대림절待臨節로부터 시작하여 예수님 탄생 축하절기인 성탄절, 예수님께서 세례를 받으시고 성령께서 비둘기처럼 임하신 일을 기념하는 주현절主顯節이 펼쳐진다. 부활주기는 부활주일 전 40일 간의 준비절기인 사순절四旬節로부터 시작하여 축하절기인 부활절과 하늘로 오르신 승천절昇天節, 그리고 오순절 성령 강림을 기념하는 성령강림절聖靈降臨節로 이어진다.

이렇게 교회력을 만든 것은 순전히 그리스도 때문이다. 그리스도께서 이 땅에서 하셨던 일을 다시 반복하실 수는 없지 않은가? 성탄도 단 한 번 있었던 일이 아닌가? 십자가도 단 한 번 이루어진 일이 아닌가? 부활도, 승천도, 성령강림도 단 한 번 이루어진 일이 아닌가? 그것들은 영영 반복될 수 없지 않은가? 하지만 그리스도께서 이루신 일은 계속해서 증언되어야 하고, 우리가 계속해서 누려야 한다. 그것이 바로 교회력으로 자리를 잡았다.

우리 개신교회가 교회력을 무시하는 것은 큰 손실이다. 해마다 그리스도께서 베푸신 일을 더 풍성히 누릴 수 있는 기회를 놓치는 것이기 때문이다. 사실 기독교 초기에는 매 주일이 부활절이었다. 주님께서 부활하신 날을 주일로 지켰기 때문에 매 주일 신자들은 부활에 동참하는 은혜를 누렸다. 교회는 그리스도의 부활을 더 크게 축하하기 위해 연중의 부활절을 만들었다. 부활절을 '주일 중의 주일'이라고 불렀다. 그리스도께서 하신 일이 반복될 수는 없지만,

그리고 우리의 교회력이 그리스도께서 하신 일을 재현한다고도 말할 수 없지만, 그리스도 사건을 묵상하면서 그 베푸신 은혜의 효력과 은덕을 계속적으로 누릴 수 있다. 이스라엘 자손들이 해마다 유월절을 기념하면서 자기들이 과거 조상들과 함께 홍해를 건넜다고 말하는 것과 같다.

이렇게 매 해마다 그리스도의 은혜를 계속적으로 풍성히 누릴 수 있는 방법인 교회력을 무시할 이유가 없다. 예를 들어 부활절 한 날만 축하하는 것이 아니라 40일간의 사순절 기간을 통해 그리스도의 고난을 묵상하고 부활절을 맞으면 그리스도의 부활을 더 크게 축하할 수 있을 것이다. 그리고 부활절 당일만이 아니라 성령강림절까지 50일 동안 예배를 통해 부활의 의미를 더 깊이 묵상한다면 부활이 우리 삶에서 더 큰 능력으로 나타날 것이다. 이렇게 교회력은 교회가 그리스도적으로 사는 데 도움이 된다.

이처럼 예배의 내용은 곧 그리스도시다. 예배는 그리스도께 푹 빠져드는 것이다. 예배할 때 그리스도께서 임재하신다. 하늘에 계신 그리스도께서 예배를 통해 그분의 백성과 하나가 되신다. 교회의 머리이신 그리스도, 그리스도의 몸인 교회가 하나가 되는 것이 바로 예배이다. 예배할 때마다 그리스도께서 그분 백성에게 계속적으로 오신다. 십자가에 달리신 날에 그리스도를 받으신 성부 하나님께서는 부활 승천하여 하늘에 계신 그리스도를 우리에게 계속해서 주려고 하신다. 그것이 바로 예배이다. 우리는 예배의 모든 순서가 그리스도를 지향하고 있다는 것을 알아야 하겠다. 예배 전체가 그리스도를 가리키고 있다는 사실 말이다. 우리가 예배할 때 그리스도가 물씬 풍겨나기를 바란다.

3. 예배의 대상이신 그리스도

그리스도께서는 친히 하나님을 예배하셨을 뿐만 아니라 우리가 예배할 때 모든 예배의 내용이 되신다. 예배는 속속들이 그리스도로 채워져 있다. 그리고 마지막으로, 그리스도께서는 우리가 예배할 대상이시다. 우리는 예배할 때 하늘 아버지를 예배할 뿐만 아니라 그분께서 보내어 주신 우리 주 예수 그리스도를 높이고 예배하는 것이다. 유대인들은 이것을 신성모독이라고 할 것이다. 실제로 예수님께서 자신을 하나님의 아들이라고 하시자 유대 종교지도자들은 신성모독을 한다고 해서 죽이려고 했다. 제자들이 예수님을 경배하기 시작하자 분노하면서 제자들도 죽이려고 했다. 바울이 사도가 되기 전에 교회를 핍박한 이유가 바로 여기에 있었다. 예수님을 예배하는 것을 우상 숭배 중에서도 가장 극악한 우상 숭배라고 보았던 것이다. 그런데 하나님께서는 그냥 우리의 예배를 받으시는 것이 아니라, 우리가 그리스도를 예배할 때에 영광을 받으신다. 성부 하나님께서 그리스도를 높이셨기 때문에, 우리가 그리스도를 높일 때는 곧 성부 하나님을 높이는 것이다. 우리가 하나님을 높이고 경배할 수 있는 유일한 길은 그리스도를 높이는 것이다. 그리스도를 높이지 않으면 하나님을 예배할 길이 없다.

과연 그리스도께서 우리의 예배의 대상이신가? 우리는 오직 성부 하나님만 예배해야 하는 것이 아닌가? 유명 학자가 낸 『첫 그리스도인들은 예수를 예배했는가?』라는 제목의 책이 있을 정도다. 이것은 유일신 하나님을 믿는 유대인들에게 아주 중요한 질문이었을 뿐만 아니라, 단일신론單一神論, Unitarianism을 경계하는 우리에게도 중요한 질문이다. 우리는 하나님께서 예수님을 친히 높이신 본문을 살펴보는 것이 좋겠다. 요한에게 세례를 받으신 예수님을 향해 하늘에서 들린 음성이 무엇이었는가? "너는 내 사랑하는 아들이라 내가 너를 기뻐하노라"눅3:21가 아니었는가? 더 놀라운 것은 예수님께서 한 높은 산에서 놀라운 모습으로 변화되셨을 때 하늘에서 다시 들린 음성이다. 이번에는 뉘앙스가 좀 다르다. 훨씬 더 강한 표현이 등장한다. "이는 나의 아들 곧 택함을 받은 자니 너희는 그의 말을 들으라"눅9:35 예수님께서는 이렇게 하나님으로서의 영광을 흘깃 보여 주셨지만 다시 익숙한 그 모습으로 돌아가셨다. 우리는 그 영광이 사라져도 그리스도의 말씀을 들어야 한다. 그리스도께 듣는 것이 곧 하나님께 듣는 것이다.

제자들도 유대인들이었는데, 어떻게 같은 유대인이었던 예수님을 예배할 수 있었을까? 우리는 그들이 부활을 목격하고 난 다음에 예수님을 예배하기 시작했다는 것을 알 수 있다. 부활하신 예수님께서 제자들 가운데 나타나셨을 때 도마라는 제자가 함께 있지 않았다. 다른 제자들이 나중에 예수님께서 부활하셨다고 말했지만 도

마는 믿지 않았다. 유령이 나타났다고 생각한 것이다. 그래서 자신의 손가락을 예수님의 상처에 넣어 보기 전에는 믿지 못하겠다고 한다. 예수님께서 그에게 나타나 주셔서 그분의 상처 입은 손과 옆구리를 만져 보라고 하셨을 때 도마가 비로소 엎드려서 경배하지 않는가? "나의 주님이시요 나의 하나님이시니이다"요20:28라고 말이다. 부활은 하나님의 능력으로 이루어진 일일 뿐만 아니라 부활하신 분께서 바로 하나님이심을 보여 준다.

부활하신 예수님께 처음으로 기도하는 장면이 있는데, 바로 스데반의 순교 장면이다. 스데반이 유대인들에게 돌로 맞아 죽어 가면서 부르짖는다. 누구에게 부르짖었을까? 그는 십자가에 달린 예수님처럼 외쳤다. "주여 이 죄를 그들에게 돌리지 마옵소서"라고 말이다. 그런데 이 기도를 하기 전에 그가 외친 말이 있다. 이것도 역시 그리스도께서 십자가에서 기도하신 것과 같다. "아버지 내 영혼을 아버지 손에 부탁하나이다"하신 기도 말이다눅23:46. 그런데 놀랍게도, 그는 예수님을 불러 이렇게 기도했다. "주 예수여 내 영혼을 받으시옵소서"행7:59 우리가 생명의 마지막 순간에 내 영혼을 누구에게 받아 달라고 할 수 있는가? 오직 하나님밖에 더 있겠는가? 그런데 놀랍게도 스데반은 예수님을 향해 자기 영혼을 받아 달라고 빌었다. 이것이 바로 예수님을 향한 최초의 예배였다. 초대 교회는 오래지 않아서, 아니 그리스도께서 부활하시고 승천하신 직후부터 예수님을 예배하기 시작했다는 것을 알 수 있다. 제자들은 하나님께서 예수님을 통해 구원을 베푸셨다는 것을 알고 고백했던 것이다.

첫 그리스도인들이 예수님을 어떻게 예배했는지를 알려면 초대 교회의 예배 문구 중에 하나인 빌립보서 말씀을 살펴보는 것이 좋다. "이러므로 하나님이 그를 지극히 높여 모든 이름 위에 뛰어난 이름을 주사 하늘에 있는 자들과 땅에 있는 자들과 땅 아래에 있는 자들로 모든 무릎을 예수의 이름에 꿇게 하시고 모든 입으로 예수 그리스도를 주라 시인하여 하나님 아버지께 영광을 돌리게 하셨느니라"빌2:9-11 이 구절은 "너희 안에 이 마음을 품으라"로 시작하는 단락의 마지막 부분이다. 이 단락빌2:5-11은 초대 교회가 예배 때 했던 찬송일 가능성이 크다. 우리는 하나님께 직접 나아갈 수 없고, 오직 예수 그리스도를 통해 하나님께 나아가고 하나님을 예배할 수 있다는 것을 보여 준다. 초대 교회는 이렇게 찬송하면서 그리스도를 높였다. 예수님을 높여서 하나님을 두 분으로 만든 것이 아니라, 하나님께서 한 분이심을 고백하는 방식으로 그리스도를 높이고 예배한 것이다.

예수 그리스도께서 예배의 대상이 되셨다는 것은 하늘에서도 마찬가지다. 그리스도께서는 예배하기 위해서 하늘에 오르셨지만 성부 하나님께서는 그리스도를 지극히 높이셔서 모든 만물이 그분 앞에 무릎 꿇게 하셨다. 천사들이 신인이신 예수 그리스도를 경배한다. 하늘에 오르신 그리스도를 향해 천사들이 큰 음성으로 부르짖은 것을 들어 보라. "죽임을 당하신 어린 양은 능력과 부와 지혜와 힘과 존귀와 영광과 찬송을 받으시기에 합당하도다"계5:12 성경의 마지막 책인 요한계시록, 그 책의 마지막에서까지 예수님을 경배하는 것을 볼 수 있다. 그 유명한 '마라나타Maranatha', 곧 '주님 오소서'라는 문구 말이다. "이것들을 증언하신 이가 이르시되 내가 진실로 속히 오리라 하시거늘 아멘 주 예수여 오시옵소서"계22:20 그리고는 "주 예수의 은혜가 모든 자들에게 있을지어다"로 성경책이 끝난다.

이 특정한 용어 '주여, 오소서'라는 뜻의 '마라나타'는 고대 교회로부터 성령을 청원하는 기도 문구로 사용되기 시작했다. 흥미로운 것은 이 용어가 예배의 시작 부분에서는 언급되지 않고 성찬식이 시작될 때에 비로소 사용되었다는 점이다. 서방 교회와 동방 교회가 이 문구를 사용할 때 차이가 있다. 서방 교회는 성찬식 때 이런 청원 기도가 없거나 '제정의 말씀', 곧 "내가 너희에게 전한 것은 주께 받은 것이니"라고 시작하는 고린도전서 12장 23절부터 26절까지의 말씀 전에 배치하곤 하지만, 동방 교회는 제정의 말씀 뒤에 배치했다.

성령 청원 기도가 제정의 말씀 뒤에 배치된 것은 그리스도의 임재가 자동적인 것이 아니라는 것이다. '마라나타'로 대표되는 청원 기도는 그리스도께서 예배 시작부터 임재하심에도 불구하고 성령의 역사를 통해 임재하신다는 것을 잘 보여 준다. 이렇게 그리스도께서는 성령의 역사를 통해 예배에 자유롭게 임재하셔서 그 예배를 가득 채우실 뿐만 아니라 친히 예배를 받으신다. 그리스도께서는 예배하시면서, 예배에 임재하시면서, 동시에 예배를 받으신다.

정리

우리는 예배와 하나님, 더 구체적으로 말해서 예배와 그리스도의 관계를 이야기하지 않을 수 없다. 예배는 그리스도적이다. 예배는 그리스도와 깊이 관련을 맺고 있다. 우선, 그리스도께서 친히 하나님을 예배하셨다. 우상 숭배가 아니라 참된 예배를 한 유대인은 오직 예수님뿐이었다. 예수님께서는 예배 전문가셨다. 예수님께서 예배를 이론적으로 잘 아셨다는 뜻이 아니라, 온 몸과 영혼으로 계속해서 예배하셨다는 말이다. 예수님께서 유대인들을 향해 "너희가 이 성전을 헐라 내가 사흘 동안에 일으키리라"요2:19라고 하신 이유도 예수님께서 자신의 몸을 산 제물로 삼아 산 예배를 하실 것을 말씀하신 것이다. 이제는 성전에서 예배하는 것이 아니라 예수님을 통해 예배하는 때가 올 것을 말씀하신 것이다. 예수님께서 십자가에 달려 돌아가셨을 때 성소와 지성소 사이에 쳐져 있던 휘장이 위로부터 아래로 찢어져 두 조각이 된 것으로막15:38 예수님 말씀이 성취되었음을 알 수 있다. 우리는 예수님을 통해서만 하나님께 나아갈 수 있다. 우리는 지상에서 예배하지만 예배하면서 하늘 성전에 끌어올려진다. 우리는 그리스도 없이는 결코 하나님께 나아갈 수 없다.

우리가 그리스도 없이 하나님께 나아가는 일이 있을 수 없듯이, 하나님께서도 마찬가지시다. 하나님께서는 그리스도 없이 우리에게 찾아오지 않으신다. 하나님께서는 그리스도 없이 예배를 시작하지 않으신다. '오직 그리스도Sola Christo'는 종교개혁의 구호에 불과한 것이 아니라 우리의 예배를 결정하는 것이다. 예배를 예배답게 하는 것은 그 예배에 그리스도께서 계시는가 여부가 결정한다. 예배에 그리스도께서 계시기만 하면 그 예배는 하나님께서 기뻐하시고 받으시는 예배이다.

우리는 예배 전체가 그리스도로 가득 채워져 있다는 것을 알아야 하겠다. 예배의 모든 순서가 다 그리스도를 가리키고 있다는 사실이다. 한 순서라도 그리스도 없이는 하나님께서 우리에게 오지 않으시고, 우리가 하나님께 나아갈 수가 없다. 예배를 통해 영광 받으시는 분은 하늘 아버지이실 뿐만 아니라 하늘 아버지와 함께 계신 그리스도시다. 그리스도께서는 예배의 내용이시며, 예배의 지향점이시다. 그리스도께서는 예배에 임재해 계시며, 우리 예배를 이끄시는 분이시며, 우리 예배를 받으시는 분이시다. 예배는 그리스도에 의해, 그리스도와 함께, 그리스도께 드려진다.

함께 나누기

1. 예수님께서 예배자셨다는 것,
   즉 예수님은 항상 예배하셨
   고, 지금도 예배하고 계신다
   는 것을 성경을 통해 확인해
   보자.

2. 예배의 내용이 예수 그리스
   도라는 것, 그리고 예배의 내
   용이신 그리스도께서 성령으
   로 예배에 임재하신다는 것
   에 대하여 이야기해 보자.

3. 우리는 오직 하나님께 예배
   해야 하는데, 어떻게 동시에
   예수 그리스도를 예배할 수
   있는가? 초기 기독교인들이
   정말로 예수님을 하나님처럼
   예배했는가?

7장
예배와 직분

예배는 회중의 적극적인 활동이지만 또한 직분자의 인도로 이루어진다. 직분자는 다른 그 어떤 활동이 아닌 예배를 위해 부름 받았다. 많은 회중들 가운데 직분자를 세워 예배하게 하셨다. 예배는 직분의 봉사다. 직분자는 직분자이신 그리스도를 본받아 예배를 섬긴다. 예배에서 모든 직분자들이 총동원된다. 예배에서 회중도, 직분자들도 결코 소외되지 않는다.

서론

예배와 직분職分의 관계는 어떠할까? 직분자가 없이 예배할 수 있을까? "왜 못해? 개인적으로도 얼마든지 예배할 수 있는데"라고 말할 이들이 많을 것이다. 직분자가 없으면 예배할 수 없다는 생각은 교인들을 아직도 무지몽매한 존재로 취급하는 것이 아닌가? 교인들은 직분자가 없이는 아무것도 할 수 없는 존재라고 생각하는 것이 아닌가? 하지만 목사가 없이 공예배가 될 수 있는가? 회중교회會衆教會, Congregational Church에서는 얼마든지 가능하다고 여긴다. 회중교회들은 직분자 없이 얼마든지 예배한다.

하도 오래된 일임에도 불구하고 지금도 생생하게 기억나는 것이 있다. 대학생 시절이었는지 모르겠다. 중국의 유명한 회중주의자 워

치만 니Watchman Nee를 이어 지방교회Local Church를 이끌고 있던 위트니스 리Witness Lee라는 강사의 집회가 서울에서 열렸을 때 참석한 적이 있다. 그때 그의 입에서 다음과 같은 말이 흘러 나왔다. 자기들 지방교회의 예배는 기존 교회들과는 달리 너무나 풍성하다는 것이다. 왜 그런가 하면, 기존 교회는 목사 한 사람이 설교하는데 자기들은 누구든지 설교할 수 있기 때문이라는 것이다. 비유컨대 기존 교회는 늘 반찬 한 가지밖에 없는 식사를 한다면, 자기들은 다양한 반찬을 풍성하게 차리고 밥을 먹는다는 것이다. 이렇게 직분자가 회중의 예배를 방해한다고 생각하는 경우는 많지 않겠지만, 직분자를 회중으로부터 분리시켜 이해하는 것은 흔하게 볼 수 있는 일이다. 그래서 '직분자들로 인해 예배하는 회중이 수동적으로 되지 않는가?'라는 질문이 늘 제기되고 있다.

회중과 직분자의 관계는 어떠해야 할까? 직분자가 회중을 대표하는 것일까? 현실적으로 한쪽이 능동적이면 다른 쪽은 수동적이될 수밖에 없지 않을까? 그래서 양자 사이에 갈등이 생기지는 않는가? 현대 교회의 회중은 흔히 예배를 인도하는 목사를 포함한 직분자들에게 예배를 아예 맡겨 버리고 예배에 대해 아주 수동적이기 때문에 큰 긴장이 없다고 할 수 있다. 그러나 그렇기 때문에 더더욱 직분자는 예배를 주관하면서 대단히 긴장할 수밖에 없다. 회중의 눈치를 볼 수밖에 없다. 예배에 대한 전권을 위임하는 대신 잘하나 지켜보겠다고 하는 것과 같기 때문이다. 그런데 우리는 회중과 직분자를 대립시켜서는 안 된다. 예배 안에서 회중과 직분은 대립하는 관계가 아니다. 서로 힘겨루기를 하고 있는 것이 아니다. 회중과 직분자들이 적당한 선에서 서로 타협하고 있는 것도 아니다. 적절한 역할 분담을 하고 있는 것이 아니라는 말이다.

한마디로 말해서 예배는 회중의 일이면서 동시에 직분자의 일이다. 하나님께서는 예배를 위해 직분을 주셨고, 예배를 위해 직분자를 세우셨다. 이번 장에서는 예배가 직분의 봉사라는 것, 직분자들은 직분자 그리스도를 본받아 봉사한다는 것, 예배에서 모든 직분자들이 총동원되어 봉사한다는 것을 살펴보려고 한다.

1. 직분의 봉사로서의 예배

교회에 직분職分을 주신 이유가 무엇일까? 직분을 주신 시점을 생각해 보자. 에베소서 4장 말씀을 보면 사도는 그리스도께서 승천하셔서 교회에 주신 선물이 직분이라고 말한다. 사도는 시편 68편 18절을 인용하면서 그리스도의 승천을 묘사하는데, 그리스도께서 승천하신 것을 전쟁에서 승리하여 돌아온 개선장군이 포로들을 끌고 오는 장면으로 그리고 있다. 그리스도께서 교회를 위해 보내 주신 직분자들이 원래 그리스도의 포로였다는 말일까? 그렇다. 그리스도께서는 사로잡으신 포로들을 교회의 직분자로 보내 주신다. 이것만큼 놀라운 전환이 어디에 있겠는가? 이렇게 교회에 주신 직분은 그리스도의 승천을 보여 준다. 교회에 주신 직분은 그리스도께서 하늘 보좌에 오르셔서 다스리시는 분이 되셨다는 것을 보여 준다. 하늘 보좌에 좌정하셔서 온 우주 만물을 다스리기 시작하신 그리스도께서 그 다스림을 구체적으로 실행하기 위해 보내신 이들이 직분자이다.

우리는 직분이라는 것이 교회의 필요 때문에 교회가 만들어서 세운 것이라고 생각해서는 안 된다. 교회 조직의 관점에서 직분을 생각하면 안 된다는 말이다. 직분은 하나님의 선물이다. 직분은 승천하신 그리스도, 성부 하나님 보좌 우편에 앉아서 다스리시는 그리스도께서 교회에 주신 선물이다. 우리는 직분이 교회를 세웠다고 말할 수도 있다. 교회에서 직분이 나온 것이 아니라 직분이 교회를 세웠다는 말이다. 이것은 교회의 기원이 천상에 있다는 것을 잘 보여 준다. 이것은 직분을 신격화하는 것이 아니라 교회의 신적 기원, 천상적 기원을 강조하는 것이다. 이렇게 직분은 교회의 기원을 보여 줄 뿐만 아니라 그 직분이 예배를 이끌고 있다는 것을 보여 준다.

직분은 교회의 기원뿐만 아니라 예배의 성격도 보여 준다. 방향 이야기를 해 보자. 예배를 섬기는 직분자들은 회중을 마주보고 서 있다. 이 마주봄은 직분과 교회의 대립, 직분과 회중의 대립을 보여 주는 것이 아니다. 회중은 직분을 바라보면서 교회의 기원과 예배가 선 자리를 확인한다. 예배를 인도하는 목사가 회중을 향해 선다는 것을 생각해 보면 잘 알 수 있다. 에베소서 4장 11절, 12절 말씀은 "그가 어떤 사람은 사도로, 어떤 사람은 선지자로, 어떤 사람은 복음 전하는 자로, 어떤 사람은 목사와 교사로 삼으셨으니 이는 성도를 온전하게 하여 봉사의 일을 하게 하며 그리스도의 몸을 세우려 하심이라"라고 하신다. 승천하신 그리스도께서 교회에 직분을 주셔서 성도를 온전하게 하신다. 온전하게 한다는 것은 바로 뒤에 나오는 봉사의 일을 하도록 준비시키는 것을 말한다. 그렇게 해서 그리스도의 몸인 교회가 세워진다. 이렇게 서로 연결되어 있다. 직분을 주신 목적은 성도를 온전하게 하고, 교회를 세우기 위함이다. 직분을 통해 성도가 온전해지고, 교회가 성장해 간다.

로마 가톨릭은 교회를 '가르치는 교회Ecclesia Docens'와 '듣는 교회Ecclesia Discens'로 나눈다. 가르치는 교회는 교황과 주교단을 비롯한 사제司祭들을 가리킨다. 듣는 교회는 평신도를 가리킨다. 교황과 주교단을 강조하는 이유는 '교도권教導權' 때문이다. 교회는 회중을 이끄는 성직자의 권한, 즉 교도권이 없으면 존재할 수 없다는 것이다. 로마 가톨릭에서 최근에 평신도 사도권을 주장하기는 하지만, 여전히 성직자와 평신도를 엄격하게 구분하고 있다. 로마 가톨릭교회가 '신품성사神品聖事', 즉 사제가 되는 예식을 '성례' 중 하나로 여기는 이유가 바로 여기에 있다. 사제는 신품성사 이후에도 동일한 인간이지만 이 예식을 통해 전혀 다른 사람이 되었다고 여긴다. 성직자를 '사제'라고 부르는 이유가 여기에 있다. 구약 시대의 제사장 말이다.

가톨릭은 사제가 전혀 다른 사람이 되었듯이, 사제가 집례하는 성찬식을 통해 떡과 잔이 전혀 다른 것이 된다고 여긴다. 사제의 손 안에서 떡과 잔이 그리스도의 살과 피로 변한다는 것이다. 이렇게 가톨릭교회는 본질의 변화, 존재론적인 변화를 믿는다. 이 관점에 의하면 교회는 철저하게 직분에 의존하고 있다. 이 관점은 에베소서에서 말씀하고 있듯이 승천하신 그리스도께서 성도와 교회를 세우기 위해 직분을 주셨다는 것을 잘 보여 주는 측면이 있지만, 성령의 역사를 사제에게 종속된 기계적인 것으로 만들고 회중을 성령의 역사로부터 소외시키는 문제가 있다.

종교개혁은 사제를 없앴는가? 종교개혁은 '만인제사장설', 곧 하나님께서 모든 신자들에게 기름 부으셔서 이 세상에서 제사장으로 살게 하신다는 것을 강조하여 로마 가톨릭의 사제주의를 철폐했다. 그러나 그렇다고 해서 종교개혁자들이 교회의 직분이 필요 없다고 여긴 것은 아니다. 누구나 예배를 인도하고 설교할 수 있다고 주장한 사람도 있었지만, 루터나 칼빈과 같은 개혁자들은 모든 직분이 교회를 존재하게 하고 세워 가기 위해 필요한 것임을 강조했다. 종교개혁자들은 성경을 따라서 만인제사장설을 강조하면서 동시에 직분의 올바른 자리를 분명하게 되찾아 준 것이다. 이것을 위해 독일의 종교개혁자 마틴 루터는 '사제sacerdotium'라는 용어와 안수 받은 '직분ministerium'이라는 용어를 구분해서 사용했다. 종교개혁이 사제직을 철폐했다고 해서 직분을 무시했다고 생각하면 오산이다. 개혁자들은 직분이 교회에 의존해 있는 것이 아니라 오히려 교회가 직분에 의존해 있다고 보았을 정도로 직분의 중요성을 강조했다. 교회는 직분으로 인해 세워지고, 예배도 직분으로 인해 가능하게 된다는 것이다.

승천하신 그리스도께서 교회에 직분을 주신 것은 교회를 세우기 위함이요, 예배를 시작하게 하시기 위함이다. 하나님께서 친히 예배를 이끄시지 않는가? 그런데 하나님께서는 직분을 통해 예배를 친히 이끄신다. 하나님께서 간접적으로 다스리시는 것이 아니라 직접적으로 다스리신다. 우리가 종종 오해하는 것이 직분이 회중을 대리한다고 생각하는 것이다. 장로교회에서는 흔히 여러 직분 중에서 특히 장로가 교회를, 교인 전체를 대리한다고 생각한다. 회중은 자신들이 직분자를 선택하여 뽑았기 때문에 직분자들이 자신들의 민원을 들어주어야 한다고 생각하는 경우가 많다. 이것이 민주주의적인 사고방식이지만, 그러나 틀렸다. 다시 한 번 더 강조하건대, 직분은 회중을 대리하는 것이 아니라 하나님께 순종한다. 목사는 하나님의 목사요, 장로는 하나님의 장로요, 집사는 하나님의 집사이다.

하나님께 순종하는 직분은 회중을 향해 서 있을 뿐만 아니라 회중에게로 들어간다. 직분은 회중과 유리되어 있지 않다. 목사들이 외롭다는 말을 하는 것을 종종 듣는다. 교인들이 목사의 마음을 몰라준다고 말한다. 그래서 외롭다는 것이다. 교인들은 목사가 자기들과는 다른 존재, 언제든지 자기 교회를 떠나 다른 교회로 옮겨갈 수 있는 존재라고 생각하기에 목사를 가까이 하지 않는다는 것이다. 사실, 장로교회에서는 목사의 회원권이 개체 교회에 있는 것이 아니라 노회에 있다. 그래서 교인들은 더 목사를 자신들과는 다른 존재로 생각한다. 소속이 다르니 말이다. 그러나 우리가 오해하지 말아야 하는데, 직분자는 하늘에서 뚝 떨어진 것이 아니다. 직분자가 회중의 선출을 받아도 그 기원이 회중에게나 교회에 있는 것이 아니다. 직분은 하나님으로부터 나와서 회중을 향해 서 있고, 동시에 회중에게로 들어간다. 이것을 가장 생생하게 보여주는 것이 바로 예배이다.

예배는 그리스도께 순종하는 직분자들의 봉사이다. 그렇기 때문에 예배할 때 회중은 직분자를 점령군처럼 보아서는 안 되고, 반대로 자신들이 고용한 사람으로 생각해서도 안 된다. 회중은 직분자의 예배 인도를 하나님의 인도로 받아들여야 한다. 사도 바울이 갈라디아교회를 향해 감사했던 이유가 바로 여기에 있었다. "내가 처음에 육체의 약함으로 말미암아 너희에게 복음을 전한 것을 너희가 아는 바라 너희를 시험하는 것이 내 육체에 있으되 이것을 너희가 업신여기지도 아니하며 버리지도 아니하고 오직 나를 하나님의 천사와 같이 또는 그리스도 예수와 같이 영접하였도다"4:13-14 예배에서 직분자는 회중과 유리되어 있다고 생각하면서 외로워 할 이유가 없다. 직분자는 예배를 인도하면서 회중과 하나가 되기 때문이다. 직분이 회중을 이끌어 예배하게 한다. 그러므로 예배는 단순히 몇몇 교인들의 봉사로 이루어져 있는 것이 아니라 직분의 봉사로 이루어진다. 직분이 교회를 구현할 뿐만 아니라 예배를 구현한다.

2. 그리스도를 본받아 봉사하는 예배

예배가 직분의 문제라고 한다면 그것은 곧 그리스도의 문제이다. 예배가 직분의 봉사라고 한다면 그것은 곧 그리스도의 직분의 봉사이다. 하나님께서는 이스라엘의 왕, 선지자, 제사장 직분을 기름 부어 세우셨다. 그리고 '기름 부음 받은 자'라는 뜻의 헬라어 '그리스도', 히브리어로는 '메시아'라는 이름에 나와 있듯이 예수 그리스도께서는 직분자로 일하셨다. 이에 모든 직분은 그리스도의 섬김을 본받고 있다. 모든 직분은 예배를 통해 예배를 이끄시는 그리스도를 본받는다. 그리스도께서 하나님과 그분의 백성들을 중재하셨음을 드러낸다. 그리스도께서 하나님과 그분의 백성 간의 만남이 파국이 되지 않도록 중재하시고 직분을 세우셨다. 그러므로 직분자는 예배에서 자신이 그리스도를 드러낸다는 사실을 한 순간도 잊지 말아야 한다. 우리의 예배를 진정으로 이끄는 분은 예수 그리스도시기 때문이다. 이 땅에서 예배를 인도하는 직분자는 하늘에서 예배를 인도하시는 직분자 그리스도를 모범으로 삼는다. 교회의 직분은 하늘에서 예배를 인도하시는 그리스도를 본받는다.

장로교회의 예배는 주로 목사牧師, pastor가 인도한다. 목사가 예배에서 제사장 역할을 한다고 생각하는 이들이 많다. 많은 교인들이 아직까지도 목사를 제사장이라고 생각하곤 한다. 목사가 구약 시대 제사장이 했던 역할을 수행하고 있다고 말이다. 과연 그런가? 목사가 제사장이기에 예배 전체를 인도하는가? 이것은 로마 가톨릭의 생각이다. 대부분의 개신교회들은 목사를 제사장이라고 생각하지 않는다. 목사를 성직자聖職者, cleric라는 구별된 신분으로 보는 것은 잘못이다. 예전에 인구조사를 할 때에 용지에 직업을 묻는 부분이 있었다. 대표적인 직업들을 기록해 놓고 동그라미를 치라고 해 놓았는데, 목사와 관련해서는 '성직자'라는 항목만 있어서 어쩔 수 없이 성직자에 동그라미를 친 적이 있다. 그렇지만 목사는 성직자가 아니다. 개혁주의를 표방하는 장로교회를 비롯한 개혁교회 Reformed Church들은 목사를 제사장이 아니라 '말씀의 사역자'라고 부른다. 목사는 제사를 드리는 사람이 아니라 말씀을 선포하는 사람이라는 말이다. 목사는 말씀과 깊이 관련되어 있다. 목사를 굳이 구약 시대에 비긴다면 제사장이 아니라 오히려 선지자에 가깝다고 해야 할 것이다.

목사는 예배에서 하나님의 입이 된다. 그것이 바로 설교이다. 종교개혁자들은 설교하는 목사의 역할을 무엇보다 강조했다. 목사라고 하면 머릿속에 금방 떠오르는 것이 설교이다. 목사는 설교하는 사람이라는 생각이다. 맞는 말이다. 개혁자들은 예배에서의 설교가 하나님의 말씀이라고 주장했다. 설교가 어떤 경우에 하나님의 말씀이 되는 것이 아니라, '설교가 곧 하나님의 말씀'이라고 말이다. 이것이 설교를 지나치게 숭배하는 것은 아닐까 염려되는가?

그러나 이것은 종교개혁 때 비로소 발견되거나 확립된 것이 아니라 성경이 처음부터 가르친 것이었다. 사도 바울이 데살로니가교회를 향해서 한 말을 보자. "이러므로 우리가 하나님께 끊임없이 감사함은 너희가 우리에게 들은 바 하나님의 말씀을 받을 때에 사람의 말로 받지 아니하고 하나님의 말씀으로 받음이니 진실로 그러하도다 이 말씀이 또한 너희 믿는 자 가운데에서 역사하느니라"살전 2:13 회중은 목사의 설교를 하나님의 말씀으로 받는다. 회중은 목사를 설교를 듣고서는 "하나님께서 우리에게 말씀하셨다, 하나님의 그 말씀으로 인해 우리가 이제 살았다"라고 고백한다. 회중이 실제적으로 이런 고백을 할 수 있다면 가장 크게 복 받은 것이요, 그 예배는 가장 복된 예배이다.

그렇다 보니 개신교회에서는 목사가 설교에만 집중하는 경향이 있다. 설교 이전의 모든 순서는 설교를 위해 존재하고, 설교 이후의 모든 순서들은 설교를 적용하는 순서들이라고 생각한다. 그렇지 않다. 목사는 설교를 다른 모든 예배 순서 중 하나로 여기고 해야 한다. 그리고 말씀을 눈으로 보고 몸으로 체험하기 위해서 반드시 성례가 베풀어져야 한다. 회중도 '목사가 설교만 잘하면 된다'고 말하면 안 된다. 목사 자신도 '내가 설교만 잘 하면 된다'고 생각해서는 안 된다. 목사는 말씀의 설교자일 뿐만 아니라 성례의 집례자이다. 목사는 은혜의 방편인 말씀과 성례를 다 함께 나타내야 한다.

세례洗禮는 수세자受洗者가 없으면 시행할 수 없으므로 어쩔 수 없다고 해도, 성찬은 자주 하는 것이 좋다. 눈에 보이지 않는 말씀인 설교와 눈에 보이는 말씀인 성찬이 함께 있어야 한다. 많은 목사가 자신의 설교 하나로 교인들을 만족시킬 수 있고 더 나아가 불신자들을 전도할 수 있다고 생각하지만 착각이다. 설교가 복음 전도가 되기 위해서라도 성찬이 필요하다. 순서는 '말씀과 성례'로 말씀이 성례에 앞서지만, 성례가 말씀을 확증하고 강화한다는 것을 잊지 말아야 하겠다. 목사는 설교만이 아니라 성례 베푸는 일에도 힘써야 한다.

장로교회에서는 목사가 예배 전체를 인도하지만, 흔히 예배 순서에서 목사와 크게 관련이 없다고 생각하는 두 가지가 있다. 물론 이 두 가지는 온 회중이 함께하는 것이다. 무엇일까? 바로 기도와 찬송이다. 기도와 찬송은 회중이 함께하는 일이기는 하지만 목사의 일이기도 하다. 목사는 기도 인도자일 뿐만 아니라 찬송 인도자이다. 장로교회 예배에는 이른바 '목회 기도'라는 것이 있다. 한국장로교회에서는 '대표 기도'라는 이름으로 보통 목사의 설교 전에 장로가 하는 것이 일반적이다. 그러나 유럽의 개혁교회에서는 설교 후에 목사가 이 기도를 한다. 이름에 나와 있는 것처럼 목사는 이 기도를 통해 회중이 하나님께 무엇을 구해야 하는지를 모범적으로 잘 보여 준다. 설교를 통해 하나님의 말씀을 들었으니, 그것을 포함하여 '기독교의 모든 필요를 구하는 기도'를 하는 것이다. 매 주일마다 모범적인 기도문 하나를 반복해서 읽는 것이 되면 안 되겠지만, 이 기도는 모범적인 성도의 기도를 가장 잘 요약하고 있어야 한다. 이렇게 목사는 예배에서 기도의 본을 보이고 회중은 목사를 통해 어떻게 기도해야 하는지를 배운다. 목사가 잘 기도해야 하는 이유가 여기에 있다.

찬송도 마찬가지이다. 목사는 찬송 인도자이기도 하다. 요즘에는 교회마다 찬양팀이 있어서 예배 전뿐만 아니라 예배 중에도 회중의 찬양을 인도하는 것을 볼 수 있다. 또는 예배 가운데 부르는 찬송은 찬양대가 담당한다고 생각하기도 한다. 하지만 예배 중에는 찬송도 목사가 인도해야 옳다. 이것은 목사가 예배 중에 부를 찬송가를 정한다는 측면에서 말하는 것이기도 하지만, 회중의 찬송을 인도하는 역할도 목사의 것이기 때문이다. 로마 가톨릭은 중세에나 지금이나 미사 때 특별히 찬양을 훈련받은 성직자로 구성된 성가대만이 회중석과 제단 사이의 성가대석에 앉아서 성가를 부른다. 종교개혁은 성직자가 독점하여 부르던 찬양을 회중의 입에 돌려주었다. 그래서 대부분의 개신교회에서 예배 찬송은 회중찬송이 되었다. 성가대를 없애고 찬송을 회중 전체에게 돌려준 것이 종교개혁 시기 찬송의 개혁이요, 예배의 개혁의 일환이었다. 그러므로 개신교회의 목사는 예배 중의 찬송이 온 회중의 찬송이 되도록 노력해야 한다. 온 회중이 찬송할 수 있도록 돕고 이끌어야 한다는 것이다.

이렇게 예배에서는 목사의 역할이 두드러진다. 목사는 예배 중에 설교만 하는 직분이 아니다. 목사는 예배 전체를 인도하고 주관한다. 교회의 규모가 커지고 주일에 몇 부에 걸쳐서 예배해야 하는 경우에 예배 사회자를 따로 세우고 담임 목사가 설교만 하는 경우도 있지만, 기본적으로 예배는 담임 목사가 이끄는 것이다. 심지어 광고마저도 목사가 하는 것이 맞다. 이처럼 예배가 목사 한 직분에 전적으로 의존하고 있는 것을 개선해야 한다고 생각하는 이들이 있을 것이다. 예배 안에서 목사가 전담하던 것을 나누어서 다른 직분들을 포함하여 회중에게 분산시켜야 한다고 말이다. 그래야 예배의 역동성뿐만 아니라 다양성을 확보할 수 있을 것이라고 말이다. 누군가는 목사가 홀로 예배의 모든 순서를 장악하고 있다고 불만을 토하기도 한다. 예배가 목사 혼자 북 치고 장구 치는 것이라는 생각이다. 예배가 목사의 원맨쇼라는 생각이 파다하다.

나는 예배에서 목사의 역할을 축소하는 것에 반대한다. 예배에서 목사의 역할이 지나치게 비대한 것이 아니라, 아직까지도 목사의 역할이 너무 축소되어 있다. 이것은 분량의 문제가 아니라 목사가 그리스도의 모범을 따르고 있다는 것을 알지 못하기 때문이다. 목사는 설교자에 불과한 것이 아니라 예배 전체를 주관한다. 그래서 목사를 예배 사회자라고 부르기 보다는 예배 인도자라고 부르는 것이 좋겠다.

3. 모든 직분자들이 봉사하는 예배

신자는 삶에서 그리스도의 기름 부으심에 참여한다. 신자는 그리스도의 왕직에 동참하고, 선지자직에 동참하고, 제사장직에 동참한다. 직분자는 신자로서 참여한 일상적인 기름 부음에 더하여 예배에서 그리스도의 기름 부음에 참여한다. 그리스도께서는 그분의 직분을 다양한 직분에 나누어 주신다. 구약 시대에는 직분이 왕, 선지자, 제사장으로 엄격하게 나누어져 있었다. 그러나 신약에서는 그 모든 직분들이 그리스도께로 수렴되었다. 그리스도께서는 이 땅에서 사역하신 후에 하늘에 오르셔서 교회에 그분의 삼중직三重職, 곧 왕직, 선지자직, 제사장직을 다양한 직분에 나누어 주셨다. 왕직은 다스리는 장로가, 선지자직은 말씀의 사역자인 목사가, 제사장직은 긍휼의 사역자인 집사가 이어받았다고 말하기도 하지만, 이런 단순한 구분보다는 그리스도의 직분은 교회의 다양한 직분을 통해서 구현된다고 말하는 것이 좋겠다. 직분들이 서로 대립하는 것이 아니라 서로 협력하여 그리스도의 삼중직을 아름답게 구현한다. 삼중직을 구현하기 위해 교회에는 다양한 직분이 필요하다. 예배에서도 다양한 직분이 필요하다.

교회에 꼭 필요한 직분을 '항존직恒存職'이라고 부른다. 이 말은 평생직이라는 의미가 아니라, 교회에 항상 존재해야 하는 직분이라는 의미이다. 교회가 교회답기 위해, 예배가 예배답기 위해 항상 존재해야 하는 직분이 있다는 말이다. 그것이 바로 목사牧師, 장로長老, 집사執事다. 한국 교회의 권사는 집사에 포함시키는 것이 맞다. 이 다양한 직분들이 예배를 위해서 총동원된다. 목사만이 아니라 다른 직분들도 예배를 함께 섬긴다. 예배는 한 직분도 예외 없이 모두가 총동원되어 섬긴다. 이 말은 모든 직분자들이 순서를 하나씩 다 맡아야 한다는 말이 아니다. 예배를 통해 모든 직분들의 부르심이 확증되고 실현된다는 말이다. 예배할 때 비로소 직분이 직분답게 된다. 직분은 직무를 전제하므로 직무가 없이는 직분이 없다. 직분의 그 직무가 바로 예배 안에서 구체화된다.

목사가 예배 전체를 인도하지만 장로와 집사의 도움을 받아서 예배를 인도한다. 장로와 집사가 아니고서는 예배가 온전해질 수 없다. 장로도 예배를 위해 세워져서 예배를 섬긴다. 장로도 예배에서 그리스도를 드러낸다. 장로가 그리스도의 무엇을 드러낸다는 말인가? 장로는 흔히 '다스리는 사역자'라고 부른다. 장로는 그리스도의 다스림을 나타낸다. 예배에서 목사가 하나님의 입이라면, 장로는 하나님의 손이다. 장로는 그리스도께서 능력으로 다스리시는 손길을 구현한다. 장로는 예배를 훼손하지 못하도록 지키는 역할을 한다. 목사가 은혜의 방편, 곧 설교와 성례를 시행할 때 그것을 잘 보호해야 한다. 쉽게 말하자면 장로는 설교단, 세례조, 성찬상에 울타리를 쳐서 훼손되거나 더럽혀지지 않도록 보호한다. 설교단에서 이단사설이 선포되지 않도록 감시하고, 세례조에 마땅한 수세자가 들어오는지 확인하고, 성찬상에서 그리스도의 연합이 훼손되지 않도록 보호한다.

예배가 끝나면 장로는 회중이 은혜의 방편을 어떻게 경험했는지, 그리고 그 은혜의 방편을 삶에서 어떻게 누리고 있는지를 확인한다. 그것이 바로 '심방尋訪'이다. 장로가 예배에서나 예배 밖에서나 성도가 은혜의 방편을 온전히 받아 누리는지 확인하고 격려하는 것이다. 즉, 회중이 설교를 어떻게 받았는지, 그리고 성찬에 어떻게 참여했는지를 확인하고 그 은혜를 더 풍성히 누리도록 격려한다. 장로는 교회 행정을 위해 세워진 직분이 아니라 영적인 임무, 즉 교회가 그리스도의 다스림을 아주 구체적으로 누리도록 세워졌다. 우리는 장로직을 통해 예배 안에서나 예배 밖에서나 그리스도께서 우리를 구체적으로 다스리신다는 것을 경험할 수 있다.

집사도 예배를 섬긴다. 예배는 목사 장로만이 아니라 집사의 섬김으로 이루어진다. 집사도 예배에서 그리스도를 드러낸다. 어떻게 드러내는 것일까? 그리스도의 긍휼을 드러낸다. 그래서 집사를 '긍휼의 사역자'라고 부른다. 집사는 예배에서 그리스도의 발이라고 말할 수 있다. 직접 찾아가 긍휼을 베풀기 때문이다. 그리스도께서는 이 땅에서 집사적으로 사셨다. 그리스도의 삶 전체가 집사직의 삶이었다. 예수님께서 친히 "인자가 온 것은 섬김을 받으려 함이 아니라 도리어 섬기려 하고 자기 목숨을 많은 사람의 대속물로 주려 함이니라"막10:45라고 하신 것이 이것을 잘 보여 준다. '섬김'을 뜻하는 헬라어 '디아코니아'에서 '집사'로 번역된 '디아코노스'라는 단어가 나왔다. 그렇다면 그리스도께서 최초의 집사셨다고 말할 수도 있다.

초대 교회에 집사직이 세워진 것은 굶주린 백성을 배불리 먹이셨던 그리스도의 집사적인 삶을 구현하기 위함이었다행1:7. 집사는 예배에서는 헌금 순서에 봉사함으로써 그리스도를 드러낸다. 성경에 기록된 헌금은 가난한 성도를 위한 연보捐補, 곧 구제헌금이었다. 지금도 개혁교회들에서는 주일예배의 헌금이 구제를 위한 헌금이다. 이렇게 헌금 순서를 섬기는 것을 통해 집사가 그리스도의 섬김, 그리스도의 긍휼을 잘 보여 준다.

이러한 직분의 다수성은 동방 교회의 예배에서도 아주 분명하게

7장 예배와 직분

나타난다. 동방 교회의 주요한 세 성직은 주교主敎, 에피스코포스, 사제司祭, 프로스뷰테로스, 부제副祭, 디아코노스로 나눈다. 사제는 주교의 위임을 받아서 미사를 집례하고, 부제가 사제를 돕는다. 서방 교회와 달리 동방 교회에서는 부제의 역할이 뚜렷하다. 서방 교회에서는 부제직이 사제직으로 나아가기 위한 예비적인 단계라고 생각했지만, 동방 교회에서는 부제직이 사제가 되려는 직분이 아니라 영구히 부제직으로 남았다. 성찬식에서는 부제가 아닌 다른 사람이 부제의 일을 수행할 수가 없다.

이 세 직분을 우리 개신교식으로 주교를 목사로, 사제를 장로로, 부제를 집사로 이해하는 것은 정확하지는 않다. 로마 가톨릭의 직분처럼 동방 정교회에서도 세 직분이 다 회중과 구분된 성직자이기 때문이다. 그러나 이 부제를 군이 집사라고 본다면, 동방 교회에서 집사의 역할을 뚜렷하게 확인할 수 있다. 동방 교회에서는 주교나 사제가 부제, 즉 집사의 도움이 없이는 결코 예배를 인도할 수 없다. 성찬식의 분병, 분잔을 집사가 했기 때문이다. 곧 집사가 없이는 예배가 제대로 드려질 수 없다. 이것을 우리가 그대로 적용할 수 있을지는 의문스럽지만, 이렇게 집사까지 포함한 모든 직분이 총동원되는 것이 예배라는 점은 분명하다.

그러므로 직분자는 예배에서 자기의 자리와 직무를 확인해야 한다. 직분자가 예배에서 구경꾼이 되면 안 된다. 자신이 예배를 위해 부름 받아 세워졌다는 것을 알아야 한다. "나는 예배에서 순서를 맡고 있지 않은데요?" 하면 안 된다. 예배를 섬기는 일은 목사만의 일이 아니라 장로와 집사가 함께하는 일이다. 내가 특정한 순서를 맡지 않았다고 해서 예배가 내 책임이 아니라고 생각하면 안 된다. 예배할 때 비로소 직분의 부르심이 확인되고, 직분의 역할이 성취된다. 목사가 알아서 하리라 생각하면 안 된다. 예배는 직분자 모두의 일이라는 것을 잊지 말아야 한다.

예배에서 자신의 부르심을 확인하지 못하고 자신의 직무를 수행하지 못한 직분자는, 정작 예배가 끝나고 나서 이런 저런 모임에서 자기 목소리를 내고, 자기를 알아 달라고 하고, 자기 주장을 관철시키려고 할 것이다. 회중 전체가 마찬가지지만 특히 직분자는 예배에 집중해야 한다. 직분을 통해 그리스도께서 나타나시기 때문이다. 우리는 예배에서 직분자들의 봉사를 통해 그리스도께서 생생하게 나타나 일하신다는 것을 알아야 한다. 직분자를 통해 회중은 그리스도의 말씀을 들을 수 있고, 그리스도의 다스림을 경험할 수 있고, 그리스도의 긍휼을 깊이 느낄 수 있다. 예배에서 모든 직분자들이 함께 봉사할 때에 그리스도의 전부가 나타난다. 직분자들의 봉사를 통해 우리는 다른 그 어디에서도 경험할 수 없는 그리스도의 전부를 예배에서 경험할 수 있다.

정리

예배는 회중의 일이면서 동시에 직분의 봉사로 이루어진다. 예배에서 우선순위를 말하자면 직분의 봉사가 우선이다. 예배는 회중이 주도하는 것이 아니라 직분이 주도하기 때문이다. 회중이 아무리 많다고 하더라도 직분이 없이는 예배가 시작될 수 없다. 회중 중에서 사회를 볼 수 있는 사람이 나서서 예배하자고 해서 예배가 시작될 수 없다. 직분자가 없이는 예배할 수 없다. 한마디로 말하자면 '직분이 없이는 예배가 없다.' 너무 극단적인 표현이라고 할지 모르겠다. 중세 로마교회로 돌아가려는 것이냐고 말할지 모르겠다. 사제의 중재가 아니고서는 예배가 없고, 성찬식이 없고, 구원이 없다고 생각하는 것 말이다. 오해해서는 안 된다. 모든 직분은 말씀의 직분이기 때문에 말씀이 없이는 예배가 없다는 뜻이다. 모든 직분은 그리스도를 드러내기 때문에 그리스도가 없이는 예배할 수 없다는 뜻이다. 이렇듯 우리는 예배를 직분의 관점에서 보아야 하겠다.

예배가 직분을 통해 이루어진다고 생각하더라도 결국 목사 한 사람의 일이라고 생각하는 경우가 대부분이다. 목사가 알아서 하면 된다고 생각한다. 예배를 인도하는 목사의 원맨쇼라고 생각하기 쉽다. 장로, 집사가 예배에서 주변인에 불과한 경우가 많다. 장로는 자기 순서가 돌아와서 대표 기도를 할 때, 집사는 자기 순서가 돌아와서 헌금 위원으로 일할 때에만 비로소 예배에 동참하고 있다고 생각한다. 그것도 자신이 직분자로서 봉사하는 것이 아니라 그냥 순번에 따른 기능을 수행한다고 생각한다. 아니다. 직분자는 아무 순서를 맡지 않더라도 목사와 함께 예배에 봉사한다는 것을 느끼면서 예배해야 한다. 예배는 목사 한 사람에게 맡겨져 있는 것이 아니라 모든 직분자들에게 맡겨졌다.

예배에는 모든 직분자들이 총동원된다. 모든 직분자들이 예배에서 일하고 있기에 온 회중이 예배로 그리스도께서 이 땅에서 이루신 구속사역의 열매를 누릴 수 있다. 직분으로 인해 회중은 하늘에서 지금도 그리스도께서 공급해 주시는 말씀을 누릴 수 있다. 직분으로 인해 회중은 그리스도께서 올바로 인도하시고 다스리심을, 돌보심을 누릴 수 있다. 교회를 개척했을 때 목사를 청빙하고 나서 반드시 빨리 장로를 세우고, 집사 또는 권사를 세워야 하는 이유가 바로 여기에 있다. 직분들이 세워지고 모든 직분자들이 총동원되어 예배에서 섬길 때 교회의 예배가 세상의 종교 행사가 아니라 천상의 예배가 된다.

함께 나누기

1. 직분자들 없이 예배할 수 없 다는 생각이 옳은지 생각해 보고, 직분자들이 예배에서 직분으로 봉사하고 있다는 것 에 대해서 이야기해 보자.

2. 진정한 예배는 직분자 그리스 도께서 친히 인도하시는 것인 데, 어떻게 목사가 예배 전체 를 인도하는 것이 옳은지 이 야기해 보자.

3. 예배에서 장로, 집사의 직무 가 무엇인지 이야기해 보고, 그 모든 직분들이 총동원되 어서 예배에서 봉사하는 것 이 왜 중요한지를 이야기해 보자.

8장
예배와 성령

예배는 인간적인 활동이 아니라 성령께서 활동하시는 장이다. 예배는 예식에 불과한 것이 아니다. 성령께서 친히 역사하셔서 예배에 생명을 부여하신다. 즉, 성령께서 예배를 이끌고 계신다. 우리의 예배는 성령을 따르는 예배가 되어야 하고, 성령을 기뻐하는 예배가 되어야 한다. 성령께서는 우리 예배를 풍성하게 하실 뿐만 아니라 생명력을 부여하신다.

서론

요즘 유행하는 용어가 '영성靈性, spirituality'이다. 교회에서도 영성이라는 말이 회자되고 있다. 현대사회가 물질화되었기에 영성이라는 단어는 더 매력 있게 다가온다. 문제는 영성이란 단어가 기독교에서만 사용되는 것이 아니라 세속화된 사회에서도 선호되는 단어라는 사실이다. '우주적 영성'이란 말도 심심찮게 사용되는 것을 볼 수 있다. 도대체 영성이란 무엇인가? 교회에서 영성 훈련이란 것을 많이 하는데 영성 훈련이 성령의 역사와 어떤 관계가 있을까?

어떤 교회에서 하는 영성 훈련은 온갖 영들을 초청하려는 종교 보편적인 노력으로 기울기도 하고, 어떤 영성 훈련은 성령의 역사를 인위적으로 조작하려는 모습을 보이기도 한다. 범위를 좁혀서 예배와 성령의 관계는 어떠할까? 예배하는 회중이라면 이 관계에 대해서 굳이 말하지 않아도 너무나 잘 아는 문제이다. 순서를 바꾸어서 언급해야 더 좋을 것이라고 할 수 있고 말이다. '예배와 성령'이 아니라 '성령과 예배'라고 해야 한다고 말이다. 우리는 성령께서 예배를 친히 이끄신다는 것을 안다. 오순절에 강림하신 성령께서 교회에 충만하게 임재해 계신데, 그것이 예배를 통해 분명하게 나타난다. 그런데 정말 성령께서 예배에 임재해 계신가? 성령께서 친히 예배를 인도하고 계신가? 예배는 성령의 일인가? 아니면 많은 이들이 의혹을 보내듯이 성령의 역사를 화석화시킨 직분의 일에 불과한가?

우리나라에서는 오순절파五旬節派, Pentecostal의 영향으로 예배에서 성령의 역사가 더욱 강조되어 온 실정이다. '성령 집회'라는 것이 유행하기도 했으니 말이다. '성자 집회', '성부 집회'는 왜 없을까? 성령께서는 그리스도를 드러내신다고 하는데, 그래서 성령께서는 오히려 수줍은 얼굴을 하고 있다고 볼 수 있는데, 왜 '성령 집회'를 강조하는 것일까? 성부, 성자와 달리 성령께서는 눈에 보이게 대단한 일을 행하신다고 생각하기 때문일 것이다. 예배에서 뚜렷한 현상이 나타나기를 원하기 때문일 것이다.

그런데 예배는 원래 '삼위일체적'이다. 굳이 구분해 보자면, 성부께서는 예배를 친히 기획하시고, 성자께서는 친히 예배하시며 예배가 되시고, 성령께서는 예배에 활력과 생명을 불어 넣으신다. 다르게 말하자면 성부께서는 예배의 주체이시고, 그리스도께서는 예배의 내용이시고, 성령께서는 예배의 정신이라고 말할 수 있다. 예배의 주체이신 성부, 예배의 내용이신 성자께서는 성령을 보내셔서 예배 가운데 임재하시기 때문에 성령의 역사가 아니고서는 예배가 형식적인 종교행사가 될 수밖에 없다. 이번 강의에서는 예배에서의 성령의 역사를 강조하고자 한다. 성령께서 예배를 이끄신다는 것과 예배가 성령을 구하는 것이라는 사실과 예배가 성령 안에서 기뻐하는 것임을 살펴보려고 한다.

1. 성령께서 이끄시는 예배

예배는 성령께서 활동하시는 장이다. 성령께서는 다른 어떤 곳에서 역사하시는 것보다 예배를 통해서 더 강력하게 역사하신다. 우리는 예배 자리에 있을 때 성령의 역사를 경험할 수 있다. 그런데 다르게 생각하는 이들이 있다. 흔히들 예배는 모든 신자들이 한꺼번에 하는 것이기 때문에, 그리고 예배는 형식적인 것이기에 예배를 통해서는 성령께서 강력하게 역사하지 못하신다고 말한다. 공예배가 아니라 오히려 찬양 집회나 기도회 같은 특별한 경건 활동 등을 통해서 성령께서 강하게 역사하는 것을 경험할 수 있다고 말한다.

아니다. 성령께서는 개별적으로 역사하기도 하시지만, 그분을 '공통의 영'이라고 부르는 것이 좋겠다. 성령께서는 신자와 불신자 모두에게 공통적으로 역사하신다는 의미가 아니라, 모든 믿는 이들에게 공통적으로, 곧 공예배를 통해 공통적으로 역사하신다는 의미이다. 즉, 성령께서는 개별 신자들의 특정한 경건 활동을 위해 강하게 역사하시는 것이 아니라 하나님의 백성들이 공통으로 예배할 때에 그 예배에 임하시고, 그 예배를 친히 이끄신다.

사도신경의 제3부는 성령에 대한 고백인데, '나는 성령을 믿는다'라고만 고백하지 성령께서 어떻게 일하시는지를 언급하고 있지 않다. 그러나 우리는 성령을 믿는다고 고백한 다음의 내용들이 성령의 역사에 대한 것임을 알 수 있다. 우선은, 교회를 세우시는 일이다. 거룩한 공교회와 성도의 교제가 바로 교회에 대한 고백인데, 성령께서 주로 역사하시는 장이 바로 교회라는 말이다. 그리고 '죄를 용서받는 것', '몸의 부활', '영생'을 믿는다고 고백한다. 우리는 예배를 통해, 선포되는 복음을 통해 죄 사함을 포함한 우리 삶의 새로움을 누린다. 이것들도 다 성령의 역사이다. 쉽게 말하자면 성령께서는 개인적으로 역사하시는 것이 아니라 주로 교회를 통해 일하시며, 예배를 통해 일하신다는 것이다.

이렇듯 성령께서 교회와 예배를 통해 일하신다는 것을 아는 것이 참으로 중요하다. 그렇지 않으면 성령을 사유화하는 일이 비일비재하게 벌어질 것이기 때문이다. 이단들이 일어나는 이유는 한마디로 말하자면 성령의 역사를 사유화하기 때문이다. 이단 교주들은 홀로 산속에 들어가서, 아니면 금식이나 금욕을 통해 성령의 특별한 역사를 체험했다고 말하기 때문이다. 이상한 것이 그런 체험을 가진 교주들은 자기의 새로운 가르침을 절대화한다.

예수님께서 친히 예배가 성령의 역사라는 것을 강조하셨다. 우리가 너무나 잘 아는 성경 본문이 있지 않은가? "하나님은 영이시니 예배하는 자가 영과 진리로 예배할지니라"요4:24 이 말씀에서 '영'이 두 번이나 등장한다. 먼저 '하나님은 영'이시라고 할 때의 의미는 하나님께서 눈에 보이지 않는 분이시라는 의미 정도가 아니다. 하나님께서 영이시라는 것은 하나님께서 살려 주시는 분이시라는 뜻이다. 요한복음을 듣는 사람들은 영을 사람의 '생명'이라고 생각했기 때문이다. 이 영은 하나님께서 흙으로 지으신 사람의 코에 불어넣으신 생기라고 말할 수 있다. 또한 아주 생생한 예로 에스겔이 본 환상을 생각해 볼 수 있다겔37장. 어떤 골짜기에 마른 뼈들이 가득 널려 있었는데 하나님께서 선지자에게 명령하게 하셔서 살과 힘줄과 가죽을 덮어 주신다. 그래도 여전히 죽은 존재에 불과하던 이들을 향해 생기를 불어 넣으라고 하신다. 선지자가 생기를 불어 넣으니 그들이 거대한 군대가 되었다. 이렇게 하나님께서는 생명의 주관자로서 지속적으로 '영'을 불어넣어 주신다.

다음으로 '영과 진리로'에서의 영은 '성령'을 가리킬 것이다. 영과 진리로 예배할 때가 왔다는 것은 예수님께서 친히 성령으로 충만하여서 하늘 아버지를 예배하고 계신다는 것, 그리고 그리스도 그분께서 장차 성령을 보내어 주실 것을 예언하시는 말씀이다. 영과 더불어 진리가 언급된 것은 성령께서 진리와 함께 일하신다는 것을 말씀하시는 것이다. '성령께서는 진리의 영이시다'라는 뜻이다. 성령께서는 진리의 영, 즉 이 말씀을 하시는 예수 그리스도의 영이시다. 예수 그리스도께서 진리이시기 때문이다. 성령께서는 진리의 영이시기에 예배에서 진리이신 그리스도를 드러내신다. 이것이 바로 성령께서 예배를 이끄신다는 뜻이다.

우리는 고린도교회를 통해 예배에서 성령께서 어떻게 구체적으로 역사하셨는지를 확인할 수 있다. 바로 은사恩事, gift를 통해서 역사하셨다. 사도는 "형제들아, 신령한 것에 대하여 나는 너희가 알지 못하기를 원하지 아니한다"고전12:1는 말로 시작한다. 사도는 교회가 '신령한 것', 즉 성령의 역사에 관해 잘 알아야 한다는 것을 힘주어 강조한다. 사도는 성령께서 신자들에게 다양한 은사를 나누어 주신다고 말씀한다. "이 모든 일은 같은 한 성령이 행하사 그의 뜻대로 각 사람에게 나누어 주시는 것이니라"12:11 14장으로 가 보면 사도는 방언을 예언과 비교하면서 이 은사들이 예배 안에서 질서 있게 나타나야 할 것을 강조하고 있다. 예배 안에서 성령의 은사가 얼마든지 나타날 수 있지만 그 은사들이 질서 있게 나타나야 할 것을 말한다. 성령께서는 우리를 혼란스럽게 하지 않으시고 복음을 분명하게 드러내신다. 그렇기 때문에 단순하고 차분한 예배라고 해서 성령께서 강력하게 역사하시는 예배가 아니라고 할 수 없다. 예배는 복잡해야 하는 것이 아니라 단순하면서도 명확하게 그리스도를 드러내야 한다. 이것이 바로 성령의 역사이다.

성령께서는 예배 전체를 주관하신다. 성령께서 예배의 정신이요, 예배의 능력이시기 때문이다. 예배는 성령께 푹 안겨 있다고 말해도 된다. 우리는 삼위일체 하나님을 믿는다. 그리스도께서 예배의 내용일 때 성령께서 그 내용을 풍기는 예배의 분위기를 만드신다. 성령께서 예배를 친히 주관하신다고 해서 하늘에서 음성이 들려야 한다든지, 대단한 기적이 나타나야 한다고 생각할 필요가 없다. 성령께서는 충성스러운 직분자, 아니 평범한 직분자를 통해 일하신다. 예배를 인도하는 직분자가 대단한 능력을 발휘해야 하는 것이 아니라는 사실이다. 성령께서 그리스도를 잘 드러내도록 직분자를 도우신다.

그런데 아이러니하게도, 성령의 역사를 강조할수록 성령의 역사를 나타내는 특정 인물을 중요하게 생각하는 경향이 있다. 사람들은 소위 '직통 계시'를 주장하는 이들을 예배 인도자로 세우고 그들이 예배의 질서를 무시하는 것을 선호한다. 치유의 은사를 강조하는 이들도 마찬가지이다. 기존의 예배를 무시하든지, 아니면 예배를 치유 집회로 만들려고 할 것이다. 이들은 기존 교회와 예배가 성령의 역사를 무시한다고 말하겠지만, 사실 그들이야말로 성령의 역사를 제한시키거나 왜곡시킨다.

예배를 질서 있게 인도하는 평범한 직분자들이야말로 성령의 능력을 행사하는 이들이다. 성령께서 사도들에게 임하여 역사하신 것을 보라. 성령께서는 직분자들에게 임하셔서 복음을 전하게 하시고, 예배를 인도하게 하셨다. 최근에 열두 사도使徒들의 능력을 부러워하면서 '신新사도운동'이라는 것이 일어났다. 우리도 사도들처럼 능력을 행할 수 있다는 것이다. 사도들이 행한 것과 동일한 기적도 베풀 수 있다는 것이다. 우리도 서로를 향해 사도라고 불러도 된다는 것이다. 이것은 성령의 역사를 오해한 것이다. 성령께서는 그리스도께서 하신 구속 사역이 교회를 통해, 특히 직분자들을 통해 적용되도록 하셨다. 사도들이 특별해서가 아니라 그들이 교회의 기초를 놓은 직분자들이기 때문에 성령께서 그들을 통해 일하신 것이다.

이것은 직분이 자동적으로 성령의 역사를 담보한다는 말이 아니다. 성령께서는 교회를 통해, 직분자를 통해 일하시기로 작정하셨다는 말이다. 예배를 섬기는 직분자가 된다는 것이 얼마나 큰 복인지 모른다. 직분자가 되면 그 자신은 이전과 하나도 다르지 않아도 이제 성령께서 친히 부리시는, 아니 성령과 함께 일하는 동역자가 되는 것이니 말이다. 성령께서는 예배를 친히 주관하시면서도 자신은 숨으시고 오직 그리스도를 드러내시는 것처럼, 인간 직분자를 통해서 예배를 이끄신다.

2. 성령을 간구하는 예배

예배는 성령께서 직분자를 통해 회중을 친히 이끄시는 일일 뿐만 아니라 회중이 성령을 간구하는 일이기도 하다. 회중은 예배 가운데 성령께서 충만하시기를 간절히 구한다. 예배하는 회중은 이미 성령을 받은 사람들이기 때문에 성령을 모르는 사람들이 아니다. 성령에게 이끌리어 예배의 자리에 나왔다. 그렇기 때문에 회중은 더더욱 성령을 간절히 구한다. 성령이 아니고서는 그리스도를 알 수 없고 하나님을 제대로 예배할 수 없으니 말이다. 우리 속에 있는 영이 성령을 간절히 찾고 있다. 이것이 바로 예배이다. 예배가 회중의 일, 즉 회중이 성령을 간절히 구하는 것이라고 해서 그 예배가 인간의 종교적인 열망을 부추기는 것이라고 말해서는 안 된다. 예배는 성령께 화답하는 것이다. 요한에게 세례 받으신 예수 그리스도께서 성령께 이끌리어 광야로 나가신 것처럼 우리는 성령께 이끌리어 예배의 자리로 나아간다. 회중은 예배에서 성령을 간절히 부른다. 예배의 모든 순서가 성령을 간구하는 것이라고 말할 수 있다.

직분자는 성령으로 충만하여 예배를 섬기고 회중은 성령으로 충만하여 예배한다. 우리는 성령의 충만을 구해야 한다. 무엇을 위해서 충만을 구해야 하느냐 하면 바로 예배를 위해서이다. 성령 충만을 얻을 수 있는 방법을 이야기하는 이들이 많다. 이런 저런 조건을 댄다. 열심히 기도해야 한다든지, 죄를 회개해야 한다는 것들 말이다. 우리는 "술 취하지 말라 이는 방탕한 것이니 오직 성령의 충만을 받으라"엡5:18는 말씀을 주목해야 하겠다. 바로 다음 구절에 보면 다음과 같이 말씀한다. "시와 찬송과 신령한 노래들로 서로 화답하며 너희의 마음으로 주께 노래하며 찬송하며 범사에 우리 주 예수 그리스도의 이름으로 항상 아버지 하나님께 감사하며 그리스도를 경외함으로 피차 복종하라" 성령 충만이 무엇을 위한 것이라고 말씀하고 있는가? 예배를 위한 것이라고 말씀한다. 시와 찬송과 신령한 노래들로 서로 화답하라고 하지 않는가? 홀로 남다른 노력으로 성령 충만을 구할 것이 아니라 함께 예배하면서 성령 충만을 구하라는 말이다.

성령께서 예배를 이끄신다고 해서 회중과 직분자가 수동적이 되는 것이 아니다. 성령께서 예배를 이끄시기에 회중과 직분자는 능동적이 되고 활성화된다. 성령께서 지속적으로 회중을 자극하시기 때문이다. 성령께서 회중을 휘젓고 다니시면서 그들을 두드려 깨우시기 때문이다. 예배에서 가장 중요한 것이 하나님과 그분 백성 간의 교제인데 성령께서 이 관계와 교제를 활성화하신다. 성령께서는 '아드님의 영'이시기 때문이다. 성령께서는 우리로 하여금 하나님의 양자가 되게 하시는 영이시다. 하나님께서는 성령을 통해서 우리를 입양하신다. 원래 하나님의 아드님은 오직 한 분이셨는데, 하나님의 원수 같던 우리들을 그분께서 자녀로 입양하셨다. 성령께서는 입양하시는 영이시다. 아드님이신 그리스도와 같이 우리도 하나님의 아들들이 되게 하시는 영이시다.

성령께서는 하나님께서 택하신 자들, 그리스도께서 그들을 위하여 죽으신 자들에게 임하여 그들이 하나님을 아빠라고 부르게 하신다. 어린아이들이 아버지를 친근하게 부르는 아빠라는 이름으로 말이다. 양자가 되었어도 우리가 하나님께 다가가지 못하고 쭈뼛거릴 수 있는데 성령께서 하나님을 친근하게 대할 수 있게 하신다. 이게 바로 우리가 예배에서 누릴 수 있는 특권이다. 성경을 보라. "너희가 아들이므로 하나님이 그 아들의 영을 우리 마음 가운데 보내사 아빠 아버지라 부르게 하셨느니라"갈4:6라고 하지 않는가? 또 다른 성경 구절을 보자. "너희는 다시 무서워하는 종의 영을 받지 아니하고

양자의 영을 받았으므로 우리가 아빠 아버지라고 부르짖느니라"롬
8:15 우리는 성령으로 인해 예배에서 하나님을 마음껏 부를 수 있다.
'아빠'라고 말이다. 예배는 자녀들이 기쁘게 아버지를 부르고, 아버
지 품에 안기는 것이다.

우리는 예배를 시작하면서부터 삼위 하나님을 부른다. 개신교회
지만 예전禮典을 중시하는 성공회聖公會, Anglican church의 예배를 예
로 들어 보자. 그들은 예배를 '감사성찬례'라고 부르는데, 입당 후
첫 번째 순서가 마음을 정결하게 하는 '정심淨心기도'이다. 이 기도
를 통해 삼위 하나님, 특히 성령께서 감화感化해 주실 것을 간절히
구하며 다음과 같이 기도한다. "전능하신 하나님, 주님께서는 모든
사람의 마음과 소원을 다 아시며, 은밀한 것이라도 모르시는 바 없
사오니, 성령의 감화하심으로 우리 마음의 온갖 생각을 정결하게
하시어, 주님을 진심으로 사랑하고 주님의 거룩하신 이름을 공경하
여 찬송하게 하소서. 우리 주 예수 그리스도의 이름으로 기도하나
이다. 아멘." 예배가 시작하면서부터 회중은 삼위 하나님을 부른다.
성령께서 주도하셔서 우리를 감화시키심으로 삼위 하나님께 휘감
기도록 해 주십사 구한다. 이것이 회중이 처음으로 하는 일이다.

예배 때 우리는 성령께서 예배에 충만하시기를 간절히 구한다.
중세교회는 예배에서 성령을 '창조주 성령Creator Spiritus'으로 고백
하면서 간절히 구하는 찬송을 지어 불렀다. 사도신경에 보면 성령
에 대한 고백이 제일 마지막에 나오지만 성령께서 뒤늦게 일하시거
나 마지막 순간에 비로소 일하시는 것이 아니다. 성령께서는 창조

때부터 성부와 함께 일하셨고, 지금도 재창조의 영으로 일하고 계신다.

중세교회에서 부른 '창조주 성령이시여, 오시옵소서Veni Creator Spiritus'라는 찬송을 보자. 6절로 되어 있는 이 찬송은 다음과 같이 시작하고 있다. "창조주 성령이여 오셔서 우리 마음 채우시고 큰 은혜로써 가득히 우리들을 채우소서" 2절부터는 성령의 다양한 사역을 노래하고 있다. 성령께서는 '보혜사'이시고, '하나님 우편에 계신 능력의 성령'이시기에 성부의 놀라운 약속을 알리신다고 노래한다. 또한 성령께서는 '우리의 영도자'이시니, 우리 마음에 불과 같이 뜨거운 사랑과 능력을 달라고 노래하고, 악과 원수를 좇아 달라고 기도한다. 마지막으로는 성령께서 성부를 알게 하시고 성자를 깨닫게 하시기에 삼위 하나님이심을 노래한다. 이렇게 교회는 성령께서 태초부터 일하셨던 하나님이심을 노래했다. 성령께서는 천지 만물을 창조하실 때에 일하셨고 이제 예배를 통해 그분 백성을 새롭게 빚으시고 새롭게 창조하신다. 교회는 예배 때 창조주 성령께서 그분의 백성을 새롭게 빚어 주시기를 구한다.

예배 전체가 하나님을 구하는 것이고 하나님을 향한 송영이다. 그런 의미에서 예배는 성령을 구하는 기도로 가득 차 있다고 말할 수 있다. 성찬식에서도 성령을 구하는 기도가 있다. '성령 임재 기도'인 '에피클레시스Epiclesis'라고 하는 것인데 고대 교회 때부터 내려오는 전통이다. 고대 교회의 최초 예배 문헌인 '사도 전승'에 이 성령 임재 기도가 등장한다. 사도 전승은 2장에서 감독들에 대해, 3

장에서 감독들을 서품하는 것에 관해 언급한 후에 바로 4장에서 봉헌에 관해 말한다. 봉사자들이 성찬에 사용할 예물로 떡과 잔을 바치면 감독은 그것을 받아 들고 기도하는데, 그 기도의 마지막 부분이 바로 이 성령 임재 기도이다. 다음과 같다. "청하오니, 거룩한 교회의 예물에 당신 성령을 보내 주소서. 거룩한 신비에 참여한 우리 모든 이를 일치시켜 주시고 진리 안에서 믿음이 굳세어지도록 성령으로 충만케 하시어 우리로 하여금 당신의 아들 예수 그리스도를 통하여 당신께 찬미와 영광을 드리게 하소서."

감독으로 서품敍品할 때도 성령을 보내어 달라고 기도했는데, 그 감독이 성찬을 위해 떡과 잔을 받아 들고는 그 예물에 성령을 보내어 달라고 기도한다. 이렇게 고대 교회에서는 떡과 잔을 예수님의 살과 피로 변화시켜 달라고 기도한 것이 아니라, 성령께서 그것들을 사용하셔서 성찬에 참여하는 이들이 하나가 되게 해 달라고 요청했다. 이처럼 성만찬도 성령을 구하는 것이 핵심이었다. 우리는 예배가 처음부터 마지막까지 성령을 구하는 것임을 잊지 말아야 하겠다.

3. 성령으로 인해 기뻐하는 예배

요즘은 예배 기획이라는 말이 유행하고 있다. 예배도 철저하게 기획해야 한다는 말이다. 이 말에 거부감을 느낄 이들이 많을 텐데,

너무 부정적으로 볼 필요는 없다. 예배는 하늘에서 뚝 떨어지는 것이 아니기에 예배하는 이들, 특히 예배를 섬기는 직분자들이 준비를 잘해야 한다. 예배 순서가 나와 있는데 무슨 준비를 따로 할 필요가 있냐고 말할지 모르겠다. 아니다. 예배를 잘 기획해야 한다. 예배 시간도 잘 조절해야 한다. 목사의 설교 시간만 잘 조절하면 되겠지만 말이다.

어쨌든 예배도 기획이 필요한데, 예배의 기획은 인간 기획자가 이런 저런 분위기를 만드는 것에 달려 있는 것이 아니라, 성령께서 만드시는 분위기에 전적으로 달려 있다. 성령께서 예배기획자이시다. 성령께서 회중의 모든 분위기를 이끄시기 때문이다. 성령께서 성부의 마음과 성자의 사역을 전달해 주시기 때문이다. 그러므로 성령과 관련해서 예배는 한마디로 '성령으로 인해 기뻐하는 것'이라고 말할 수 있다. 성령께서 친히 예배를 이끄시고, 회중은 성령을 간절히 구한다. 그러면 회중은 성령으로 인해 기뻐하면서 예배한다. 예배는 성령으로 말미암아 기쁨과 감사가 넘쳐난다.

누가복음을 보면 기쁨이라는 주제가 뚜렷하다. 아기 예수께서 태어나셨을 때 베들레헴 들녘에서 한 천사가 영광 가운데 나타났다. 그 천사는 두려워하는 목자들에게 소식을 전한다. "무서워하지 말라 보라 내가 온 백성에게 미칠 큰 기쁨의 좋은 소식을 너희에게 전하노라"2:10 천사들은 크게 기뻐할 소식을 전하려고 왔다고 말한다. 베들레헴에 강보에 싸여 누워 있는 한 아기가 표적이라고 말하자 수많은 천사들이 나타나 노래한다. 그 유명한 노래 가사 말이다. "지극히 높은 곳에서는 하나님께 영광이 땅에서는 하나님이 기뻐하신 사람들 중에 평화로다"2:14 이후에 하나님께서는 세례 받으신 그리스도를 기뻐하신다고 말씀하셨고3:22, 그리스도께서 친히 성령으로 기뻐하시면서 어린아이들, 곧 그리스도를 순전히 믿고 따르는 이들에게 하나님의 뜻을 나타내시는 것을 감사한다고 말씀하셨다10:21.

누가복음 15장에서는 예수님께서 세 가지 기쁨을 한꺼번에 말씀하셨다. 첫째는 잃은 양 한 마리를 찾아서 돌아오는 목자의 기쁨이고, 둘째는 신랑이 준 지참금을 잃었다가 찾은 여인의 기쁨이고, 마지막은 집 나가 방탕하게 살다가 돌아온 아들, 즉 잃은 아들을 되찾은 아버지의 기쁨이다. 19장에서는 예수님께서 마침내 나귀 새끼를 타고 예루살렘에 입성하실 때 무리들이 기뻐하면서 하나님을 찬양했다19:37-38. 최종적인 기쁨은 예수님께서 부활하시고 제자들을 떠나가실 때의 일이다. 제자들은 예수님께서 하늘로 떠나가셨음에도 불구하고 크게 기뻐한다. "그들이 그에게 경배하고 큰 기쁨으로 예루살렘에 돌아가 늘 성전에서 하나님을 찬송하니라"24:52-53 누가복음 마지막 구절의 말씀이다. 오순절에 성령께서 강림하실 것이지만 이때 이미 성령께서 제자들에게 임하셔서 그들에게 큰 기쁨을 주셨다는 것을 알 수 있다. 이렇게 성령으로 인해 기뻐하는 것이 예배이다.

예배 때 우리는 언제 기쁨을 표현하는가? 우리는 기도가 기쁨의 표현이라고 본다. 아니, 성령으로써가 아니면 우리가 기쁘게 기도할 수 없다. 모든 종교인들이 다 기도하지만 진정한 기도는 오직 성령의 능력으로 가능하다. 그래서 성경은 성령으로 기도해야 한다는 사실을 끊임없이 강조한다. "사랑하는 자들아 너희는 너희의 지극히 거룩한 믿음 위에 자신을 세우며 성령으로 기도하며"유1:20 성령으로 기도할 때의 중요한 특징이 기쁨이다. 기도를 간구라고만 생각하면 기쁨이라는 생각을 하기 힘들 것이다. 그렇지 않다. 기도는 기쁨이다. 그리고 감사이다.

하이델베르크 교리문답 116문답은 기도를 다음과 같이 해설한다. "기도는 하나님께서 우리에게 요구하시는 감사의 가장 중요한 부분이며, 또한 하나님께서는 그의 은혜와 성령을 오직 탄식하는 마음으로 쉬지 않고 구하고 그것에 대해 감사하는 사람에게만 주시기 때문입니다." 기도가 감사의 가장 중요한 부분이라는 해설이 눈에 쏙 들어온다. 기도는 간구이면서 동시에 감사요 기쁨이라는 사실이다. 그리고 이 해설에는 탄식도 함께 나온다. 기도는 탄식하는 마음으로 구하는 것이요, 감사함으로 구하는 것이라는 해설이다. 성령께서 우리의 기도를 인도하실 때 탄식과 기쁨, 그리고 감사가 한꺼번에 터져 나온다. 이를 바탕으로 예배에 있는 기도 순서들을 구체적으로 살펴보자.

우선 '죄 고백의 기도'가 있다. 이 순서는 종교개혁으로 새롭게 도입된 것이다. 사제에게 찾아가서 개인적으로 고해하던 것을 공예배로 품은 것이다. 온 회중이 함께 하나님께 죄를 고한다. 십계명을 선포하고 난 다음에 개개인이 회중에 속해서 회개한다. 한 사람씩 돌아가면서 온 회중 앞에서 공개적으로 자신이 지었던 은밀한 죄를 고하는 것이 아니라, 온 회중에 속해서 자신이 죄인이었음을 진심으로 회개하는 기도를 한다. 그러면 용서의 말씀이 선포된다. 이른바 '대표 기도'라는 것도 있다. 이 기도는 '목회 기도'이다. 이 기도는 우리가 하나님께 구할 수 있는 모든 기도 제목을 요약하여 기도한다. 이 기도에도 우리의 모든 감사가 최대한 아름답게 담겨야 한다.

다음으로는 설교 전에 성경을 낭독하고서는 성령께 그 말씀의 '조명을 구하는 기도'를 한다. 그리고 설교 후에는 온 회중이 받은 말씀을 가지고 기도할 수 있고, 설교자가 대표하여 받은 말씀을 가지고 기도할 수 있다. 이 기도는 성령께서 조명해 주셔서 깨닫게 된 말씀대로 살아갈 수 있도록 지혜와 힘을 달라는 기도이다. 예배 마칠 때도 기도가 있지 않느냐고 할 것이다. '축도' 말이다. 목사가 회중을 축복하는 기도를 해 주는 것 말이다. 이 마지막 순서는 복을 선언하는 것이다. 이 마지막 순서는 목사가 회중을 축복해 달라고 비는 것을 넘어, 하나님께서 목사를 통해 친히 복을 선언해 주시는 것이다. 이렇게 예배 안에 있는 모든 기도들은 성령을 구하는 것이다.

찬송은 어떤가? 찬송은 성령께서 주시는 기쁨을 가장 크게 대표한다. 우리는 가락으로 우리에게 주신 기쁨을 노래한다. 앞에서 에베소서 5장 말씀을 인용했거니와 골로새서에도 동일한 말씀이 나온다. "그리스도의 말씀이 너희 속에 풍성히 거하여 모든 지혜로 피차 가르치며 권면하고 시와 찬송과 신령한 노래를 부르며 감사하는 마음으로 하나님을 찬양하고 또 무엇을 하든지 말에나 일에나 다 주 예수의 이름으로 하고 그를 힘입어 하나님 아버지께 감사하라"3:16-17 찬양은 곧 감사라고 말한다. 성령의 능력으로 주 예수의 이름을 힘입어 하나님께 감사하는 것이 찬양이다. 이것이 바로 예배의 모습이지 않은가? 우리는 하늘나라에서도 영원히 하나님을 찬양할 것이다. 영원히 하나님을 예배할 것이다. 찬양이 곧 예배라고 할 수 있을 정도로 찬양은 우리 예배에서 성령의 역사를 가장 잘 드러낸다. 찬양대를 멋지게 만들고 악기도 동원할 수 있겠지만, 그것이 아니라도 온 회중이 한 목소리로 마음을 다해 찬양하는 것이야말로 가장 아름답게 드러나는 성령의 역사다.

지금까지 내려오고 있는 고대 교회 예배의 찬송을 살펴보면 기도와 찬송이 다르지 않음을 확인할 수 있다. '주여, 우리를 불쌍히 여기소서'라는 가사의 '키리에Kyrie', 천사들의 찬송을 연상시키는 '하늘 높은 곳에서는 하나님께 영광, 땅에서는 그가 사랑하시는 사람들에게 평화!'라는 가사의 '영광송Gloria in excelsis'을 보라. 성찬식에서 부르는 '거룩하시다. 거룩하시다. 거룩하시도다. 만군의 주 하나님, 하늘과 땅에 가득한 그 영광, 높은 데서 호산나. 주의 이름으로 오시는 이여, 찬미 받으소서. 높은 데서 호산나'라는 가사의 '거룩하시다 Sanctus', '하나님의 어린 양, 세상의 죄를 없애시는 주여, 우리를 불쌍히 여기소서'라는 가사의 '하나님의 어린 양Agnus Dei'도 보라. 이 모든 찬양은 성부 하나님과 성자 그리스도를 찬양하는 것인데, 이 모든 찬양을 할 수 있도록 감동을 주시는 분이 바로 성령이시다.

성찬식도 기쁨으로 가득해야 한다고 본다. 우리나라의 개신교회들은 성찬식을 자주 행하지 않을 뿐만 아니라 성찬식의 분위기가 너무나 침울하다. 예수님께서 십자가에서 끔찍하게 죽으셨다는 것만 강조하기 때문이다. 내가 예수님을 십자가에 못박았다는 생각을 하게 만들고, 그래서 자기 죄를 돌아보면서 회개하고 눈물을 흘리도록 만든다. 이것이 잘못된 것이라는 말이 아니라 너무 한쪽으로 치우쳤다는 말이다. 우리는 성찬으로 그리스도의 죽으심만 기념하는 것이 아니다. 그리스도께서 부활하셨기에 우리를 주의 식탁으로 초대하셨다. 그리스도의 몸은 하늘에 계시지만 성령을 그 성찬상에 보내심으로써 그리스도께서 친히 그분 자신을 우리에게 내어 주고 계심을 보인다. 성령께서는 그리스도를 상기시켜 주시는 것만이 아니라 그리스도께서 실제로 그분 자신을 나누어 주신다는 것을 알려 주신다.

성찬상에서, 그 식탁에서 우리는 빵과 잔만 먹고 마시는 것이 아니라 그리스도의 살과 피를 먹고 마신다. 성찬상에 그리스도께서 영으로 실재하신다. 우리는 성령의 역사로 그리스도를 실제적으로 누린다. 그리스도를 먹고 마신다. 우리가 그리스도를 먹고 마시면 그리스도께서 우리의 살과 피가 되신다. 이제는 그리스도께서 성찬에 참여한 성도를 통해 나타나신다. 우리는 성령의 역사로 인해 성찬상에서 이 모든 기쁨을 누린다. 성령의 역사로 인해 성찬식이 잔치가 되는 이유가 바로 여기에 있다.

정리

성령께서 예배에서 무엇보다 중요한 역할을 하신다는 것은 두 말하면 잔소리일 것이다. 예배는 회중의 일이지만 그것 이전에 하나님의 일이니, 예배는 성령의 일이라고 말할 수밖에 없다. 예배가 성령의 일이 아니면 예배는 인간적인 종교 형식과 의식에 불과하고, 다른 종교들의 행사와 같은 것에 불과하게 될 것이다. 예배가 성령의 일이라는 것은 예배할 때 비로소 성령께서 역사하신다는 의미가 아니다. 성령께서 회중을 예배로 이끄신다. 예배하기 위해 나아온 회중 한 사람, 한 사람이 성령 받은 사람이다. 성령 받기 위해 예배 자리에 나오는 것이 아니라 이미 성령을 받은 사람들이기 때문에 예배의 자리에 나온다. 이렇게 예배하러 나온 이들에게 성령께서는 공적으로 역사하신다. 우리는 예배에서 성령께서 역사하신다는 것을 강조해야 한다. 우리가 성령을 몇몇 신자들에게만 내밀한 경험을 주시는 분으로 생각해서는 안 되기 때문이다. 성령을 사유화私有化해서는 안 된다는 말이다. 성령께서는 사적 체험의 영보다는 공적 체험, 즉 예배의 영이시다.

성령께서는 우리의 예배를 이끄실 뿐만 아니라 우리를 도우셔서 성령을 구하게 하신다. 성령이 아니시면 우리가 하나님께 나아갈 수도, 그리스도의 구속 사역을 누릴 수도 없기 때문이다. 이렇게 성령의 인도와 도움으로 예배할 때에 우리는 큰 기쁨을 누린다. 성령께서 우리를 위하여 탄식하면서 빌어 주시기 때문에 우리가 예배 안에서 크게 기뻐할 수 있다. 그러니 기독교회의 예배를 한마디로 정의하자면 '기쁨의 예배'라고 할 수 있다. 우리는 억지로 기쁨을 만들어 내려고 할 필요가 없다. 억지로 눈물을 짜내려고 하든지, 아니면 코미디와 같은 상황을 연출하려고 할 필요가 없다. 성령께서 예배를 이끄시고 도우시기 때문에 우리는 예배에서 큰 기쁨을 누릴 수 있다. 예배를 기획한다며 의도적으로 분위기를 연출할 필요가 없다. 성령께서 가장 큰 연출자이시고 분위기 메이커이시기 때문이다. 성령이 아니시면 우리가 결코 예배할 수 없다는 것을 알아야 하겠다.

함께 나누기

1. 그리스도께서 예배의 내용이 시라면 성령은 예배의 분위기가 되신다는 사실에서, 성령께서 어떻게 예배를 이끄시는지 이야기해 보자.

....
....
....
....
....
....
....

2. 예배는 회중이 삼위 하나님, 특히 성령을 구하는 것인데, 예배 중에 성령을 구하는 구체적인 기도를 언급해 보자.

....
....
....
....
....
....
....

3. 예배는 성령으로 기뻐하는 것인데, 예배 중의 기도와 찬송, 그리고 성찬식을 통해 나타나는 기쁨을 이야기해 보자.

....
....
....
....
....
....
....

9장
예배와 시간

시간은 예배에서 중요한 요소다. 우리는 시간에 매인 존재이기 때문이다. 우리는 주중에 경건 활동을 하지만 주일에는 주로 공예배를 한다. 우리는 예배의 주된 요소인 은혜의 방편, 즉 말씀과 성례를 통해 시간을 구속한다. 신자는 예배를 통해 모든 시간을 산다. 시간과 관련하여 고대 교회에서부터 써 온 교회력을 잘 활용하는 것이 예배에 큰 도움이 될 것이다.

서론

예배와 시간은 어떤 관계일까? 예배하기 위해서는 시간을 정해 놓아야 한다. 굳이 말하지 않아도 알 수 있는 사실이다. 시간을 정해 놓지 않고 어떻게 예배할 수 있겠는가? 시간을 정해 놓아야 회중이 그 시간에 모여서 예배할 수 있지 않겠는가? 누구든지 원하는 시간에 와서 예배하라고 하는 것은 말이 되지 않는다. 정해진 시간이 있어야 한다. 그래야 함께 모일 수 있기 때문이다. 예배学禮拜學, liturgics에서는 '예배의 환경, 예배의 요소, 예배의 순서' 등을 말하는데, 시간은 예배의 환경에 해당한다. 언제 예배할 것인지, 어디서 예배할 것인지는 개체 교회에서 정하면 된다.

예배하는 날은 대개 주일이고, 예배하는 시간은 오전과 오후였다. 그러나 주일 오전 예배와 주일 오후 예배를 하는 전통은 바뀌고 있다. 농경사회이던 예전에는 주일 저녁 예배를 했는데, 산업화된 이제는 오후 예배로 바뀌더니 그마저도 간편하게 바뀌고 있다. 개인적으로 경건의 시간을 가지려고 할 때는 시간을 정해 놓지 않아도 된다. 개인이 시간이 날 때 그냥 경건의 시간을 가지면 된다. 하지만 공예배는 함께 모여야 하기 때문에 시간을 정해야 놓아야 한다. 예배하기 위해서는 시간이 필요할 뿐만 아니라 시간을 정해 놓아야 한다. 시간을 정해 놓지 않으면 예배할 수가 없다.

예배와 시간의 관계를 말하는 것은 이렇게 예배하는 시간을 정해 놓아야 한다는 것을 강조하려는 것이 아니다. 너무나 당연한 것이니 말이다. 예배 시간을 얼마나 길게 해야 하느냐의 문제도 아니다. 현대 교인들은 예배란 모름지기 한 시간이 좋다고 생각한다. 그래서 농담을 하자면, 한 시간 동안은 은혜를 받는데 한 시간에서 1분만 지나도 받은 은혜를 다 까먹는다고 한다. 그러니 예배 인도자는 다른 무엇보다도 예배의 길이에 신경 써야 한다. 그렇지만 예배를 한 시간만 하라고 하는 법이 어디에 있는가? 두 시간을 예배한다고 해서 무슨 문제가 되겠는가? 두 시간을 예배해도 한 시간 예배한 것처럼 짧게 느낀다면 말이다.

우리는 시간 속에서 예배하고, 시간을 정해서 예배하고, 일정 시간을 들여서 예배한다. 이렇듯 우리 인생은 시공간視空間 속에서 존재하기에 시간을 초월해서 무엇을 할 수 없다. 타임머신 이야기도 하지만 우리는 현재라는 시간 속에서 예배한다. 놀랍게도 예배야말로 타임머신을 타는 것이다. 과거로 갈 수 있고 심지어 미래로 갈 수도 있다. 모든 시간을 다 누릴 수 있는 길이 바로 예배이다. 이제 예배라는 타임머신을 타 보자. 이번 장을 통해 주일에 하는 예배를 살펴보고, 말씀을 통해 시간을 구속救贖, redemption하는 예배, 그리고 성례를 통해 시간을 구속하는 예배를 한다는 것을 살펴보려고 한다.

1. 주일에 하는 예배

우리가 언제 예배하는가? 요일을 생각해 보자. 우리는 어느 요일에 예배하는가? 어느 요일이든지 예배할 수 있다고 말할 것이다. 주중에 여러 가지 예배를 하고 있으니 말이다. 날마다 새벽 예배를 하고, 수요일에 수요 예배를 하고, 금요일에 금요 심야 예배를 하고 말이다. 그런데 우리는 이렇게 예배라는 이름을 달고 있는 것들을 다 예배라고 여기지 않는 것이 좋다. 그것들은 몇몇 신자들이 모여서 경건의 시간들을 가지는 것이라고 보면 좋겠다. 기도회나 경건회 등으로 부르면 될 것이다. 그러므로 여기서는 온 회중이 함께 모여서 하는 예배를 언제 하는가를 물어야 하겠다.

우리는 주일에 예배한다. 왜 주일인가? 공휴일이기 때문에 주일에 예배하는가? 토요일은 어떤가? 안식교安息敎 신자들은 구약의 안식일安息日, sabbath인 토요일에 아무 일도 하지 않고 예배한다. 하나님께서 안식일을 지키라고 하셨기 때문이다. 그들은 이것이 창조

섭리이기도 하고, 십계명에서 분명하게 명시하셨기 때문이라고 주장한다. 작금에 우리나라에서는 주5일 근무제가 시행되면서 토요일에 근무를 하지 않지만, 그 이전에는 토요일에 무조건 쉰다는 것이 사회적으로 엄청난 희생을 각오해야 하는 일이었다. 그런데 안식교인들은 안식일을 지키는 것이 하나님의 계명을 지키는 것이기에 이것을 양보하지 않았다. 일요일에 예배하면 될 텐데, 날 자체를 중요하게 생각하여 토요일에 예배했다. 개신교인들은 굳이 토요일에 예배하려고 하는 그들을 이해하지 못한다. 안식교인들을 구약 시대 율법에 매여 있는 고집불통의 사람들이라고 생각한다.

사실 그렇다. 하지만 우리가 안식교인들이 토요일을 지키는 것처럼 주일을 소중하게 여기는가? 주일은 오전에 예배하고는 나머지 시간들은 내 마음대로 사용해도 된다고 생각하지 않는가? 주일은 주중에 하지 못했던 일을 할 수 있는 날이라고 생각하지 않는가? 우리가 날 자체를 섬겨서는 안 된다. 하지만 하루를 정하여 온종일 예배하고 성도의 교제를 나누고, 선한 일을 하는 것이야말로 하나님의 백성으로서 즐거워할 일이 아니겠는가?

한 주간에 여러 날들이 있음에도 불구하고 우리는 일요일, 즉 주일에 모여 예배한다. 주일이 안식일의 성취냐 하는 것은 논쟁거리이다. 구약 시대의 안식일은 절대 일해서는 안 되는 날이었다. 그러나 예수님께서는 의도적으로 안식일에 일하셨다. 병든 자를 고치셨다. 유대인들이 왜 안식일에 일하냐고 비난하자, 안식일에 너희 소나 나귀가 웅덩이에 빠졌으면 건지지 않느냐고 말씀하셨다. 그리스도께서는 안식일에 병자가 있는 것이 안식일적이지 않다고 보신 것이다. 예수님께서는 안식일을 안식일답게 하시기 위해서 병자를 고치셨다. 그렇다고 예수님께서 의도적으로 안식일에 병자들을 모이게 하고 그들을 고치신 것은 아니다. 예수님께서는 유대인의 안식일 풍습에 따라 회당에 방문하셔서 가르치시다가 병든 자가 있는 것을 보시고는 고치셨다. 이것이야말로 예수님께서 안식일을 성취하신 분이심을 보여 준다.

참으로 아이러니하지 않은가? 안식을 어기신 분께서 안식을 성취하신 분이시라는 사실 말이다. 안식일의 성취는 예수님의 부활로 말미암아 절정에 달했다. 예수님께서는 안식일 다음 날에 부활하셨다. 초대 교회는 그날을 '주일主日'이라고 부르기 시작했다. '주의 날 dies dominicus, the Lord's day'이라는 뜻이다. 예수님께서 부활하셔서 우리의 주님이 되신 날이라는 뜻이다. 당시 로마 사회에서 기독교인들이 일요일을 '주일'이라고 부르고, 예수 그리스도를 '주님'이라고 부르는 것은 혁명적인 일이었다. 유대인들에게는 신성모독을 범하는 자들이라고 낙인찍힐 수밖에 없었고, 로마인들에게는 로마 황제에게 반역하는 이들로 치부될 수밖에 없었다. 그럼에도 불구하고 기독교인들은 주일에 모여서 그리스도를 예배했다.

주일의 중요성은 아무리 강조해도 지나치지 않다. 주일은 모든 날들을 품은 날이다. 주일은 과거와 미래를 품은 날이다. 우선, 주일이 과거를 재현하는 것에 관해 살펴보자. 주일에 예배할 때에 회중은 그리스도께서 부활하신 그날로 돌아갈 수 있다. 우리는 예수님께서 부활하신 새벽에 무덤을 찾아갔던 여인들을 부러워한다. '나도 그때 예수님의 부활 장면을 목격했다면 얼마나 좋았을까'라고 생각하지 않는가? 사실 여인들은 예수님의 부활을 목격한 것이 아니다. 그들은 부활하신 후의 그분을 만났다. 심지어 무덤에 간 모든 여인들이 아니라, 마리아만 예수님을 만났다. 사도들은 마리아의 증언을 듣기 전까지는 무덤에 가 보려고 생각조차 하지 않았다.

우리는 예수님 무덤에 가지 않고도 주일 예배를 통해 그리스도의 부활을 목격할 수 있고, 부활의 증인이 될 수 있다. 주일 예배가 시간 여행을 하는 것과 같은 효력이 있다는 말이다. 주일은 우리를 부활하신 그리스도 앞으로 인도하여 그 시간을 누리게 한다. 우리는 주일에 모여서 그리스도의 부활을 목격하고 찬양한다. 과거의 역사가 파노라마처럼 다시 펼쳐지는 시간이 주일이라는 말이다.

주일은 과거를 재현하는 날일 뿐만 아니라 미래를 미리 누리는 날이다. 주일은 그리스도께서 부활하신 날을 누리게 할 뿐만 아니라 우리의 최종 부활을 미리 맛보게 한다. 우리는 우리 자신의 부활을 믿는다. 우리가 죽더라도 그리스도께서 다시 오실 때 부활하여 주님 앞에 서게 될 것을 믿는다. 이 미래는 우리가 볼 수 없다. 그때가 봐야 어떤 광경일지 알 수 있을 것이다. 그런데 우리는 미래에 가지 않아도 지금 여기서 그 미래를 미리 맛보고 누릴 수 있다. 그것이 바로 주일의 예배이다. 우리는 주일 예배에 참여하여 우리가 이미 부활한 자임을 기뻐하고 노래한다.

고대 기독교인들은 주일을 '제8일'이라고 부르곤 했다. 안식일은 한 주간의 마지막 날인 제7일이니, 그 다음 날인 주일은 제8일이 된다. 이렇게 주일을 '제8일'이라고 부른 것은 안식일을 성취한다는 의미이다. 구약의 안식일이, 일하지 않아야 하는 날이 그리스도께서 일하심으로써 성취되어 이제는 우리가 살아났다는 사실을 선포한다. 주일은 안식일의 성취일 뿐만 아니라 최종 부활을 미리 누리는 날인 것이다. 그래서 초대 교회는 예배당을 팔각형으로 짓기도 하고, 세례조를 팔각형으로 만들기도 했다. 주일에 우리는 그리스도의 과거 부활만이 아니라 우리의 미래 부활을 기뻐하고 미리 누린다.

주일은 그리스도의 과거 부활을 목격하고 우리의 미래 부활을 내다보면서 지금 우리가 부활한 것을 확증하고 기뻐하는 날이다. 주일을 한 주간의 첫날로 여기는 것도 의미가 깊다. 안식일은 한 주간의 마지막 날이었지만 주일은 한 주간의 첫날이다. 구약에서는 6일 동안 열심히 일하고 마지막 날에 안식했다. 신약 시대는 다르다. 우리는 주일에 안식하고 난 다음에 6일 동안 일하러 나간다. '6+1'이 아니라 '1+6'이다. 이것이 아무런 차이가 없게 보일지 모르겠지만, 사실 큰 차이가 있다. 우리는 나 자신이 죄에 대해서 죽고 하나님을 향해서 살아났다는 것을 주일에 확인하고 난 다음에 6일 동안 이 세상에서 살아간다. 우리는 6일 동안 영적으로 죽은 세상 사람들과 달리 부활한 사람으로 살아가는 것이다. 주일을 통해 안식을 맛본 신자가 어떻게 다르게 살지 않을 수 있겠는가? 이렇게 주일은 우리로 하여금 모든 시간을 누리게 하고, 모든 날들을 기뻐하게 한다. 주일에 예배하는 자가 복되다.

2. 말씀을 통해 시간을 구속하는 예배

삼위 하나님께서는 말씀을 보내셔서 예배를 주관하신다. 직분자들은 말씀에 따라 예배를 인도하고 섬긴다. 우리는 예배에서 말씀의 역할을 아무리 강조해도 지나치지 않다. 예배는 감정의 문제가 아니라 말씀의 문제이다. 찬양에 대해서 생각해 보자. 예배에서 찬양이 없다면 그 예배는 지루하다 못해 죽은 것과 같을 것이다. 그런데 찬양을 지배하는 것은 감정이 아니라 말씀이다. 예배 찬송으로 적합하지 않는 것들이 있다. 아무리 감정을 잘 자극하는 것이라고 하더라도 그 가사가 말씀을 반영하는 것이 아니면 소용이 없다. 우리는 극도의 조심성을 가지고 예배 찬양을 선정해야 한다.

가장 합당한 예배 찬송은 시편 찬송이 아닐까? 시편은 다윗을 포함한 신앙인 개인들이 노래한 것이지만 구약교회는 그 시편을 교회의 공적 찬송으로 받았다. 신약교회도 시편 찬송을 교회의 찬송으로 삼았다. 고대, 중세, 종교개혁기에도 시편 찬송이 교회의 찬송이었다. 그런데 현대로 오면서 예배에서 시편 찬송이 사라졌다. 18세기 미국에서 자유로운 분위기의 부흥운동, 이른바 '대각성운동大覺醒運動, Great Awakening'이 일어나고 대중적인 '복음성가福音聖歌, Gospel music'가 유행하면서 시편 찬송이 외면을 받았다. 그러나 복음성가는 삼위 하나님을 찬양하는 가사보다는 자신의 신앙적 체험을 강조하기 때문에 예배 찬양으로 적합하지 않은 것들이 많다. 그러므로 예배에서 시편찬송이 회복되어야 한다고 본다. 시편을 잘 살펴보면 개인의 내밀한 감정과 고뇌, 심지어 대적을 향한 저주도 심심찮게 등장한다. 그래서 시편을 '영혼의 해부학'이라고 부르기도 한다. 이러한 시편이 하나님의 말씀, 교회의 시편이 되었기에 우리는 시편을 통해서 얼마든지 하나님을 찬양할 수 있고, 우리의 내밀한 감정을 토로할 수 있다. 하나님의 백성들과 함께 말이다. 이렇게 찬송도 말씀이 지배해야 한다.

우리는 말씀을 통해 모든 시간을 살아갈 수 있다. 우리가 말씀으로 예배할 때 모든 시간이 그 예배 안으로 쏙 들어온다. 현재의 교회가 예배를 통해 모든 시대의 교회와 하나가 된다. 지금의 교회는 과거의 교회, 그리고 미래의 교회와 분리되어 있지만 하나로 통합되어 있다. 그것이 교회가 거룩한 공교회라는 의미이고, 예배를 통해 누리는 복이다. 요한일서를 보라. 2장 말씀에 보면 사도는 교인들을 아이들, 아비들, 청년들로 나눈다. 이것은 요즘 하듯이 세대별로 나눈 것인가? 다양한 세대를 향해서 다양한 말씀을 주는 것인가? 아니면, 여러 교회를 향해 편지하고 있기에 교회들이 개척된 년도에 따라 아이들 같은 교회, 아비들 같은 교회, 청년과 같은 교회로 나누고 있는 것인가? 둘 다 아니다. 어떤 교회든지 아이와 같고, 아비와 같고, 청년과 같다는 뜻이다. 아이와 같은 교회는 그리스도로 인해 죄 사함 받았음을 알고, 아비 같은 교회는 처음부터 계신 분을 알고, 청년 같은 교회는 악한 자와 맞서 이긴다. 한 교회가 이 세 가지 측면을 다 가지고 있다. 아무리 신생교회라도 오래된 교회이고, 아무리 오래된 교회라도 늘 신생교회이다. 즉, 교회는 모든 시대를 산다는 말이다.

말씀이 예배의 모든 순서를 지배하고 있다는 것은 말씀이 모든 시간을 지배하고 있다는 말이다. 우리는 예배의 말씀을 통해 모든 시간을 누릴 수 있다. 창조를 생각해 보면 이것을 잘 알 수 있다. 하나님께서 천지 만물을 창조하셨다. 어떻게 창조하셨나? 말씀으로 창조하셨다. 그 말씀이 무엇인가? 우리는 '무엇인가'라고 묻기보다는 '누구인가'라고 물어야 할 것이다. 그 말씀은 곧 그리스도시기 때문이다. 창세기 1장 1절이 "태초에 하나님이 천지를 창조하시니라"라고 하시고, 요한복음 1장 1절이 "태초에 말씀이 계시니라 이 말씀이 하나님과 함께 계셨으니 이 말씀은 곧 하나님이시니라"라고 하지 않는가? 무슨 말인가? 태초부터 말씀으로 계셨던 분께서 천지 만물을 창조하시는 일에 동참하셨다는 것을 알 수 있다. 태초부터 계셨던 말씀, 천지 만물을 창조하셨던 그 말씀께서 예배할 때 나타나신다. 우리는 예배를 통해 처음부터 계셨던 말씀, 천지 만물을 창조하시고 지금까지 활동하고 계시는 말씀을 받는다. 우리는 예배의 말씀을 통해 새로운 피조물이 된다. 말씀의 창조 역사는 계속된다. 예배를 통해 계속된다. 우리는 예배에서 선포되는 말씀을 통해 태초로까지 거슬러 올라갈 수 있다.

이제 설교에 집중해 보자. 설교가 무엇인가? 설교를 무엇이라고 정의할 수 있을까? 설교는 하나님의 말씀인데, 설교를 시간과 관련지어 정의하자면 '설교는 모든 시간을 구속하고 누리는 것'이라고 할 수 있다. 설교는 하나님의 과거의 말씀을 들려주는 것이다. 이것은 역사적인 보고가 아니다. 설교는 역사학자들이 발굴한 사료를 가지고 역사적인 사실을 증명하는 것과 다르다. 설교는 과거의 사건을 다루면서 그 사건이 그리스도를 통하여 어떻게 우리의 것이 되는지를 해명한다. 설교는 미래와도 연관되어 있다. 현대 교회의 설교는 미래를 많이 언급한다. 그것은 좋은 징조일 수도 있지만, 나쁜 징조일 수도 있다. 설교는 미래에 대한 막연한 희망을 고무시키는 것이 되어서는 안 된다. 설교는 신자의 미래를 눈앞에 당겨서 미리 보고 누리게 하는 것이지, 인간의 막연한 희망을 부추기는 것이 아니다.

현재와 관련하여 설교는 어떠해야 하는가? 설교는 현재의 고단한 삶을 위무하는 것이 목표가 되어서는 안 된다. 설교는 현실을 구속救贖하는 것이어야 한다. 현실에 충실하도록 해야 하겠지만 현실을 넘어서도록 해야 한다. 이렇게 설교는 모든 시간을 관통할 뿐만 아니라 모든 시간을 넘어서는 것이다. 설교는 모든 시간을 통합하고 있다는 사실이다. 회중은 설교를 통해 모든 시간을 누린다. 겨우 삼십 분 남짓한 설교를 통해 우리가 얼마나 큰 부유함을 누리는가.

우리가 예배 안의 말씀, 즉 설교를 강조하는 것은 그 말씀과 설교가 곧 약속이기 때문이다. 하나님의 약속 말이다. 독일의 수도사였던 마르틴 루터는 말씀이 약속이라는 것을 깨닫고 종교개혁을 위해 분연히 일어설 수 있었다. 사실 처음에 그는 종교개혁을 하고 있다는 사실도 인식하지 못했지만 말이다. 루터는 성찬도 하나님의 약속에 근거하고 있다고 보았다. 우리가 그리스도를 희생 제물로 바치는 것이 아니라 성찬식에서 하나님의 약속을 보아야 한다는 것이다. 즉, 성찬식은 우리의 헌신이 아니라 하나님께서 친히 약속을 이루셨음을 보여 준다. 우리는 성경을 통해 하나님께서 수많은 약속을 하신 것을 본다. 우리는 예배를 통해 하나님께서 과거에 하셨던 약속들을 성취하신 것을 확인하고 누린다. 우리는 하나님께서 하신 모든 약속이 그리스도를 통해 성취되었다는 것을 예배에서 확인한다. 예배 중에 있는 기도와 찬송도 마찬가지이다. 우리는 하나님께서 하신 약속을 기뻐하고 그 약속을 이루신 것을 찬양하고 기도한다. 이렇게 예배에서 우리는 하나님께서 과거에 약속하셨던 것을 상기하고, 그 약속이 가리키는 미래를 미리 맛보고, 그 약속을 지금 현재 충분히 누린다.

3. 성례를 통해 시간을 구속하는 예배

성례는 말씀과 더불어 '은혜恩惠의 방편方便'이다. 우리 기독교를 흔히들 '은혜의 종교'라고 한다. 이 은혜의 종교라는 말은 잘 붙여진 말로, 은혜는 '공로功勞'와 대립된다. 기독교는 자신이 한 행위를 공로로 인정해 달라고 하는 종교가 아니라, 한 것이 아무것도 없지만 하나님의 은혜로 인해 구원받는다는 것을 믿는 종교이다. 만일 하나님의 은혜를 인간의 공로와 대립시킴으로써 은혜가 값싼 것이 된다고 생각한다면, 그것이야말로 은혜가 무엇인지를 모르는 것이다.

아무것도 한 것이 없어도 은혜를 받을 수 있다고 해서 은혜가 어느 순간에 하늘에서 뚝 떨어진다고 생각해서는 안 된다. 벼락이 어디로 칠지 알 수 없듯이 하나님께서 은혜를 손에 쥐고 있다가 이 사람 저 사람에게 임의로 내리신다고 생각해서는 안 된다. 하나님께서는 분명한 방편, 즉 수단을 통해서 은혜를 베푸시기 때문이다. 그것이 은혜의 방편이다. 하나님께서는 '말씀'과 '성례'를 통해 은혜를 베푸신다. 우리는 말씀이 선포되는 자리에 있어야 은혜를 받을 수 있다. 우리는 성례가 베풀어지는 자리에 있어야 은혜를 받을 수 있다.

성례는 말씀을 보여 주는 것이다. 하이델베르크 교리문답 66문답은 성례를 "복음 약속의 눈에 보이는 거룩한 표와 인"이라고 정의했다. 말씀은 복음 약속을 우리 귀에 들려주는데, 성례는 복음 약속을 우리 눈에 보여 주기까지 한다. 우리 개신교회는 세례와 성찬, 두 가지를 성례라고 생각한다. 로마 가톨릭은 중세시대부터 내려오던 7성례를 지금도 주장한다. 태어났을 때 받는 '영세領洗'로부터 시작하여 청소년기에 성령을 받는다고 하는 '견진성사堅振聖事', 그리고 그리스도의 살과 피로 바뀐 떡과 잔을 먹고 마시는 '성체성사聖體聖事', 자신의 죄를 사제에게 고백하는 '고해성사告解聖事', 사제가 되기로 서약하는 '신품성사神品聖事', 남녀가 결혼하여 하나가 되는 '혼배성사婚配聖事', 그리고 죽을 때 받는 '장례葬禮미사' 말이다. 이 7성례는 한 사람의 일생 전체를 거룩함으로 덮으려고 하는 것이다.

그러나 많은 성례로 우리 삶 전체를 덮는다고 해서 우리가 거룩해지는 것이 아니다. 성례를 통해 우리가 자동적으로 거룩해지는 것이 아니라는 말이다. 우리는 그리스도께서 친히 제정하신 세례와 성찬, 두 가지를 통해서 충분히 거룩해지고 모든 시간의 유익을 얻을 수 있다. 그리스도의 죽으심과 부활, 승천과 성령 충만에 참여하는 세례와 성찬이 우리를 거룩하게 한다. 우리의 삶이 아니라 거룩하게 드려진 그리스도의 삶에 힘입어 우리가 거룩할 수 있다. 이 성례, 즉 그리스도의 삶과 그리스도의 시간에 동참하는 성례를 통해 우리가 살아가는 모든 시간이 거룩해진다.

예배에서 시간과 가장 많은 관련을 맺고 있는 것이 성례이다. 세례가 우리가 받은 과거의 구원을 생각나게 하기에, 그리고 성찬이 그리스도의 죽으심을 기념하기에 하는 말만은 아니다. 이렇게만 말한다면 세례도 성찬도 과거지향적일 수밖에 없다. 그러나 성례는 과거 회상에 불과한 것이 아니다. 성례는 미래지향적이라고 말하는 것이 더 나을 것이다. 성례는 그리스도께서 행하신 과거를 바라보고만 있는 것이 아니라 그리스도 안에서 우리의 구원이 완성될 날을 바라보고 있다. 더 나아가 성례는 가장 현재적이다. 현재를 가장 잘 구속할 수 있고, 누릴 수 있는 길이 바로 성례에 참여하는 것이다. 다른 이들이 세례 받는 장면을 바라보면서 나의 과거 구원만이 아니라 우리가 함께 구원을 향해 나아가고 있음을 기뻐할 수 있다. 우리가 함께 성찬에 참여하는 것을 통해, 우리가 최종 구원의 날까지 함께 갈 뿐만 아니라 영원히 '어린양의 혼인잔치'에 참여할 것을 기대하고 그 기쁨을 미리 맛볼 수 있다.

세례가 시간을 드러내는 방식을 구체적으로 살펴보자. 그리스도께서 승천하시기 전에 제자들을 불러 모으시고는 세례를 베풀라고 하셨다마28:19. 그리스도께서는 아버지와 아들과 성령의 이름으로 세례를 베풀라고 하셨다. 그리스도께서는 그분께서 아버지로부터 보냄을 받아 이 땅에 오셔서 일하신 분이심을 잘 드러내셨다. 아버지의 이름으로 세례를 베풀라고 하셨기 때문이다. 또한 그분 자신께서 부활로 말미암아 세례를 베푸는 분이 되셨다는 것을 보여 주셨다. 아버지만이 아니라 아들의 이름으로 세례를 베풀라고 하셨으니 말이다. 그리고 성령을 보내어 주실 것을 약속하셨다. 성령의 이름으로 세례를 베풀라고 하셨으니 말이다. 이렇게 삼위 하나님의 이름으로 세례를 베풀라는 말씀을 통해 제자들은 하늘 아버지의 과거, 아드님의 현재, 그리고 성령의 미래를 누릴 수 있었다. 그들은 모든 시간을 다스리시는 삼위 하나님, 모든 시간을 통합하는 삼위 하나님을 비로소 알게 되었다. 세례를 통해 시간을 초월하시는 삼위 하나님, 하지만 시간 속에 들어오셔서 일하시는 삼위 하나님, 어제나 오늘이나 내일이나 변함없는 삼위 하나님을 알 수 있었다는 말이다.

우리가 받는 세례를 생각해 보자. 혹 유아 세례가 문제가 있다고 생각하지는 않는가? 언약의 가정에 태어났다고 하더라도 아무것도 모르는 아이가 세례를 받으니 말이다. 그러나 우리는 유아 세례를 통해 시간의 의미, 의식의 의미를 더 깊이 생각할 수 있다. 시간은 우리가 장악할 수 있는 것이 아니라는 사실 말이다. 종교개혁 시기에나 지금에나 유아 세례를 인정하지 않는 재세례파나 그들의 영향

　　　　　　　　　　　　　　　　　　　　　9장 예배와 시간

을 받은 침례교회는 어린아이는 아무것도 인식할 수 없으니 나중에 자라서 자기가 스스로 의식할 수 있을 때 세례를 받아야 한다고 주장한다. 시간과 의식意識을 우리가 장악할 수 있다고 생각하는 듯하다. 우리가 의식하기 전에는 아무 일도 일어나지 않는다고 생각하니 말이다. 하나님의 약속이 우리의 의식 이전에 있는 것인데 말이다. 하나님의 약속이 우리의 믿음을 불러일으키는 것인데 말이다.

우리는 유아세례를 통해 하나님의 약속이 우리의 시간과 의식에 앞서 있다는 것을 알 수 있다. 하나님의 약속은 우리의 시간에 얽매이지 않는다. 하나님의 약속은 우리의 의식에 얽매이지 않는다. 하나님께서 우리보다 앞서 일하신다. 아니, 하나님께서는 모든 시간에 앞서 일하신다. 하나님의 약속으로 인해 우리는 시간을 누릴 수 있고, 우리의 의식도 기뻐 뛰놀 수 있다.

성찬이 시간을 드러내는 방식도 구체적으로 살펴보자. 성찬이 우리를 어디로 데려가는가? 아니, 성찬이 우리를 언제로 데려가는가? 성찬은 우리의 시간 여행이다. 성찬은 우리를 과거로 데리고 간다. 예수님께서 잡히시기 전날 밤에 제자들과 더불어 최후의 만찬을 행하신 그 시간으로 우리를 데려간다. 우리는 레오나르도 다빈치의 '최후의 만찬'이라는 그림을 잘 알고 있다. 우리는 그 그림을 보지 않더라도 성찬에서 제자들이 그리스도와 함께 자리했던 식탁을 볼 수 있다. 우리는 성찬상에서 떡과 잔을 받아서 먹고 마시면서 제자들이 주님으로부터 받았던 떡과 잔을 직접 볼 수 있다. 제자들이 주님으로부터 직접 떡과 잔을 받아먹고 마셨듯이 우리는 성령의 역사로 말미암아 하늘에 계신 그리스도께서 직접 성찬의 상에 임하여 주시는 떡과 잔을 받아서 먹고 마신다. 아니, 우리는 그리스도의 전부를 받는다. 그리스도의 현재가 우리에게 임하는 방식이 성만찬이다.

우리가 기념하는 성찬만은 모든 시간을 통합한다. 성찬상에서 과거와 미래가 현재 속에 녹아들어 통합된다. 그 작은 성찬상이 과거를 끌고 오고, 미래도 끌고 들어온다. 사도는 떡과 잔을 먹고 마시는 것을 통해 "주의 죽으심을 그가 오실 때까지 전하는 것"고전11:26이라고 하지 않았는가? 성찬식은 주의 죽으심과 주님의 다시 오심 사이에 서 있다. 성찬상이 그리스도의 과거와 그리스도의 미래를 향해 나아간다. 성찬상에서 우리가 먹고 마시는 떡과 잔은 그리스도의 현재라고 말할 수 있다. 우리가 떡과 잔을 먹고 마시면서 과거로 거슬러 올라가 주님의 십자가를 기념하고, 미래로 달려가서 주님께서 다시 오실 것을 기대한다.

성찬은 현재에서 과거를 기념하고, 미래를 기대한다. 성찬상에서 우리는 우리의 구원이 시작된 시간을 기뻐하고, 우리의 구원이 완성될 시간을 기대한다. 세례와 달리 성찬은 자주 베풀 수 있기 때문에 우리가 시간 여행을 자주 할 수 있다. 현재가 과거로 거슬러 올라가고, 미래까지 쭉쭉 뻗어 간다는 것을 알 수 있는 것이 바로 성찬이다. 우리는 성찬에 참여하면서 그리스도 안에서 시간이 통일되어 있다는 것을 알 수 있다. 자신을 돌아보면서 성찬에 참여하라는 것은, 가급적이면 참여를 유보하라는 것이 아니라 가급적이면 적극적으로 참여하여 모든 시간을 누리라는 권면이다.

정리

　현대인들은 시간에 대해 예민하다. 시간을 아까워한다. 시간이 돈이기 때문이다. 우리는 속도의 시대를 살아가고 있다. 속도가 무엇보다 중요하다. 뉴스가 일상화되다 보니 언론 매체들은 속보 경쟁에 나서고 있다. 속보 같지 않은 속보들이 많지만 말이다. 예배는 속도의 시대에 아무것도 아니다. 예배에서 빠르게 전달될 수 있는 것이 있는가? 없다. 예배는 속도 경쟁이 치열한 사회 속에서는 아무것도 아니다. 예배할 때 우리가 바쁜 일상을 잠시 내려놓고 과거로 돌아가 추억에 잠길 수 있으니 유익하다고 말할 수도 있겠다.

　하지만 현대 회중은 가면 갈수록 시간에 예민해진다. 예배가 시간 낭비라고 말하는 이들이 늘어 가고 있다. 예배는 한 시간을 넘기지 말아야 한단다. 예배 한 시간 하고 난 다음에 벌어질 일들에 더 관심을 가진다. 예배하는 시간 대신 이런 저런 활동을 하는 것이 낫다고 말한다. 바삐 움직이는 것이 시간을 제일 잘 사용하는 것이라고 생각하기 때문이다. 그러나 현대사회의 그런 사고방식이야말로 시간을 가장 많이 낭비하게 만든다는 것을 모르고 있다. 속도를 강조하기 때문에 더더욱 낭비를 부채질한다. 아이러니하지 않은가? 모든 시간을 다 통합할 수 있는 것이 예배인데, 우리는 그토록 짧은 한 시간을 너무나 아까워하고 있다. 느려 터진 과거보다 속도를 무엇보다 강조하는 현대사회가 더더욱 시간을 낭비하게 만든다. 예배를 통해 우리의 시간이 확장되고 모든 시간을 누리는 것을 경험하지 못하면, 예배가 아무리 짧아져도 계속 시간이 아까울 수밖에 없을 것이다. 주일에 우리가 모여서 예배할 때 그리스도로 인해, 말씀으로 인해, 성례로 인해 모든 시간이 구속된다는 것을 알아야 하겠다. 예배는 시간 안에서 드리면서, 동시에 시간을 구속하는 것이다.

예배는 분명히 전근대적인 시간 낭비이다. 우리는 이것을 '거룩한 낭비'라고 부른다. 예배는 세상의 시간 속에서 하는 것임에도 불구하고 하나님의 시간 안으로 들어가는 것이다. 예배는 시간 속에서 하나님의 영원성에 접속하는 길이다. 우리는 시간 속에서 예배하면서 시간을 초월할 수 있다. 이것이야말로 예배의 신비이다. 예배는 과거, 현재, 미래를 다 포괄하고 있다. 예배는 모든 시간을 통합하는 놀라운 힘을 가지고 있다. 우리는 예배를 통해 모든 시간을 경험할 수 있다. 모든 시간을 다 누릴 수 있다. 예배 시간은 과거를 재현하고, 미래를 미리 살고, 현재를 구속한다. 우리는 예배를 통해 모든 시간을 구속하는 놀라운 복을 누린다. "세월을 아끼라 때가 악하니라"엡5:16라는 말씀은 예배를 통해 누릴 수 있는 복을 이야기하고 있는 것이다. 신자는 예배를 통해 모든 날들, 모든 시대를 산다.

함께 나누기

1. 우리는 주일에 예배한다. 주
   일이 어떤 날인지, 주일 예배
   가 왜 중요한지, 그 주일이 모
   든 날들을 어떻게 구속하는
   지 이야기해 보자.

2. 하나님의 말씀, 말씀이신 그
   리스도께서 예배 전체를 지
   배하신다. 예배 속의 말씀이
   어떻게 모든 시대를 누리는
   길이 되는지 이야기해 보자.

3. 은혜의 방편인 성례, 곧 세례
   와 성찬이 시간과 어떻게 관련
   되어 있는지 이야기해 보자.

10장
예배와 공간

예배하는 물리적인 공간의 문제도 중요하다. 사람은 공간 속에서 존재하기 때문이다. 신약 교회가 예배하기 시작하면서 예배당을 어떻게 구조화했는지 그 기본 구조를 살펴보고, 교회 건축의 역사를 개괄하면 예배의 모습이 분명하게 드러난다. 지상이라는 공간에서 부활을 누리는 것이 예배이다. 예배는 하늘을 향해 열려 있고, 성과 속을 통합한다.

서론

예배와 공간은 어떤 관계가 있을까? 너무나 당연히 관계가 있지 않을까? 예배하기 위해서는 공간이 필요하니 말이다. 회중이 한자리에 모이기 위해서는 공간이 필요하니 말이다. 예배할 시간을 정해 놓아야 할 뿐만 아니라 예배할 공간이 필요하다는 것은 굳이 말하지 않아도 이미 알고 있는 사실이다. 사람에게는 공간이 중요하다. '마음의 공간'을 확보해야 한다는 말을 하기는 하지만, 사람은 몸을 가지고 있기 때문에 특정한 공간이 필요하다. 사람이 살아가야 할 공간을 확보해야 하고, 확보한 공간을 어떻게 꾸미느냐가 중요하다. 예배 공간이 좁을 때는 어떻게 해야 할지를 고민할 수밖에 없다. 회중에 비해 공간이 너무 넓어도 안 된다는 말이 있다. 너무나 횡해서 그 공간을 채워야 한다는 부담감이 들 수밖에 없기 때문이다. 70퍼센트 정도 차는 공간이 좋다는 말도 있다. 예배 공간을 필요한 만큼 확장하기 어렵다면, 회중의 일부는 다른 공간에서 예배 실황을 중계하는 것을 보면서 예배하는 것은 어떤가? 그렇게 예배할 때에 과연 하나 됨을 누릴 수 있을까?

공간은 사람의 생존을 포함하여 삶에 있어서 가장 중요한 부분이라고 할 수 있다. 공간이 사람을 결정한다고 말할 수도 있다. 공간을 어떻게 구성하느냐가 사람을 결정한다는 말이다. 예를 들어, 화제가 된 영화 '기생충'을 보면 공간에 대해 많은 생각을 하게 만든다. 반지하에 살고 있는 가족이 있다. 쭉 올라가는 계단 끝 공중에 우뚝 서 있는 것 같은 거대한 저택에 사는 가족도 있다. 그 대저택의 지하실에 사는 또 다른 가족이 있다. 이 영화는 공간이 사람을 결정한다는 말을 실감나게 표현했다. 물론, 사람의 행위가 자신이 거주할 공간을 만들었겠지만 말이다.

우리는 어디에서든지 예배할 수 있다. 꼭 예배당이 필요한 것이 아니다. 이스라엘 백성들은 산에서 예배했고, 장막에서도 예배했다. 초대 교회 유대인 교인들은 회당에서 쫓겨났기 때문에 유리방황하며 예배했다. "두 세 사람이 내 이름으로 모인 곳에는 나도 그들 중에 있느니라"마18:20라는 예수님의 말씀이 있지 않은가? 기독교인들은 어디서든지 예배했다. 성전이 무너졌으니 굳이 특정한 장소를 찾아갈 필요가 없었다. 산이나 들에서, 길거리나 비어 있는 건물에서 예배했다. 그런 곳에서 예배할 때는 집중하기가 힘들었을 것이다. 그러니 어디서든지 예배할 수 있더라도 예배할 장소를 찾게 될 수밖에 없다.

우리는 예배하는 공간이 필요할 뿐만 아니라 그 공간을 무엇으로 채울 것인지, 그리고 그 공간에서 예배하는 것이 다른 공간과 어떻게 연결되는지도 생각해야 한다. 우리가 이 땅에서 예배하지만 그 장소가 하늘과 연결되는 것도 생각해야 한다. 그러니 예배당을 건축할 때 예배 신학이 반영될 수밖에 없다. 우리는 예배당의 모습을 통해 우리가 어떻게 예배하고 있는지를 드러내고 있다. 앞으로도 우리는 특정한 장소에서 예배할 것이고, 그 장소는 하나님과 만나는 특정한 공간이 될 것이다. 이번 장에서는 우리가 예배하는 장소가 부활을 체험하는 장소라는 것, 그 예배 공간은 하늘과 연결되어 있다는 것, 그리고 우리의 예배 공간은 거룩함과 속됨을 통합하는 공간이라는 것을 살펴보려고 한다.

1. 지상에서 부활을 누리는 예배

신약 초대 교회는 마가의 다락방에서 기도하다가 성령을 받아 생겨났다. 초창기의 교회는 회당으로부터 즉시로 분리되지 않았고 성전으로부터 떠나지도 않았다. 그러나 기독교인들이 예수님을 그리스도라고 하나님의 아드님이라고 고백하기 시작하자, 유대인들은 극도로 분노하면서 기독교인들을 쫓아냈다. 회당과 성전에서 쫓겨난 교회는 예배할 장소를 찾기 시작했다. 사실, 기독교인들은 어디서든지 예배할 수 있었다. 그리스도께서 친히 자신의 몸을 찢어서 하나님께 나아가는 길이 되셨기 때문에 성전이나 회당을 고집할 이유가 없었다. 그러던 중 스데반의 순교에 이어 예루살렘 교회가 큰 박해를 받아 교회가 이곳저곳에 흩어졌는데, 제자들은 가서 머물게 된 곳마다 교회를 세우고 복음을 전하기 시작했다.

박해받던 초기에 교회는 아직 독자적으로 건물을 지을 수 있는 형편이 되지 않았다. 그래서 초대 교회는 믿는 이의 집에 모여 예배하기 시작했다. 초대 교회는 교외의 개인 주택인 '도무스Domus'와 아파트와 같은 시내의 공동주택 '인술라Insula'를 개조해 예배하기 시작했다. 회중이 적을 때에는 방에서 모여 예배했지만, 회중이 늘어나자 주택의 방을 터서 넓은 공간을 만들어야 했다. 이렇게 인술라를 개조한 주택교회인 '티툴루스Titulus'가 증축되면서 예배당의 면모를 갖추어 가기 시작했다. 예를 들어 예배실인 중앙 집회장을 중심으로 주위의 방들을 세례 준비자들을 위한 방, 세례실, 사무실 등으로 바꾸어 교회 생활을 했다. 요즘 이른바 '가정家庭교회'를 하는 분들은 초대 교회가 가정교회의 시초라고 말하기도 한다. 비슷하게 교회를 몇몇 가정들로 구성된 목장으로 나누고 그 목장 하나하나를 교회라고 주장하기도 하는데, 초대 교회는 이런 의미에서의 가정교회라기보다는 주택이라는 장소에서 예배했을 뿐이기에 주택住宅교회, 가옥家屋교회라고 부르는 것이 좋겠다.

초대 교회 예배당 건물의 발전은 신자들, 순교자들의 죽음과 관련이 있다. 초대 교회는 부활 신앙 때문에 매장埋葬을 선호했고, 당시에 흔하던 지하 무덤을 신자들과 순교자들의 무덤으로 사용했다. 우리가 아는 대표적인 신자들의 지하 무덤이 로마시 근교의 카타콤Catacomb이었다. 로마시 근교에는 수십 개의 카타콤이 있었는데 중앙 통로를 중심으로 양쪽 벽면에 벽감壁龕을 파거나 묘실墓室을 만들었다. 지하 무덤의 광장은 장례식뿐만 아니라 예배 공간으로 사용되었다. 통로와 묘실, 그리고 광장의 벽에 벽화를 그렸다. 목자이신 그리스도, 세례 받는 모습 등을 포함한 간단한 성경 내용을 그려 넣었다.

313년에 '밀라노 칙령'으로 기독교가 로마 제국의 공인公認을 받고 난 다음에는 순교자들의 무덤 위 야외에 간단한 시설을 짓기 시작했다. 처음에는 옥외 무덤이 순교자를 기념하는 시설로 사용되었다. 돌로 된 관이 성찬을 위한 테이블로 사용되기도 했다. 이후에는 그 옥외 시설을 확장하거나 증축해서 '순교자 기념 예배당'으로 만들기 시작했다. 순교자 기념 예배당은 다른 곳이 아닌 순교자들이 묻힌 바로 그 무덤 위에 지었다. 순교자 기념 예배당은 말 그대로 거룩한 곳이 되었다. 하늘나라로 간 순교자들의 무덤 위에 지어졌으니 그 무덤은 이 땅과 하늘을 연결하는 곳이었다. 죽음이 곧 새로운 탄생, 새로운 생명으로 이어졌으니 그 장소가 거룩하다고 하지 않을 수 없었다. 이 순교자 기념 예배당을 '마르티리움Martyrium'이라고 부른다.

로마 제국에서 자리를 잡은 고대 교회의 예배당 건축은 로마 건축 양식을 본뜰 수밖에 없었는데, 로마 건축의 목표 중에 하나가 '낙원의 건설'이었다. 로마 교외의 대저택이었던 도무스는 자연을 인공적으로 배치해 낙원을 꾸미는 것이었다. 로마의 귀족들은 세속적 긴장에서 벗어나 자연 속에서 유유자적하게 지내기를 원하는 마음으로 교외에 대저택들을 지었다. 그 저택들의 정원을 인공적으로 잘 가꾼 것은 낙원에서 쾌락을 즐기기 위한 목적이었다. 로마인들은 적당한 부만 있으면 우리가 잃어버렸던 낙원을 회복시켜서 누릴 수 있다고 생각했다. 이렇게 대저택의 정원을 낙원으로 꾸밀 수 있다고 여겼던 생각이 예배당 건축에도 들어왔다. 고대 교회의 예배당은 초라해 보일지 모르겠지만 그 건물이 바로 낙원을 회복하는 장소라고 여겨졌다. 예배당 벽에 각종 나무 열매를 그린 것은 예배하는 그 건물이 바로 낙원이라고 생각했기 때문이다.

392년에 기독교가 제국의 국교가 되면서 새로운 형태의 예배당이 필요해졌다. 회중이 급속도로 늘었기 때문에 넓은 공간이 필요했고, 또한 직분자와 다양한 의식을 위한 공간 구성도 있어야 했다. 처음에 교회는 건물을 지을 여력이 없어서 법정이나 시장의 용도로 쓰였던 직사각형의 긴 회관 건물, 곧 '바실리카Basilica'를 빌려서 예배했다. 바실리카가 새로운 예배당의 공간 구조에 딱 맞는 건물이었다. 로마 신전의 실내 공간은 의식용 조각상만 놓여 있는 좁은 공간이었고, 사방으로 열주列柱가 늘어선 실외 공간이 집회 장소였다. 고대 교회의 예배당은 이러한 로마 신전의 구조를 뒤집었다. 열주를 실내에 넣어서 사방으로 배치하여 공간을 구획했다.

예배당은 입구를 서쪽에 두어서 예루살렘이 있는 동쪽을 바라보도록 했다. 건물 외부 정원인 아트리움Atrium을 거쳐 입구로 들어서면 전실前室이 나온다. 이 공간을 '나르텍스Narthex'라고 부르는데, 속된 영역과 거룩한 영역을 나누는 공간이다. 이 전실에 세례식을 거행하는 장소인 '세례조洗禮槽'를 만들어 놓았다. 속된 영역과 거룩한 영역을 나누는 곳에 세례조가 자리 잡고 있다는 것이 얼마나 의미심장한가. 한국교회의 예배당에는 세례조가 없는 경우가 대부분이고, 있더라도 예배당 입구에 놓으면 걸리적거리므로 예배당 측면에 치워 두는 경우가 많은데 말이다. 그러나 신자는 세례를 받아야만 예배할 수 있다. 신자는 나르텍스를 통과해야 한다. 신자는 세례를 통해 전혀 다른 영역으로 들어간다. 세례를 통해 이 세상에 속하던 자가 하늘나라에 속한 자가 된다. 여기서 우리는 처음부터 예배당이 이 세상으로부터 구별된 공간이라는 생각이 자리 잡았다는 것을 알 수 있다.

이제 바실리카 예배당의 내부를 살펴보자. 내부 공간은 중앙 통로인 '네이브Nave'와 양 옆, 즉 측랑인 '아일Aisle'로 구성되어 있다. 네이브는 회중석이다. 아일은 통로인데, 사제들이 제단으로 나아가기 위한 통로 역할을 했다. 네이브의 지붕은 아일보다 훨씬 높았고, 건물이 커지면서 아일은 이 층, 삼 층으로 분화되어 갔다. 또한 직사각형 건물 바실리카의 측랑側廊 중간을 외부로 확장했는데, 이 공간을 '트란셉트Transept'라고 부른다. 이 공간을 만든 이유는 순교자 기념 시설을 예배당 안으로 넣기 위한 목적이었다. 양쪽 아일 중간이

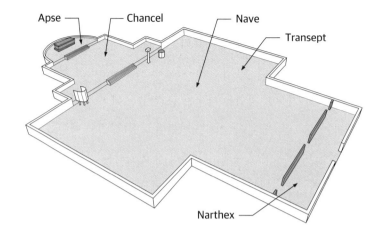

바깥으로 툭 튀어나간 것이다. 그렇게 해서 예배당 건물이 십자가 형태를 취하게 되었다. 이 공간에 특정한 순교자를 기념하는 기념비나 제단을 세우거나, 또는 신전 모형인 닫집을 만들어 넣고 성직자들이 미사를 드렸다. 평상시에는 일반 신자들에게 개방이 되어서 가까이에서 순교자들을 찬양할 수 있었다. 중세시대에는 이 트란셉트를 '채플Chapel'이라고 불렀다.

이 공간은 아일 전체로 확장되었고, 귀족들이 돈을 주고 사서 사유화하기 시작했다. 귀족들은 개인 사제를 고용하여 이 공간에서 자기들 조상을 위해, 자기 가족을 위해 계속해서 미사를 드리게 했다. 예배의 타락이 일어난 장소가 바로 이 트란셉트이다. 공예배를 무시하고 사적인 예배를 드리는 공간이 된 것이다. 또한 이 공간은 직분자의 타락을 부채질하는 장소가 되었다. 사제가 온 회중을 위한 직분이 아니라 돈을 준 이들을 위해 사사로이 축복하는 직분이 되었으니 말이다. 여기서 우리는 예배 공간을 잘게 나누는 것이 얼마나 위험한지를 알 수 있다. 한 개체 교회에서 예배하는데도 사적으로 예배하는 것과 다를 바 없는 경우를 종종 볼 수 있으니 말이다. 정리해 보자면, 고대 교회의 예배당은 부활을 누리고 낙원에 들어가기 위한 장소로 만들어졌다는 것을 알 수 있다.

2. 하늘을 향해 열린 예배

어디서든지 예배할 수 있다고 생각했던 고대 교회가 점차로 예배 장소의 중요성을 알아 갔다. 고대 교회는 예배 장소가 성전처럼 그 자체로 거룩하다고 생각하지는 않았다. 하지만 로마 제국이 예배당의 중요성에 대한 인식에 계속해서 큰 영향을 미쳤다. 우선은 기독교가 로마 제국으로부터 박해받으면서 순교자가 생기자 순교자 무덤이 특별한 장소가 되었고, 그곳에서 예배하면서 예배 장소가 특정한 장소로 구별되기 시작했다. 이후에 기독교가 로마 제국의 국교가 되면서 예배당은 시민들이 생활하는 시내 중심부로 옮겨 와서 화려한 건물로 확장되기 시작했다. 그 예배당이 시민들의 삶의 중심지가 되면서 또 다른 의미에서 예배당이 구별되기 시작했다. 처음에는 박해가 예배당을 무덤 위에 세웠고, 다음에는 자유로움이 예배당을 삶의 중심지로 끌어냈다. 이렇게 다른 장소들과 구별된 예배당이 건축되기 시작하면서 예배당은 또 한 번 발전한다.

그것은 이 땅에 세워진 예배당이 하늘을 품으려고 한 것이다. 예배당을 단순한 회집장소로만 생각한 것이 아니라 지상과 하늘을 매개하는 장소라고 생각한 것이다.

예배당 건축이 발전하면서 예배당 내에 하늘을 품은 장소가 생겨났다. 기본적으로 예배당의 공간 자체가 이 지상의 세속적인 공간과 구별된 거룩한 공간이라는 생각이 자리를 잡았고, 특히 그 전체 공간 중 하늘로 상승하는 특정한 공간을 창출해 내어 이를 강조하려 했다. 바실리카 예배당은 직사각형 건물이기 때문에 많은 회중이 그 공간에서 모일 수 있었지만 한곳에 집중하기에는 어려움이 있었다. 회중은 긴 직사각형 공간에 앞뒤로 길게 늘어서 있을 수밖에 없었다. 그래서 바실리카 예배당에는 목표점이 생겨났다. 성聖과 속俗을 나누는 공간인 나르텍스의 맞은편에 위치하고 있는 반원형 공간인 '앱스Apse'라는 공간이다.

궁궐의 홀이나 신전의 한쪽 끝을 처리하는 방식이 바로 이 앱스를 만드는 것이었다. 이 앱스는 평평한 벽에서 반원형으로 바깥으로 튀어나온 공간이기에 그곳에 신상을 놓거나 벽화를 그려 넣어서 주목을 받게 할 수 있었으므로 로마시대부터 실내의 중요한 공간이었다. 바실리카 예배당에서 회중은 예배하면서 목표점인 그 앱스를 바라볼 수밖에 없었다. 그 앱스가 바로 모든 예배가 목표하는 곳, 심지어는 회중이 이르러야 할 목표점을 보여 준다. 바실리카의 긴 직사각형의 공간은 이 땅에서부터 하늘로 여행하는 순례자의 삶을 보여 주기에 좋았는데, 그 여정의 끝에 앱스가 위치하고 있었던 것이다.

고대 교회는 예배당을 건축하면서 긴 공간에 초점을 주는 앱스를 만들어 넣음으로써 여러 가지 효과를 얻을 수 있었다. 초점이 없는 공간에 목표점이 생겼을 뿐만 아니라 그 목표점이 바로 하늘이라는 것을 잘 드러낼 수 있었다. 반원형의 공간은 하늘을 표현하기에 적절했기 때문이다. 로마의 건축물에서 이 앱스에 벽화를 그려 넣었듯이 교회는 이 앱스에 성경의 내용들을 그려 넣었다. 특히 하늘의 영광을 표현하는 장면들을 그려 넣어서 그곳으로부터 하늘에 이를 수 있다는 느낌을 줄 수 있었다. 특히 앱스에 그리스도의 생애와 그리스도의 영광을 그려 넣음으로써 로마의 앱스에 놓였던 황제의 신상을 대체하는 효과도 얻을 수 있었다. 그 앱스에 하늘의 영광을 배경으로 하여 수많은 천군천사들을 거느리신 그리스도를 그려 넣어서 그리스도께서 모든 신들 중의 신이요, 모든 황제 중의 황제라는 것을 드러낼 수 있었다. 바실리카 예배당의 끝, 그리고 목표점이라고 할 수 있는 앱스는 이 땅에서 하늘로 이어지는 공간이었던 셈이다. 아니, 하늘이 이 땅으로 내려와 있는 공간이었다.

하늘이 펼쳐지는 그 앱스 바로 앞에 자리하고 있는 것이 제단이었다. 이 직사각형의 제단에는 미사를 위한 떡과 잔이 놓였다. 앱스를 제외하면 예배당 입구에서, 회중석에서 제일 먼 곳에 있는 것이 제단이다. 제단이 예배당 깊은 곳에 놓여 있지만 앱스의 하늘과는 가장 가까이에 놓여 있다고 할 수 있다. 바로 이곳에서부터 모든 은혜가 흘러나오기 때문이다. 이 제단은 예배당 내부에서 또 다시 구별된 공간이었다. 제단은 회중석에서 볼 때에 멀리, 그리고 높은 곳에 자리 잡고 있었다. 계단을 올라간 후에 있는 단상에 제단을 놓았다. 이후에는 일반 신자가 이곳을 함부로 들어오지 못하도록 울타리를 쳤다. 사제는 이곳에 들어가서 미사를 진행하는데, 회중은 사제가 그곳에서 무슨 일을 하는지 볼 수 없었다. 그만큼 비밀스러운 일이 벌어지는 장소였다.

떡과 포도주가 그리스도의 살과 피로 바뀌는 곳이 바로 이 제단 위였다. 로마교회는 이 떡과 잔이 그리스도의 살과 피로 바뀐다고 믿었기 때문에 제단을 앱스 바로 앞에 배치했다. 제단에 나타난 그리스도의 살과 피가 앱스에 그려져 있던 그리스도의 영광으로 이어지는 것이다. 사제가 제단에서 떡과 잔을 봉헌함으로써, 그 떡과 잔이 그리스도의 살과 피로 바뀜으로써 그리스도의 십자가 사건을 재현하려 했다. 고대 교회는 이렇게 제단과 앱스를 통해, 우리를 위해 살과 피를 나누어 주시는 그리스도께서 온 하늘과 땅의 영광을 누리는 분이 되셨다는 것을 보여 주려 했다.

고대 교회는 긴 사각형 구조인 바실리카 예배당을 선호했지만, 로마 신전의 반구형 지붕인 돔dome 형태를 차용한 중앙 집중형 예배당도 짓기 시작한다. 돔은 앱스처럼 하늘이 이 땅으로 내려온 것을 보여 주는 기능을 했지만 그 위치는 다르다. 돔은 중앙 집중형 예배당의 중앙에 우뚝 세워져 있기에 예배당의 중앙에 하늘이 펼쳐진 것처럼 보인다. 마치 하늘 궁전에 들어온 것처럼 느낄 수 있다. 예배당에 들어와 천장을 우러러보면 그 돔에 천상이 펼쳐져 있다. 앱스에 벽화를 그리듯이 그 돔에 황금색상으로 천상에서 다스리시는 그리스도의 모습을 그려 넣는다. 이렇게 돔을 중심으로 펼쳐진 하늘 아래에서 예배하는 회중은 천상을 경험할 수 있다.

유스티니아누스 황제가 제국의 수도인 콘스탄티노플에 거대한 예배당을 짓고 '거룩한 지혜'라는 뜻의 '하기아 소피아Hagia Sophia'라는 이름을 붙였는데, 이 대성당이 돔 구조의 거대한 확장이었다. 키에프 공국의 대공이 자기 신하들을 여러 종교 예배의식에 참여케 했는데 하기아 소피아에서 예배한 신하들의 보고를 듣고는 동방 정교회를 믿기로 했다는 유명한 이야기가 있다. "저희들이 그곳에서 예배할 때 하늘에 있었는지 땅에 있었는지 모르겠더군요"라는 말을 듣고 정교회를 믿기로 결정했다는 이야기 말이다.

한편 중앙 집중형 예배당은 모든 회중이 둘러서서 중앙을 바라보고 있기에 평등을 구현한다고 볼 수도 있다. 바실리카 예배당에서는 예배당 입구인 나르텍스에 세례조가 놓였지만 중앙 집중형 예배당에서는 예배당 중앙에 세례조가 놓인다. 회중이 빙 둘러서서 자신이 받은 세례를 상기하고 한 공간에 모인 형제자매가 하늘나라 백성인 것을 눈으로 보면서 예배한다.

지상에 하늘이 펼쳐지는 장면을 연출한 앱스와 돔은 이후 하늘을 향한 상승의 믿음을 구체화시킨 '고딕Gothic 양식'으로 발전한다. 하늘을 찌르는 듯한 첨탑으로 대표되는 고딕 성당 말이다. 교회는 하늘이 펼쳐지는 것을 수동적으로 받아들이는 것을 넘어서 하늘에까지 이르려고 하는 신심信心을 나타내 보였다. 당연한 발전이라는 생각이 든다. 교회는 지상의 건물에서 예배하지만 그 예배 장소는 하늘로 연결되어 있다. 앱스와 돔에 표현된 그리스도의 보좌 장면이 보여 주듯이 말이다. 중세교회는 거대한 예배당 건물을 지으면서 성당 입구의 처마에도 그리스도의 최후 심판 장면을 그려 넣음으로써, 성당 건물에 들어서는 것이 곧 하늘에 계신 그리스도께로 나아가는 것이 되는 경험을 하게 했다. 우리는 이렇게 예배하는 지상의 공간이 하늘과 연결되어 있다는 것을 알아야 하겠다. 우리가 지상 어디에서 예배하든지 그곳은 이 땅을 넘어 하늘에 계신 그리스도께로 나아가는 곳이 된다는 것을 알아야 하겠다.

3. 성속을 통합하는 예배

예배 공간은 외부와 분리시키기 위해 벽을 세우고 울타리를 칠 수밖에 없다. 예배하는 공간이 배제의 기능을 하고 있는 것이 사실이다. 우리가 잘 알고 있듯이 구약 시대의 성전도 포괄과 배제가 함께 작동하고 있었다. 하나님께서 나아가기 위해서는 겹겹의 장치를 통과해야 했다. 이방인들의 뜰, 여인들의 뜰을 거쳐 유대 남성들이 성전 마당으로 들어갈 수 있었다. 성전 건물인 성소에는 제사장만이 들어갈 수 있었다. 가장 끝이라고 할 수도 있고 가장 깊은 곳이라고도 할 수 있는 지성소에는 대제사장이, 그것도 1년에 한 차례만 들어갈 수 있었다. 고대 교회는 온 회중이 한 공간에서 어우러졌지만 세례로 회중을 엄격하게 나누었다. 세례 받지 않은 자들이 머무르는 공간이 따로 있었을 뿐만 아니라 세례 준비자들마저 성찬식에 참여하지 못하고 아예 배제되었다. 성찬식을 구경조차 하지 못했다. 예배당 건물을 떠나야 했다. 예배 공간은 아무리 넓혀도 배제하는 역할을 할 수밖에 없다.

그렇지만 예배하는 공간은 폐쇄적인 공간이 아니다. 예배하는 공간은 세상과 연결되어 있다. 예배 공간은 세상을 향해 열려 있다. 과장된 표현인지 모르겠지만 예배당 건축의 역사는 그 공간이 세상을 향해 얼마나 열려 있느냐, 닫혀 있느냐의 시소게임이었다고 말할 수 있다. 아니, 예배당 건축의 역사는 하늘과 땅을 통합시키려는 노력, 즉 성과 속을 통합시키려는 노력이었다. 다른 말로 하면 예배당 건축가들은 예배당을 천상의 것들과 모든 속된 것들이 화해하여 만나는 곳이라고 믿었다. 이런 종합을 드러내기 위해 고대 교회는 예배당을 건축하면서 수평성과 수직성의 조화 및 통합을 위해 고심했다.

성과 속을 통합시키려는 중세교회의 노력으로 탄생한 양식이 '로마네스크Romanesque 양식'이다. 479년 야만족들의 침입으로 인해 서로마 제국이 멸망하고 난 다음 약 5세기 동안의 신앙적으로 거의 암흑과 같았던 기간 동안 제국의 명맥은 서방 교회가 유지하였다. 그 결과 점차로 교황권이 강화되어 세속의 황제권을 지배하려는 데 이르렀다. 이런 상황 가운데 새로운 천 년을 맞이하면서 새로운 양식의 건축이 일어났는데, 그것이 바로 로마네스크 양식이었다. 전쟁의 위협이 계속되기도 했던 탓에 요새와 같은 건물들이 많이 지어졌다. 예배당도 두꺼운 벽과 작은 창문들로 이루어진 육중한 요새처럼 지었다. 이 로마네스크 양식은 "여호와는 나의 반석이시요 나의 요새시요"18:2라는 시편 기자들의 고백을 그대로 체현한 예배당이었다.

요새와 같은 육중한 예배당을 짓는 이런 열정은 교회의 자신감으로부터 나왔다. 먼저는 수도원의 부흥이 이런 자신감에 큰 역할을 했다. 중세의 수도원은 고대처럼 도피처가 아니라 세속 사회의 중심지가 되었다. 세속적 정신 활동의 중심지 역할마저 했던 것이다. 다음으로 성지 순례에 대한 열정이었다. 이슬람 세력으로부터 성지 예루살렘을 회복해야 한다는 열정을 표출한 성지 순례와 십자군 운동이 그 육중한 로마네스크 건물들을 지을 수 있는 큰 동기를 부여해 주었다. 돌로 만든 육중한 요새와 같은 로마네스크 예배당, 점차 웅장한 규모를 자랑하면서 도시의 랜드마크가 된 로마네스크 예배당은 교회의 자신감과 열정을 잘 드러냈다. 이제 예배당은 세속을 향한 분명한 메시지를 냈다. 교회의 품으로 나아오라고 말이다.

예배당은 신심의 결집체일 뿐만 아니라 교회가 국가마저 지배하고 세상의 중심이 되려는 욕망을 표현했다. 성채와 같은 그 육중한 건물 내부에 들어서면 어둠 속에 신비한 빛이 비쳐 들어온다. 그 어둠 속에 신비하게 비쳐 드는 빛을 통해 드러나는 성유물聖遺物, 곧 예수님과 성인들과 관련이 있다고 믿어진 유물들에 대한 경배를 통해 신자들은 엄청난 안정감을 누릴 수 있었다. 우리의 예배 공간이, 그리고 우리의 예배가 우리의 상승하는 욕망과 확장하는 욕망에 불과한 것이 아닌지 돌아보아야 하겠다.

로마네스크 양식이 육중한 돌을 통해 세상을 지배하려는 욕망을 드러냈다면, 그 이후에 나타난 예배당 건축 양식은 훨씬 더 세련되고 미묘한 방식을 취한다. 그것이 바로 앞에서 말한 '고딕 양식'이다. 고딕 건물은 육중한 무게감을 덜어내어 주었다. 수직과 수평의 조화를 꾀한 것이 아니라 오히려 균형을 깨고 수직성을 강조했다. 고딕은 하늘을 향해 치솟았다. 하늘을 찌를 듯한 첨탑은 하늘을 향해 뻗은 나뭇가지들을 연상시킨다. 또한 벽을 얇게 만들어 창문을 거대하게 배치하고는 그 창에 스테인드글라스stained glass를 달아서 빛이 찬란하게 쏟아져 들어오도록 했다. 한마디로 말해서 고딕은 '하늘을 찌를 듯한 수직성'과 '천상으로부터 쏟아져 들어오는 빛'으로 요약할 수 있다.

　　고딕의 수직성은 하늘에 오르고 싶어 하는 열망을 표현하고, 반면에 고딕의 빛은 하나님께서 빛으로 내려오심을 구현했다. 천국을 표현하는 것이 또 있었다. 고딕 건물에는 돔 대신 아치형 지붕들을 배열하여 만든 '볼트vault'를 통해 천장 전체에 천국이 펼쳐져 있는 것을 표현했다. 이렇게 고딕 양식은 로마네스크의 물질성을 넘어서 신비주의와 초월성을 더 강조하는 양식이었다. 중세 예배당은 교회의 권력이 세속 권력을 장악한 것을 표현하려고 할 뿐만 아니라, 하늘로 상승하면서 그 상승하는 열정이 이 땅을 통합하고 있다는 것을 드러내려고 했다.

　　종교개혁으로 탄생한 개신교회들은 예배당에 대해 중세 로마 가톨릭교회와는 다른 시각을 가졌다. 처음에 개신교회는 기존의 로마 가톨릭교회 건물을 사용했지만 점차로 자체의 건물을 가지기 시작한다. 개신교회의 예배당 건물은 앱스와 돔, 뾰족한 첨탑 등을 다양한 방식으로 수용했다. 개신교 예배당에 있어서 중요한 것은 외형이 아니었다. 개신교회의 예배당 이해는 너무나 소박했다. 예배당은 복음의 내용에 맞게 단순함과 단정함을 가져야 한다고 보았다. 개신교회에게는 건물의 외형보다 복음의 정신이 중요했다. 너무 실용적이어서 오히려 문제라고 할까? 바실리카와 같은 직사각형의 건물을 가지고 있더라도 그 끝은 평평한 벽면인 경우가 많았고, 그 평평한 벽면에 반원형을 그려 넣는 것이 전부였다.

그리고는 그 벽 중간 앞에 설교단을 높이 세웠다. 중세 로마교회는 낭독대와 설교단을 측면으로 배치했는데, 종교개혁자들은 정면 중앙에 설교단을 두되 설교단이 공중에 서 있도록 계단을 만들어 올라가도록 했다. 그 설교단 위에는 하늘 역할을 하는 천개天蓋를 씌우기도 했다. 개신교회 예배당 건물은 설교단에 초점이 있다는 것을 보여 준다. 목사의 설교는 하늘에서 이 땅으로 울려 퍼지는 하나님의 말씀이다. 우리는 설교단이 하늘로 올라가는 계단과 같다는 것을 볼 수 있다. 목사는 하늘로 올라가서 하나님의 음성을 듣고 이 땅에 그 말씀을 선포한다. 이렇듯 개신교회에서도 예배당 공간은 하늘이 펼쳐지는 장소로 이해되었다.

개신교회의 예배당도 공간 배치나 빛을 이용하기 위해 애를 썼다. 아쉬운 것은 개신교 예배당에서 설교단만이 우뚝 서서 강조되다 보니 상대적으로 세례조와 성찬상에 대한 강조가 약화된 것이다. 세례야말로 부활을 보여 주는 것이고 성찬상은 영원한 생명을 계속해서 누리는 것을 보여 주는 것이기에, 그것들이 예배당의 중심에 자리를 잡아야 하는데 말이다. 개신교 예배당이 대부분 긴 사각형 구조를 가지고 있지만, 중앙집중식 구조가 되어도 좋을 것이다. 회중이 빙 둘러서고 그 가운데 설교단과 세례조와 성찬상이 자리한다면 우리의 중심점이 분명하게 드러날 것이다. 교회와 신자의 삶도 중심을 잡을 것이다. 개신교회 예배당이 로마 가톨릭의 건물과 비교하여 분명히 겸손하며 실용적이지만, 공간 배치를 통해서도 복음을 잘 드러낼 수 있다는 점은 고려해야 하겠다.

우리가 예배하는 공간이 하늘과 땅을 통합하고, 성과 속을 통합하는 장소가 되어야 한다. 예배에서 그리스도가 선포될 때 하늘과 땅이 통합된다. 예배당은 세상에서 도피해 온 신자들이 모이는 곳이 아니라 세상으로 들어가기 위해 모이는 곳이다. 말씀이 선포될 때에, 그 말씀이 우리의 눈에까지 보이도록 나타날 때에 바로 그곳에, 그 시간에 하늘이 내려오고, 우리 가운데 하늘이 펼쳐진다는 것을 알아야 하겠다. 예배 공간이야말로 다른 어떤 장소와 하나도 다르지 않은 평범한 장소이지만, 온 세상을 통합하는 장소가 된다는 사실이다.

정리

고대 교회가 예배 장소를 찾고 예배당을 건축하기 시작한 초기 역사부터 살펴보면 교회가 역사적으로 예배 장소를 구별하기 위해 애썼다는 것을 알 수 있다. 물론, 예배 공간 자체가 특별하고 신비한 공간이라고 생각한 것은 아니다. 성전이 무너지고 그리스도께서 그 몸으로 성전을 대체하시고, 회중의 모임이 곧 성전이 된 마당에 장소 자체의 거룩성을 주장할 이유가 없었다. 그럼에도 불구하고 예배를 위해 모인 공간은 다른 공간과 구별될 필요가 있었다. 세상에서 나온 하나님의 백성들이 하나님을 예배하기에 그 장소는 일상과 구별된 거룩한 장소가 된다. 하나님의 백성들이 예배하는 공간은 하나도 다르지 않으면서 전혀 다른 공간이 된다. 우리는 어디에서든 예배할 수 있지만 우리가 예배하는 그 공간이 바로 세상과 구별된 공간이 된다.

건물 자체가 교회라는 말이 아니다. 교회는 건물이 아니라 하나님의 백성의 모임이다. 그럼에도 불구하고 우리는 장소와 건물을 생각하지 않을 수 없다. 소위 말하는 시끌벅적한 상가의 한 공간을 빌려서 예배하는 '상가 교회'라고 하더라도, 하나님의 백성이 모여서 예배하는 그곳이 거룩한 곳이 된다. 하나님의 백성인 우리가 성전이 되었으니 예배하는 회중이 있는 곳이 거룩하지 않은가? 예배할 때 그 공간은 세상의 어떤 공간과도 구별된 공간이 된다. 우리의 예배가 공간을 거룩하게 형성한다는 사실이다. 예배 장소는 하늘과 연결될 뿐만 아니라 온 세상과 연결되어 있다. 예배당은 온 세상의 중심에 있다. 예배당이 세상 전체인 셈이다. 예배당은 하늘과 연결되고, 온 세상으로 뻗어 나갈 수 있는 곳이니 말이다.

우리는 공간의 보수성에 대해서도 생각해 볼 필요가 있다. 예를 들어서 교인들이 예배할 때 어떤 좌석에 앉는가? 대부분 자기가 정해 놓은 좌석이 있다. 중세만이 아니라 종교개혁기에도 예배당을 건축하면서 돈으로 자기 좌석을 미리 샀다. 지금은 누구든지 자신이 원하는 좌석에 앉을 수 있음에도 불구하고 본인이 정해 놓은 자리가 있어서 으레 그곳에 앉는다. 다른 사람이 그 자리에 앉으면 자기 자리이니 비켜 달라고 말한다. 다른 자리에 앉으면 은혜가 안 된다고 생각하기조차 한다. 미신적인 생각이 아니라 이것이 장소, 즉 자리가 가지고 있는 보수성이다. 우리는 특정한 장소를 생각하면 그곳에 대한 기억 때문에 추억에 잠기지 않는가? 그 장소에 대한 추억이 힘겨운 현실을 살아갈 힘을 준다.

이렇듯 우리는 예배 좌석이나 예배당의 특정한 구석이 가지고 있는 개인적인 체험과 보수성에 주목해야 하겠다. 동시에 내가 그 예배당에서 회중과 함께, 회중에 속해서 예배했다는 공동체의 경험을 소중하게 간직해야 하겠다. 이렇듯 우리는 그 자리를 생각하면서 추억에 잠길 수 있는 장소가 필요하다. 어린아이들이 자기들의 아지트라고 생각하는 장소가 있듯이 말이다. 가면 갈수록 추억의 장소가 사라지고 있으니, 예배당이 우리의 추억을 만드는 장소가 되어야 하지 않겠는가?

함께 나누기

1. 예배 공간이 지상에서 부활을 누리는 장소라는 사실을 순교자들의 무덤 위에 교회가 세워졌다는 것을 예로 들면서 이야기해 보자.

2. 지상의 예배당이 하늘과 연결되어 있다는 것, 즉 이 지상에 내려와 있는 하늘이라는 것을 앱스, 돔, 볼트 천장을 통해 설명해 보자.

3. 예배당은 하늘과 땅을 연결하고, 거룩함과 속됨을 통합시키는 공간이라는 것을 로마네스크와 고딕 예배당의 공간 구성을 통해 이야기해 보자.

11장
예배와 형식

예배는 아무런 형식이 없이 자유로운 것이 좋다는 말은 무책임한 말이다. 형식이 없는 예배는 파괴적일 수밖에 없다. 예배는 질서가 있어야 하고, 흐름이 있어야 하고, 특히 공공성을 띠어야 한다. 여기서 우리는 예전예식서의 중요성을 생각할 수 있다. 우리는 예배의 다양성을 자랑하지만 예배야말로 인류 최대의 공공 유산이라는 것을 아는 것이 중요하다.

서론

예배와 형식의 관계를 생각해 보자. 예배가 아무런 형식이 없을 수 있는가? 예배가 정신으로만 남을 수 있는가? 예배가 형식을 취할 수밖에 없음에도 불구하고 우리는 종종 '우리 교회 예배는 너무 형식적이야'라는 말을 하곤 한다. 예배가 너무 형식적이면 성령의 역사를 배척할 수밖에 없다고 생각하는 이들도 있다. 성령을 형식을 파괴하시는 분이라고 생각하는 이들이 의외로 많다. 성령께서 자유롭게 일하시는 분이시라서 형식을 미워하실까? 성령께서 임하는 곳에는 형식이 사라지고 무질서가 판을 치는가?

성령께서 강하게 역사하실수록 형식이 아니라 무형식이, 절제가 아니라 무절제가 지배한다는 생각은 너무나 큰 오해이다. 예배 형식을 자유롭게 하기를 원한다고 해서 형식을 아예 없앨 수는 없다. 형식을 없애려고 하는 것이 또 다른 형식이 될 것이니 말이다. 예배가 지루하다고 해서 형식을 매번 바꾸는 것이 좋은 것은 아니다. 예배가 형식을 갖추지 않으면 사람은 불안할 수밖에 없다. 형식이 필요악이라고 말하면 안 된다. 예배는 형식을 잘 갖추는 것이 필수적이다. 세상의 어떤 기념식이나 모임보다 예배는 더 멋진 형식을 갖추어야 한다. 하나님과 만나는 것이니 말이다.

내용은 형식이 없이 나타날 수 없다. 내용은 형식 속에 담기는 것이기 때문에 어떤 형식을 취하느냐가 중요하다. 예배는 어떤 형식을 취해야 할까? 예배는 하나님과 그분의 회중 간의 교제이기 때문에 그것에 걸맞은 형식을 가져야 한다. 요즘 예전禮典, Liturgie에 대해 관심이 많은데, 예배도 예전의 하나라는 관점에서 접근해야 한다. 예전은 하늘에서 뚝 떨어지는 것이 아니다. 형식을 가져야 한다. 종교개혁의 원리 중 하나인 '오직 성경Sola Scriptura'이 예배 개혁에 적용된 것이 이른바 '규정적 원리Regulative Principle'이다. 이것을 쉽게 표현해 보자면 '성경에서 명시적으로 규정하는 것만 예배의 요소로 삼는다'는 것이다. 이것과 다른 예배 원리가 있는데, 그것은 '규범적 원리Normative Principle'이다. 이 규범적 원리는 '성경에서 적극적으로 금하지 않는 것 외에는 도입할 수 있다'는 원리라고 보면 되겠다.

이렇게 예배의 원리에 대해 두 가지 접근이 있지만, 이 두 가지 접근법이 칼로 자르듯이 나누어지지는 않는다. 분명한 것은 우리가 성경에 매여야 한다는 것이다. 성경에 매인다는 것은 우리를 부자유하게 만드는 것이 아니라, 성경에서 말씀하는 것 외에는 우리가 매일 필요가 없는 자유로움을 말한다. 예배 원리는 성경에 매일 뿐만 아니라 큰 자유를 가지고 있다. 우리는 성령의 역사를 의지하고, 성령께서는 말씀을 사용하셔서 일하신다. 예배는 성령으로 충만하면서 성경에 근거한 일정한 형식을 가져야만 한다. 이번 강의를 통해 우리의 예배는 무질서한 것이 아니라 질서 있고 단정해야 한다는 것, 예배 순서 전체가 하나의 분명한 흐름을 가지고 있다는 것, 그리고 우리의 예배가 철저하게 공적인 성격을 띠고 있다는 것을 살펴보려고 한다.

1. 질서 있는 예배

예배가 질서가 있어야 한다고 말하면 너무나 당연하다고 하면서도 어딘가는 어색하다고 생각할지 모르겠다. 예배가 무질서해서는 안 되지만, 질서만 있으면 되는가 하는 것이다. 질서 정연한 것은 너무나 형식적이므로 예배는 질서 정연한 것과는 거리가 있어야 하지 않은가 생각하는 이들이 많을 것이다. 작금에 어디든지 질서에 대한 반감이 큰 것이 사실이다. 질서를 강조하는 쪽은 기득권이고, 소위 말해서 갑질을 하는 사람들이기 때문에 질서를 강조하면 자신을 억압하려는 것이라고 생각한다. 그래서 질서에 대해 반감을 가지고 무질서를 선호한다. 자유로우려면 무질서해지는 수밖에 없다고 생각한다.

그러니 예배가 질서가 있어야 한다고 강조하면 그런 예배는 형식적인 것을 넘어 생명력이 없다고 반발하기도 한다. 차라리 무질서해져야 생명력을 드러낸다고 생각하는 것이다. 죽은 것은 절대 움직이지 않고 꼼짝하지 않지만 살아 있는 것은 무질서할 수밖에 없다는 생각이다. 일면 맞는 말이다. 예배의 형식에 관해서 이야기하려니 가장 먼저 질서에 대해 말하고 있지만, 예배의 정신에 관해서 말하자면 생명력을 언급하지 않을 수 없다. 예배에 대해서는 질서가 문제가 아니라 생명력이 문제라고 생각하는 것이 이상한 것은 아니다. 그렇지만 질서와 생명력은 서로 대립하는 것이 아니다. 질서는 생명력의 또 다른 이름이다.

예배가 질서가 있어야 한다고 명시적으로 내세우는 것에 반감을 가지는 이들이 많다. 교회만큼 시대에 뒤처진 곳이 없다고 생각하면서 말이다. 그러나 역설적이게도 예배의 생명력은 무질서가 아니라 질서를 통해서 표출된다. 예배는 질서가 있어야 한다. 예배는 무질서해서는 안 된다. 우리 개신교회의 예배 원리를 한마디로 말하자면 '질서 있는 예배'이다. 이것은 누가 지어낸 것이 아니라 성령께서 성경으로 말씀하시는 것이다. 개신교 특정 교파의 예배 원리가 아니라 '오직 성경'을 따르는 개신교인 모두의 예배 원리가 되어야 한다. 고린도전서 14장을 보면 사도 바울은 예배 원리를 분명하게 제시하고 있다. 질서가 있어야 한다는 원리 말이다. 사도는 예배에서 방언과 예언을 사용하는 방식에 관해서 언급하던 것을 정리하여 말하기를 질서 있게 하라고 한다. 성령의 역사는 무질서가 아니라 질서라고 말씀하신다.

이 질서의 원리는 하나님의 성품으로부터 나온다. 하나님께서 바로 질서의 하나님이시기 때문이다. 하나님께서 그리스도를 보내시고, 그리스도께서 구원을 성취하시고, 성령께서 오셔서 구원을 적용하신다. 이렇게 하나님께서는 질서 있게 일하신다. 삼위 간에 다툼이 없다. 경쟁이 없다. 상대방에게 자신을 온전히 내어 주면서 상대방을 위해 일하신다. 그래서 말씀하신다. "하나님은 무질서의 하나님이 아니시요 오직 화평의 하나님이시니라"고전14:33 여기서 말하는 무질서는 무리들이 모여 난리, 난동, 소요를 일으키는 것을 가리킨다. 야고보서 3장 16절에서는 이 무질서가 땅에서 난 것, 정욕의 것, 귀신의 것이라고 말씀한다. 예배는 천상적인 것이기 때문에 질서가 지배해야 한다. 자신의 은사를 무질서하게 난발하는 것은 합당하지 않다. 예배에서 직분자들이 경쟁하는 것도 합당하지 않다. 예배는 은사와 직분을 자랑하는 장場이 아니다. 예배는 질서 있게 그리스도를 드러내야 하고, 그래서 우리가 하나님과 평화의 관계를 누릴 수 있어야 한다.

사도 바울은 고린도전서 14장을 마무리하면서 예언을 사모하고 방언을 금하지 말라고 말한다. 바로 이어서 "모든 것을 품위 있게 하고 질서 있게 하라"고 다시 한 번 더 강조한다. 여기서 말하는 "질서 있게"는 방언과 예언에 관해 사도가 언급했듯이 '차례대로'이다.

차례대로 하라는 것은 자기가 먼저 하겠다고 나서지 말라는 것이다. 자신을 내세우지 말라는 것이다. 다른 사람의 은사를 존중하고 자기 은사가 쓰일 때를 기다리라는 것이다. 사도 바울은 골로새교회에 편지하면서 이 질서 있는 것, 자기 차례를 지키는 것을 그리스도를 믿는 믿음이 굳건한 것에 앞세우고 있다골2:5. 질서 있게 행하는 것이 그리스도를 믿는 믿음이 굳건한 것과 같다는 말이다. 내적으로 굳건한 믿음을 가지는 것이 외적으로는 질서 있게 행하는 것으로 나타난다는 것이다. 그러므로 예배를 포함하여 신앙생활은 한마디로 질서 있게 행하는 것이라고 정리할 수 있다. 다른 말로는 단정하게 행하는 것이다. 세상 사람들이 우리의 예배를 볼 때에 거룩한 질서를 느낄 것인가, 아니면 불안이 가득한 무질서를 목도할 것인가?

고대 근동 이방종교의 예배 모습을 생각해 보자. 우리는 성경을 통해 가나안의 종교의식을 흘깃 엿볼 수 있다. 가나안의 주신主神이었던 바알Baal은 다산과 풍요의 신이었다. 여신이었던 아세라신과 함께 날씨조차 주관하는 신이었다. 가나안 땅은 이스라엘 자손들이 오랫동안 머물렀던 애굽과는 다른 환경의 땅이었다. 애굽은 나일강의 주기적인 범람으로 하구 지역 평지의 땅이 기름지게 유지되었으므로 풍요로운 농경을 누릴 수 있었다. 그러나 가나안 땅은 달랐다. 가나안에도 요단강이 흐르고 있었지만 산악지대의 협곡 아래를 흘러갔기에 활용 가치가 적었다. 가나안은 농사를 위해 하늘을 바라볼 수밖에 없는 땅이었다. 하늘에서 내리는 비와 이슬이 아니고서는 농사를 지을 수 없었다. 그래서 날씨를 주관하고 풍요를 준다고 하는 바알과 아세라신을 섬겼다.

이스라엘 자손은 가나안 땅을 차지하면서 불순종하여 이방민족을 모두 몰아내는 데 실패하고, 곧 그들에게 물들어 이 바알과 아세라를 섬기기 시작한다. 이 신들을 섬기는 예배 모습을 한마디로 '통음난무痛飲亂舞', 곧 취해서 비틀거리며 춤추는 것으로 표현할 수 있다. 갈멜산에서 엘리야와 대결하던 바알과 아세라의 선지자들이 하던 행태를 생각해 보라왕상18. 그들은 하루 종일 자기들의 신을 불렀다. 불러도 응답이 없자 일어나서 춤을 추기 시작한다. 의식적인 춤이었다. 그래도 안 되니 칼로 자기들의 몸을 상하게 하면서 피를 줄줄 흘렸다. 그래도 안 되니 황홀경 상태에 빠져서 자기들도 알지 못하는 소리를 중얼거렸다. 이것이 바로 그들의 예배 모습이었다. 그들의 예배는 단정한 예배가 아니라 감정적인 것을 넘어서 격렬한 무질서를 드러냈다. 이런 행태는 기쁨의 표현이 아니라 불안의 표현이 아니고 무엇이겠는가?

매 주일의 예배가 너무나 식상한가? 세상은 너무나 급속도로 바뀌는데 예배는 하나도 달라지지 않고 식상하기만 한가? 그래서인지 교회를 인도하는 쪽에서는 예배를 바꾸기 위해서 필사적인 노력을 기울인다. 예배위원회를 만들고 이래저래 순서를 새롭게 바꾼다고들 한다. 찬송도 바꾸고, 목사의 경우에는 설교도 바꾸려고 무던히도 애를 쓴다. 그럼에도 회중의 입장에서는 그런 것들이 자신들의 예측을 하나도 벗어나지 않기에 새로운 것이 없다고 생각한다.

예배를 계속해서 새롭게 해 보고자 하는 노력이 더 식상함을 불러일으키는 것이 현실이다.

역설적이게도 예배가 늘 같으면서도 늘 새로울 수 있는 길은 바로 질서에 있다. 우리의 예배는 들뜬 감정이 지배하는 것이 아니라 차분한 의지가 지배한다고 말해야 할 것이다. 우리는 보는 것으로 예배하지 않고 믿는 것으로 예배한다. 우리는 두려움 때문에 예배하는 것이 아니라 기쁨으로 쾌활하게 예배한다. 성찬이 바로 이 잔잔한 질서와 쾌활한 기쁨을 잘 보여 준다. 우리가 무질서의 하나님이 아니라 평화를 사랑하시는 질서의 하나님을 예배한다면 질서를 지킬 것이고, 우리는 예배하는 대상을 닮아 가기에 우리의 삶도 질서를 잡아 갈 것이다.

2. 흐름이 있는 예배

예배는 질서가 있어야 할 뿐만 아니라 분명한 흐름을 가져야 한다. 우리는 '기승전결起承轉結'이라는 말을 종종 쓰지 않는가? 예배에도 기승전결이 있어야 한다고 말할 수 있다. 이 기승전결은 오래된 스타일이기는 하지만 드라마에나 소설에나 지금까지 유효하게 사용되고 있다. 이 기승전결을 살펴보자면, 먼저 문제를 발단發端으로 갈등이 생긴다. 생겨난 그 갈등이 점차로 다양한 방식으로 전개展開되다가, 점차로 클라이맥스climax, 절정를 향해 치달아 가고, 마지막에는 갈등이 해소되고 결말結末에 이른다. 이 기승전결이 자연스럽기 위해서는 '갈등'이 주요한 요소가 된다. 갈등이 생겨야 그 갈등을 푸는 과정으로서 이야기가 이어지기 때문이다. 갈등이 절정에 이르렀다가 어떤 형태로든 수습되면서 이야기가 결말에 이른다.

예배는 어떤 기승전결을 가져야 할까? 예배에도 대립하는 세력이 있고, 그래서 긴장과 갈등이 생겨나고 증폭되고, 클라이맥스에 이르고, 마침내 그 갈등이 해소되는 과정을 거치는 것일까? 하지만 교회에 분열이 생겨 분파 갈등이 있거나 예배를 방해하는 외부 세력이 있지 않는 한 예배는 가장 안전한 모임이 아닌가? 예배에는 그 어떤 갈등이나 긴장도 없어야 하지 않은가? 반대로 갈등과 긴장이 아예 없어서 문제인가? 예배가 너무 나른하니 말이다.

예배의 당사자들인 하나님과 그분의 백성을 생각해 보면 그렇지 않다. 예배는 하나님과 그분 백성 간의 만남이지만, 평화로운 것만이 아니라 도리어 긴장과 갈등이 있을 수밖에 없다. 하나님과 사람의 만남은 처음부터 불가능한 만남이요, 해소가 불가능한 갈등 관계라고 해야 할 것이다. 그런데 이 예배에 그리스도께서 친히 개입하시기 때문에 긴장과 갈등이 해소될 수 있다. 즉, 예배는 매 순간 갈등과 긴장이지만, 동시에 매 순간 그리스도로 인해 화해와 평화를 경험하는 것이다.

구체적으로 예배의 흐름을 살펴보자. 예배는 어떻게 시작하는 것이 좋을까? 우리의 예배는 다른 어떤 종교들과 같이 우리의 공로와 열심으로 하나님을 부르는 것이 아니라, 하나님께서 우리를 불러 주심으로 시작된다. 이것이 바로 예배의 전제이자, 예배의 시작이다. 예배의 첫째 순서는 불러 주신 하나님을 향한 '충성 맹세'이다. "우리의 도움은 천지를 지으신 여호와의 이름에 있도다"시124:8라는 구절을 읽는 것, 곧 앞서 이야기한 '보툼Votum'이라고 부르는 순서이다. 그러면 하나님께서 우리를 향해 '인사'하시고 복을 선언해 주신다. 이때는 주로 사도 바울이 쓴 서신서의 인사말을 사용한다. 회중은 인사해 오시는 하나님을 향해 첫 번째 '찬송'을 한다. 이 세 가지, 곧 '충성 맹세, 인사, 찬송'이 예배의 시작이다. 이 시작은 하늘 궁전의 문을 힘껏 열어젖히는 것과 같고, 하나님께서 두 팔 벌려 회중을 맞아 주시는 것과 같다.

예배의 두 번째 파트는 '하나님의 용서'이다. 이 파트는 다음과 같이 진행된다. 예배 인도자인 목사가 '십계명'을 선포하면 회중은 그 언약의 열 가지 말씀으로 자신을 돌아보면서 함께 '회개'한다. 목사가 성경 말씀으로 '사죄의 말씀'을 선포하면 온 회중은 용서해 주신 하나님을 향해 두 번째의 '찬송'을 한다. 왜 굳이 이런 순서가 필요한지 의아해 하는 이들이 있을 것이다. 종교개혁자 칼빈을 포함하여 많은 개혁자들은 예배에서 회중이 공적으로 회개하고 하나님께서 용서의 말씀을 선포해 주시는 순서가 있어야 한다고 보았다. 예배 때마다 용서받아야 한다는 것이 이상한가? 우리는 이미 용서받지 않았나 싶은가? 예배는 용서받은 자들이 하나님께 나아가는 것이지, 용서받기 위해 예배로 나아가는 것은 아니지 않은가 물을 수 있다. 로마 가톨릭을 따라 하는 것이 아니냐고 지적하는 사람도 있을 것이다. 그러나 로마 가톨릭의 고해성사가 사적인 고백이라면, 개신교회의 이 순서는 공예배적인 것이다. 앞서 강조했지만 우리는 예배가 언약 갱신 예식이라는 것을 알아야 한다. 우리는 이미 용서받은 자들이지만 계속해서 용서받아야 한다.

예배의 다음 파트는 '하나님의 말씀'이다. 목사는 '성경 읽기'를 한다. 고대에는 구약과 신약의 말씀들을 연속적으로 읽었는데, 지금은 설교할 성경 본문을 읽는 것으로 축소되었다. 회중의 한 사람이 성경 본문을 읽을 수도 있는데, 읽기가 끝나면 설교할 목사가 그 성경 말씀에 성령께서 빛을 비추어 주시기를 요청하는 '조명의 기도'를 한다. 그리고 목사가 그 성경 말씀을 '설교'한다. 설교 후에는 회중이 '아멘'으로 화답한다. 우리 개신교회는 이 부분을 가장 중요하게 생각한다. 개혁자들은 설교가 지금도 계속되는 예언이라고까지 말했다. 설교는 하나님의 말씀이라는 것이 개혁자들의 확신이었다. 예배에서 설교자는 하나님의 입이 된다. 우리는 설교를 통해 하나님의 말씀을 들을 수 있다.

은혜의 방편이 말씀과 성례이지 않은가? 그렇다면 예배에서 말씀만이 아니라 성례도 있어야 한다. 말씀은 듣는 것이고, 성례는 체험하는 것이니 말이다. 우리 개신교회는 매 주일 성찬식을 하는 경우가 드문데, 이것은 너무나 아쉬운 일일 수밖에 없다. 세례는 매 주일 시행하기가 불가능하지만 성찬은 매 주일마다 시행할 수 있는데 왜 하지 않는 것일까? 허례허식虛禮虛飾이 많았던 중세 로마 가톨릭에 대한 반작용이 아닐까? 하나님의 말씀을 귀로만 들어도 충분하다고 생각하기 때문이 아닌가? 하나님께서는 연약한 우리를 위해, 육체를 가진 우리를 위해 하나님의 말씀을 체험하도록 해 주셨다. 그것이 바로 성례이다. 매 주일 성찬을 시행해도 된다. 매 주일 시행하면 습관적이 되고, 심지어 미신적이 되지 않겠냐고 염려하는 이들이 있다. 설교도 자주 하면 습관적으로 들을 수 있으니 한 달에 한 번씩 하자고 하면 어떻게 되겠는가? 과장된 표현인 것 같지만 우리가 예배하면서도 예배의 은혜를 온전히 누리지 못하는 것, 즉 성찬을 통해 은혜와 복을 충분히 누리지 못하는 것이 너무나 아쉽지 않은가?

'말씀의 사역' 이후에 예배는 어떤 순서를 가지는 것이 좋을까? 성례가 바로 따라 붙어야 하겠지만 매 주일마다 하지 않는다면 어떤 순서가 따라올까? 우리는 '말씀과 성례'만이 아니라 웨스트민스터 표준문서대교리 154문답, 소교리 88문답에 나타난 은혜의 방편에 의하면 기도도 포함된다는 것을 알아야 하겠다. 즉, 말씀 이후에 성례가 있듯이 기도도 있다. 많은 교회들에서 '목회 기도'라고 하는 것으로, 이 기도의 제목은 '기독교의 모든 필요를 구하는 기도'라고 정리할 수 있다. 예배 인도자인 목사가 대표로 하는 이 기도를 통해 우리는 어떤 것들을 간구해야 하는지를 배운다. 이로써 기도가 신앙 고백이요 신학이 된다. 그 다음으로 '자비의 사역'이 따라온다. 말씀의 사역이 나타나면 그것에 대한 자연스러운 반응이 바로 자비의 사역이다. 쉽게 말하자면 연보捐補, 곧 구제를 위한 헌금을 하는 것이다. 유럽의 개혁교회에서는 매 주일마다 집사회에서 요청하는 특별한 구제처를 위해 연보한다. 이제 예배의 끝부분에 이르면 회중은 마침 찬송을 하고 목사는 '강복 선언'으로 하나님의 복을 선언한다.

예배는 분명한 흐름을 가져야 한다. 예배는 중심을 가지되 일관된 흐름, 즉 물 흐르듯이 흘러가야 한다. 예배 순서들이 뚝뚝 끊어져서는 안 된다. 뒤죽박죽이어서는 안 된다. 하나님께서 부르시면 회중은 불러 주신 하나님께 회개한다. 회개한 우리에게 하나님께서 말씀해 주시고, 말씀해 주신 하나님께 우리는 기도하고 긍휼의 사역에 동참한다. 삼위 하나님께서는 그분의 회중에게 복을 선포해 주시고, 회중은 세상으로 나간다. 이렇게 예배가 자연스럽게 흘러가기 위해서는 중심점이 견고해야 한다.

설교의 경우를 예로 들어 보자. 교회 회원이 되어 신앙생활을 하던 어떤 분이 말했다. "목사님 설교는 '기승전그리스도'입니다"라고 말이다. 우리 교회 설교는 과정이 어떻게 되었든지 끝은 항상 그리스도라고 지적한 말이다. 이 말에 부정적인 의미가 아예 없지는 않았을 것이다. 늘 똑같이 끝난다는 말이었으니 말이다. 설교가 천편일률적이라는 말이었을 수도 있다. 그런데 사실 그분은 부정적으로 한 말이 아니라 긍정적으로 한 말이었다. 예배가, 그리고 설교가 분명한 흐름이 있다는 말이었으니 말이다. 우리 교회는 항상 그리스도를 지향한다는 말이었던 것이다. 우리 교회의 예배가 항상 그리스도를 지향한다고 말했으니, 이것보다 더 큰 칭찬이 어디에 있겠는가? 예배의 모든 순서에서 인간의 자랑과 공로가 아니라 그리스도의 은혜와 공로가 드러난다면, 예배는 중심점만이 아니라 분명한 흐름을 가지고 진행된 것이다.

3. 공공성을 띤 예배

예배의 형식과 관련하여 마지막으로 강조하고 싶은 것이 바로 공공성公共性이다. 공공성은 예배 정신의 문제일 뿐만 아니라 예배 형식을 지배하는 원리이다. 그런데 우리 시대를 지배하고 있는 정서는 공공성보다는 사사성私事性이다. 이것을 피부에 와 닿는 용어로 말하자면 '개인주의個人主義'이다. 개인주의의 맞은편에 '집단주의集團主義'가 서 있다. 서구라고 해서 집단주의가 없었겠는가? 그렇지만 서구 근대 문명이 개인주의를 꽃피웠다고 말할 수 있는 반면 동양에서는 여전히 집단주의가 강하다고 말할 수 있다. 그래서 우리 동양인들은 예배에 익숙한지 모르겠다. 함께하는 것 말이다.

이제 전 세계가 다 서구화되었기 때문에 우리에게도 개인주의가 미치는 영향력이 심대하다. 개인에 대한 강조가 가면 갈수록 커져 가고 있으니 말이다. 우리는 오롯이 나 홀로 서야 한다고 생각하니 말이다. 그래서 공예배는 가면 갈수록 뒷전으로 밀려난다. 공예배는 모두가 함께하는 것이기 때문에 내게 특별히 유익이 되는 것이 없다고 생각한다. 그러니 예배에는 형식적으로 참여하고, 예배 이후에 마음에 맞는 이들이 함께 무언가를 하는 것을 중요하게 생각한다. 그것으로도 유익을 얻지 못하면 홀로 하나님께 나아가려고 한다. 결국에는 나 홀로 하나님과 담판이라도 지어야 한다고 생각한다. 하나님과 나의 개인적인 관계가 무엇보다 중요하다는 생각이다. 이것이 바로 개인주의이다.

우리는 예배 형식이 사적인 것이 아니라 공적인 것이라는 사실을 강조해야 한다. 예배는 인류의 가장 중요한 공유 자산이라는 사실이다. 어느 누구도 예배를 사유화해서는 안 된다. 목사가 예배 순서 대부분을 인도하는 것을 두고 목사가 예배를 사유화한다고 비판하는 사람들이 있다. 그러나 목사가 인도한 예배가 그 자신이 아니라 그리스도를 드러낸다면 예배를 사유화하는 것이 아니라 공적으로 행하는 것이다. 예배 사유화의 문제는 몇몇 직분자들이 예배 순서를 도맡아 하는 문제가 아니라 공공의 유산인 예배를 사적인 목적을 위해 사용하는 것이다. 앞에서 살펴보았듯이 중세시대에 공예배가 사유화되는 현상이 있었다. 귀족들이 돈으로 예배당 안의 특정 공간, '트란셉트'를 사서 사제를 고용하여 자기 가족을 위해 복을 빌어 주고 미사를 드리게 한 그것 말이다.

요즘의 예를 들어 보자. '찬송의 사유화'를 지적할 수 있다. 찬양대가 조심해야 할 부분이 바로 이것이다. 종교개혁자들은 성가대를 없앴음에도 불구하고 현대의 개신교회들은 오히려 성가대를 더 키우고 있다. 성가대가 회중의 찬양을 가로채고 있다면 그것도 찬송의 사유화라고 부를 수 있을 것이다. '기도의 사유화'도 있을까? 소위 말해서 대표 기도를 하는 이들이 기도를 회중에게 자기가 하고 싶은 말을 하는 용도로 사용한다면 그것이 기도를 사유화하는 것이라고 말할 수 있다.

물론 '설교의 사유화'도 있을 것이다. 설교는 하나님 말씀의 공적인 선포임에도 불구하고 설교자 개인의 종교적 체험을 자랑하거나 신앙이나 시국에 대한 사사로운 견해를 발표하거나 한다면, 그것이야말로 복음의 가장 심각한 사유화라고 불러야 할 것이다. '연보의 사유화'는 어떤가? 연보, 특히 십일조를 구약 시대처럼 생각해서 목사가 다 가져가 버린다면 연보의 사유화라고 불러야 할 것이다. 그런데 연보의 사유화는 헌금의 용도가 원래 목적인 구제로부터 점차로 멀어질 때에 교회가 연보를 사유화하는 것이라고 말할 수 있을 것이다. 이렇듯 우리의 예배 순서 하나하나가 다 공공성을 위한 것에서 빗나가서 사유화될 수 있다.

개신교회는 로마 가톨릭과 비교하면 예배가 덜 형식적으로 보인다. 개신교회의 예배는 예배 인도자가 순서에 얽매이지 않고 자유로우니 말이다. 그러다 보니 예배 인도자의 즉흥적인 발언, 예상되지 않은 발언으로 회중이 깜짝 놀라게 되는 경우가 종종 있다. 예배의 전통적인 형식을 타파하게 된 것은 경건주의敬虔主義, Pietism의 영향이 크다. 종교개혁 이후에 18세기에 이르러 신앙의 공적 지식을 최고로 중시하는 개신교 정통주의正統主義, orthodoxy에 대한 대항으로 신앙적 체험을 중시하는 경건주의가 독일 지역을 중심으로 유행했다. 그러면서 예배의 공공성이 사적인 것으로 기울기 시작했다. 하나님과의 개인적인 친밀한 만남이 강조되었기 때문이다.

그러면서 많은 교회들이 예배의 형식과 절차를 무시하기 시작했다. 신자 개인들이 성령에 감동하여 예배하는 것이 무엇보다 중요하다고 생각했기 때문이다. 경건주의자들은 예전예식서야말로 예배를 너무 형식적으로 만드는 것이라고 보아 중요시하지 않았다. 뿐만 아니라 성령의 역사를 원천적으로 차단하는 것이라고 생각하기까지 했다. 예배 안에서 무엇보다 중요한 것은 신자 개개인이고, 그 개개인이 하나님과 개인적으로 교제하는 것이라고 생각했다.

그러나 예배에서 중요한 것은 하나님과의 개인적인 만남이 아니라 하나님과의 공동의 만남이다. 나 혼자 만난 하나님이 아니라 회중이 함께 만난 하나님이다. 이렇게 하나님을 함께 만나야 하나님의 뜻을 말할 수 있다. 나 혼자 '이게 하나님의 뜻이다'라고 우겨 봐도 아무런 소용이 없다. 공예배가 있고, 예배하는 회중이 있어야 '하나님의 뜻이 이것이다'라는 것을 말할 수 있다. 이렇게 예배의 공공성이 무엇보다 중요하다는 것을 안다면 우리는 예배 원리와 예배 흐름만이 아니라 예배 순서에 대해서도 공적으로 접근해야 한다. 그러나 대부분의 한국 장로교회에서는 예배의 문제를 개체교회의 당회에 맡기고 있다. 노회와 총회의 직무에는 예배에 관련된 것이 없다.

이에 반해 유럽 개혁교회들은 예배를 '공적인 일'이라고 생각해서 총회에서 관련된 문제를 다루어 왔다. 오랜 논의의 과정을 거쳐서 예배의 순서를 확정하여 두 가지 정도의 예배 모범을 만들어 제시한다. 이로써 특정 교단에 속한 교인이 다른 지역으로 이사를 하더라도, 그 교단의 다른 교회에 속해서 예배한다면 동일한 형식으로 예배를 하게 될 것이다. 이것이 바로 교단의 의미이다. 예배가 같으니 은혜의 방편이 동일하게 신실하게 나타나는 것을 통해 하나됨을 누릴 수 있다. 같은 교단에 속해 있다면 어느 교회에서 예배하든지 동일하게 예배한다고 느낄 수 있어야 하지 않겠는가? 그것이야말로 실질적인 연합을 누리는 것이 아닌가? 이것이 개체교회의 예배 재량권을 없애고 예배를 획일화시키는 것이라는 지적을 받을 수 있다. 그러나 우리는 한 하나님을 섬기고 있기에 하나의 생활 방식뿐만 아니라 하나의 예배를 하는 것에 관해 고심해야 하겠다.

예배 형식과 관련하여 '예전예식서'의 역할도 생각해 보아야 하겠다. 웨스트민스터 표준문서의 하나인 '예배 지침Directory for Public Worship'의 서문에서는 예식서에 관해서 언급하고 있다. 영국 성공회가 로마 가톨릭의 미신과 우상 숭배적인 요소들을 떨쳐 버리고 '공동기도서Book of Common Prayer'를 발간하여 예배를 도왔지만, 그것조차 참된 예배를 하는 데에 방해가 되었다고 밝힌다. "그 이유는 말할 것도 없이 기도마다 다 읽으라고 권면하여 대단히 부담감을 가중시키며 거기에 있는 쓸데없고 짐스러운 예식들이 대단히 많은 수의 목사들과 교인들의 양심을 편치 못하게 하며 많은 불행을 낳는 동기가 되고 있기 때문이다." 그래서 웨스트민스터 예배 지침은 말 그대로 예배의 순서를 정하는 모범이 아니라 예배의 원리와 요소를 밝히는 것에 집중한다.

우리는 예전예식서와 예배 지침의 중간의 길을 가는 것이 좋겠다. 예배 지침을 잘 적용한 예전예식서가 필요하다는 말이다. 예를 들어 우리는 공예배에서도 즉흥 기도를 하는데, 기도문의 도움을 받는 것이 좋겠다. 교회 전통에서 내려온 좋은 기도문은 우리의 예배와 기도를 발전시키는 데에 큰 도움을 줄 것이다. 잘 갖추어진 예식서는 예배의 공공성을 구현할 수 있을 뿐만 아니라, 예배를 빈곤하지 않고 풍성하게 할 것이다.

예배의 공공성을 설교와 관련하여 생각해 보자. 우리는 설교라는 것이 얼마나 공공적인지를 알아야 한다. 그런데 설교가 너무나 편파적인 경우가 많다. 요즘에는 설교가 설교자의 정치색을 드러내고, 설교자의 개인적인 주장을 강변하는 것이 되곤 한다. 유명 설교자들의 설교가 녹화되어 세상 방송에서 조롱거리가 되기도 한다. 그러면 그 설교자는 항변한다. 그 설교는 예배당에서 믿는 자들에게 한 것인데 그 문맥이 제거된 채 방송되어서 문제가 되었다고 말이다. 도대체 뭐가 문제냐고 말이다. 목사가 그렇게 타 종교를 비방하지도 못하냐고 말이다. 그런데 설교는 믿는 자들이나 믿지 않는 자들을 다 대상으로 하는 것이 아닌가? 설교는 온 세상을 위한 공적인 복음 선포가 아닌가?

우리는 예배, 특히 설교가 공적으로 기여해야 한다는 것을 잊지 말아야 하겠다. 우리는 우리의 예배가 온 세계적인 중요성을 지니고 있다는 것을 알아야 한다. 아무리 작은 교회에서, 시골 한 구석에서 예배한다고 하더라도, 그 예배가 생방송으로 온 세계에 중계된다고 생각해야 한다. 우리 예배가 세련되지 못하고, 너무나 아마추어 같다고 하더라도 그 예배는 공공성을 지니고 있다. 왜냐하면 예배 형식 하나하나는 온 세상을 위한 복음 선포이기 때문이다.

정리

예배는 정신이 중요하지만 형식도 그것 못지않게 중요하다. 내용이나 정신은 반드시 형식 속에 담아야 전달이 되기 때문이다. 예배는 하나의 뚜렷한 형식을 취한다. 교회가 공교회이듯이 예배의 형식은 공공성을 추구해야 한다. '우리 교회의 예배 형식은 다른 교회와 다르다, 아주 독특하다'는 것을 자랑해서는 안 된다. 우리 예배는 이단과는 달라야 하겠지만, 타종교와는 달라야 하겠지만, 다른 교회의 예배 형식과 다르다는 것을 강조하는 것은 공공성이 없다는 말이다. 우리의 예배 형식이 공공성을 추구할 때 비로소 누구에게나 호소력이 있다. 모든 예배는 세상을 정죄하여 사람을 불편하게 만들면서, 동시에 구원을 선포하여 기쁨을 준다. 우리의 예배는 폐쇄적이거나 비밀스러운 모임이 아니기에 누구에게나 호소력이 있어야 한다는 것을 유념해야 하겠다.

예배가 그저 특정한 종교적 형식을 이행하는 것에 불과해서는 안 된다. 그 형식에 질서와 흐름과 공공성을 가득 담아야 한다. 한마디로 말해 예배는 단정해야 한다. 예배가 천박한 감정을 부추기는 것이 아니라 오히려 그것을 억누르고 세례 주는 것이어야 한다. 동시에 예배는 분명한 흐름을 가지고 진행되어야 한다. 처음과 끝이 서로 호응하고, 중심을 가지고 있기에 흐트러지지 않고 모든 순서가 하나의 분명한 목표를 향해 달려가야 한다. 시작이 있고, 전개가 있고, 클라이맥스를 향해 달려가고, 마지막에는 한곳으로 수렴되어야 한다. 그곳은 바로 그리스도이다.

예배의 형식이 공공성을 담보해야 한다는 것도 유념해야 하겠다. 우리가 인류의 공동 유산이 보관되어 있는 박물관에 가면 그 유물들이 지금의 나를 형성한 것이라고 생각해서 애착을 가지고 유심히 살피지 않는가? 그것처럼 기독교회의 예배는 특정한 종교의 예배에 불과한 것이 아니다. 우리는 온 세계 전체를 창조하시고 다스리시고 새롭게 회복하기를 원하시는 하나님께 예배하기에, 우리의 예배는 누구에게든지 유익을 끼칠 수 있어야 한다. 불신자들은 예배로 정죄를 받아 기분이 나빠질 수도 있으나, 마음이 겸손한 사람이라면 누구나 그 예배가 의미가 있다는 것을 발견할 수 있다. 우리는 예배야말로 인류의 가장 귀중한 공적 유산이라는 사실을 잊지 말고 예배의 형식이 곧 세상이 추구해야 할 존재 방식이라는 것을 드러내야 하겠다.

함께 나누기

1. 예배가 무질서함이 아니라 질
서와 단정함 가운데 진행되어
야 한다는 것, 그러면서도 우
리는 그 예배를 통해 충분히
자유를 누릴 수 있다는 것에
대해 이야기해 보자.

2. 예배가 중구난방이어서는 안
되고 분명한 흐름을 가져야
하며, 특히 중심이신 그리스
도를 통해 모든 예배 순서가
물 흐르듯이 잘 진행되어야
하는 이유에 대해서 이야기
해 보자.

3. 예배의 공공성이란 무엇인지
이야기해 보고, 예배 형식으
로 공공성이 어떻게 구현되어
야 하는지를 이야기해 보자.

12장
예배와 체험

예배는 회중이 인도자의 말재주를 감상하는 것이 아니라 회중 전체가 하나님을 만나는 거룩한 체험을 하는 것이다. 예배는 움직임으로 가득 차 있고, 우리의 몸을 새롭게 하고, 우리의 삶을 새롭게 형성한다. 아무런 움직임도, 아무런 변화도 없는 것 같은 예배, 어떤 경우에는 소란스럽기만 한 예배가 얼마나 놀라운 움직임과 변화와 체험으로 가득 차 있는지를 알아야 하겠다. .

서론

현대 사회를 '포스트모던postmodern 사회'라고 부른다. 이 말은 '후기 근대 사회'라고 번역할 수 있겠다. 후기 근대 사회의 사람들은 체험을 무엇보다 중요하게 생각한다. 이성의 시대였던 전기 근대가 저물고 감성의 시대가 도래했다. 공적 이론의 시대가 저물고 사적 체험의 시대가 도래했다. 이제 더 이상 이론은 중요하지 않고 시도하고 경험하는 것이 중요한 시대가 되었다. 과학과 기술의 발전이 이것을 부추기고 있다. 이제 그 어떤 이론이라도 실험을 통해 사실이라고 입증이 되어야 받아들인다. 이제 세계를 포괄적으로 논하는 거대 담론巨大談論, metadiscourse은 힘을 잃었고, 우리 주위의 사소한 이야기가 훨씬 더 중요한 시대가 되었다.

이러한 경향은 실용주의實用主義와도 맞닿아 있어서, 사람들은 자신에게 유익하지 않으면 아무리 심각한 이야기라도 지루하게 느낀다. 나에게 아무런 유익을 주지 않는 거대한 이론과 이야기가 무슨 소용이 있단 말인가? 쉽게 말해 보자면, 이제는 소수 대표자들의 공적인 발언권이 잘 통하지 않는 시대가 되었다. 여전히 권력을 쥐고 있는 사람들이 큰 발언권을 가지고 있고, 그래서 다른 이들의 입에 재갈을 물리기도 하지만, 이곳저곳에서 터져 나오는 말들과 글들을 결코 막을 수 없다. 이렇게 수많은 말이, 글이 터져 나오니 말과 글로 사람들의 생각을 사로잡는 것이 대단히 어려운 일이 되었다. 이제는 어떤 이론이나 원리보다는 공감할 수 있는 누군가의 경험을 진솔하게 이야기할 때 사람들이 귀를 기울인다. 그러다 보니 경험이 없는 사람은 할 말이 없어졌다. 누군가 말을 하려고 하면 다들 '저 사람이 어떤 경험을 했는데 말하고 싶어 할까'라고 생각한다. 체험이 말을 만들어 내고 있는 시대이다.

'예배는 말이 아니라 체험'이라고 하는 사람들이 많다. 맞는 말일까, 틀린 말일까? 어느 정도 맞는 말이다. 연극이나 음악회를 구경하는 것도 놀라운 체험인데, 하나님을 예배하면서 체험이 없다고 할 수 없다. 예배는 놀라운 체험이다. 세상 그 어떤 체험보다 더 놀라운 체험이 바로 예배 체험이다. 예배 형식이 이미 너무 고정되어 있어서 하나도 예측을 벗어나지 않는다고 생각해도, 예배는 매 순간이 새로운 놀라운 체험의 시간이다. 우리 개신교회의 예배는 말이 너무 많아서 침묵 가운데 하는 체험의 중요성을 모른다고 할 수 있다. 물론 예배가 침묵으로만 이루어질 수는 없다. 분명히 말을 해야 한다. 그렇지만 말 그 자체보다 더 중요한 것은 말을 통한 체험의 전달이다.

설교의 경우를 보더라도, 설교가 말에 불과한 것이 아니지 않은가? 사도 바울이 한 말이 있지 않은가? 사도는 고린도교회를 향해 "내 말과 내 전도함이 설득력 있는 지혜의 말로 하지 아니하고 다만 성령의 나타나심과 능력으로 하여 너희 믿음이 사람의 지혜에 있지 아니하고 다만 하나님의 능력에 있게 하려 하였노라"고전2:4-5라고 하지 않았는가? 목사의 설교는 말재주나 말장난이 아니다. 설교는 하나님의 능력의 말씀을 나타나는 것이다. 이것이 바로 예배 전체에 적용되어야 하지 않겠는가?

예배는 하나님의 능력이 나타나는 것이기에 우리는 예배를 통해 하나님의 능력을 체험할 수 있다. 그러나 예배 때 이 놀라운 체험을 도무지 하지 못하는 경우가 많다. 이번 강의에서는 예배에서 우리가 무엇을 체험하는지를 살펴보려고 한다. 예배는 움직임으로 가득 차 있다는 것, 예배가 우리의 몸을 새롭게 만든다는 것, 예배가 좋은 삶을 형성한다는 것을 살펴보려고 한다.

1. 움직임으로 가득 찬 예배

예배가 정적靜的이어야 하는지, 아니면 동적動的이어야 하는지 물어볼 수 있겠다. 예배는 당연히 동적이어야 하는데, 문제는 예배에 참석하는 모든 이들이 다 동적일 수는 없다는 것이다. 그러니 이 물음에는 대개가 예배가 누구에게는 정적이고 누구에게는 동적이라고 말할 것이다. 쉽게 말하자면 예배에서는 예배를 인도하는 목사만 움직이고 있다고 생각한다. 예배를 목사의 원맨쇼one-man show라고 말하기도 한다. 회중은 회중석에 가만히 앉아 있기만 하면 된다고 생각한다. 물론, 한 번씩 '일어섰다가 앉았다가'를 반복하지만 말이다.

이 서고 앉는 것도 개신교회와 로마 가톨릭이 차이가 있다. 개신교회의 예배는 일어서고 앉는 것도 거의 없다. 누군가가 군대에서 경험했다고 하는 이야기가 있다. 일요일 작업에서 빠지고도 싶고, 또 먹을 것을 준다고 하니 로마 가톨릭 미사에 참석했다고 한다. 그런데 졸려고 하면 일어서라고 하고, 다시 앉아서 졸려고 하면 또 다시 일어서라고 하니 도저히 졸 수가 없어서 다시는 가지 않았다는 것이다. 로마 가톨릭 미사는 일어서고 앉기를 반복하니 그나마 움직임으로 가득 차 있음을 볼 수 있어서 좋다고 할 수 있을까?

예배에서 실제로 일어나는 움직임에 관해 이야기해 보자. 회중이 먼저 움직인다. 회중이 서로 인사하고는 자기 자리에 앉는다. 회중이 예배하는 자리로 나아와 앉는 것이야말로 얼마나 많은 움직임을 담고 있는 것인지 말로 다할 수 없다. 회중은 그냥 앉는 것이 아니라, 온 세상을 들고 그 자리에 나왔기 때문이다. 자신의 모든 염려와 걱정을 고스란히 가지고 그 자리에 앉았다. 누구 한 사람 그 자리에서 자기 이야기를 하지 않은 채 조용히 앉아 있지만, 사실 그 자리는 분주하게 요동친다. 불안과 염려로 요동치고, 예배 도중에도 자리를 들썩이면서 움직이려고 한다. 예배하는 자리에는 세상의 모든 활동이 다 들어와 있다.

믿는 회중은 이제 자신의 활동이 아니라 하나님께서 활동해 주실 것을 기대한다. 회중은 예배당에 착석하면서 그동안의 모든 활동을 내려놓고 자신의 모든 활동이 기원하는 곳을 바라본다. 십계명에서 말씀하지 않는가? "엿새 동안은 힘써 네 모든 일을 행할 것이나 일곱째 날은 네 하나님 여호와의 안식일인즉 너나 네 아들이나 네 딸이나 네 남종이나 네 여종이나 네 가축이나 네 문안에 머무는 객이라도 아무 일도 하지 말라"출20:9-10 우리가 주일에 예배하는 자리에 앉는 것이야말로 하나님을 의지하는 가장 믿음직스러운 활동이다. 회중석에 앉기까지 얼마나 힘들었는가? 또한 그 자리에 앉아서도 여전히 불안하지 않은가? 하나님께서는 여전히 분주하게 활동하려고 하는 우리의 욕구를 억누르시고 하늘의 활동으로 우리의 허한 심령과 육체를 소생시켜 주신다.

예배를 인도하는 이들의 움직임을 보자. 그 사소한 움직임을 통해 우리는 큰 은혜를 누릴 수 있다. 예배를 인도할 목사와 예배 인도를 위임할 장로가 회중석을 가로질러 행진한다. 이때 회중은 그 자리에서 일어서서 예배를 인도하는 이들을 맞이한다. 회중석을 가로질러 강단 아래에 선 목사와 장로가 '악수례握手禮'를 한다. 이것은 장로가 당회를 대표하여 하나님께서 맡겨 주신 예배 인도의 권한을 목사에게 위임하는 것을 보여 준다. 목사는 개인 자격으로 예배를 인도하는 것이 아니다. 목사는 예배 인도를 위임받았기에 기꺼이 예배를 인도한다. 예배는 목사 개인의 능력에 좌우되는 것이 아니다. 그 악수례를 지켜보는 회중은 목사를 개인으로 바라보아서는 안 된다. 하나님께서 목사에게 예배 인도를 맡기신 것을 보았으니, 목사가 얼마나 매끄럽게 예배를 인도하는지, 특히 설교를 얼마나 잘 하는지 보자는 식으로 생각해서는 안 된다. 회중은 목사의 움직임을 보면서 하나님께서 어떻게 자기들에게 찾아오시는지를 확인할 수 있다. 얼마나 복된 움직임인가.

이제 다시 회중의 움직임을 살펴보자. 예배가 시작되면 온 회중은 일어선 채로 하나님을 향해 충성을 고백하고, 하나님의 인사를 듣고, 하나님을 향해 찬송한다. 앞에서 언급했듯이 이것이 바로 예배 시작의 세 요소이다. 온 회중이 일어선다는 것은 그들이 하나님 앞에 서 있다는 것을 보여 준다. 회중은 서로를 바라보면서 동시에 함께 하나님 앞에 서 있다. 일어서는 것은 단순한 움직임이 아니다. 우리는 존경받을 만한 사람이 가까이 오면 으레 앉아 있다가도 일어서서 예를 표한다. 이것처럼 우리는 하나님을 향해 선다. 사실, 우리는 예배하는 내내 서 있어도 된다. 하지만 피곤해지기 쉽기에 앉는다. 우리는 대부분 앉아서 예배한다고 하더라도 마음으로는 하나님 앞에 서 있어야 하겠다. 예배는 천지 만물을 대표하여 회중이 천지 만물을 지으신 하나님 앞에 서는 것이다.

예배 때 회중은 앉아 있다가 또 다시 서는데, 그때는 하나님께서 우리에게 말씀을 하실 때다. 개신교회에서는 흔히 성경 낭독을 할 때 다들 앉아 있지만, 사실 일어서서 하나님께서 하시는 말씀을 듣는 것이 좋겠다. 설교가 곧 하나님의 말씀이지만 회중이 설교하는 시간 내내 서 있을 수는 없지 않은가? 그러니 성경을 공적으로 읽는 시간만큼은 서서 듣는 것이 좋겠다. 우리는 '주님 말씀하옵소서, 주의 종이 듣겠나이다'라는 심정으로 서서 설교할 본문의 성경 구절을 듣는 것이 좋겠다.

성찬식은 회중이 또 다시 일어설 수 있는 기회다. 한국교회는 회중이 많다 보니 회중석에 앉아서 떡과 잔을 받는 경우가 많다. 회중석 끝자리에 앉아 있는 이들을 위해서 회중이 떡 그릇과 잔 그릇을 전달받아서 먹고 마시고는 다시 손에서 손으로 전달해서 성찬 봉사위원에게 돌려준다. 이것과 달리 유럽의 개혁교회에서는 회중이 나와서 성찬상에 앉는다. 그리고는 떡과 잔을 돌려서 먹고 마신다. 회중석에서 일어나 나와서 성찬상에 앉는 움직임을 생각해 보자. 단순히 일어섰다가 앉는 것이 아니라 일어서서 성찬상으로 걸어 나와 앉는다. 이 일어섬, 걸어나옴, 앉음이야말로 우리가 천상으로 나아가는 것을 분명하게 경험하는 것이다. 하나님 보좌 우편에 계신 그리스도께로 나아가는 것이다. 우리는 이 땅에 있는 식탁이 하늘 식탁으로 이어지는 것을 경험할 수 있다.

기도할 때는 어떤가? 예배 중에 기도할 때 어떤 태도를 취하는가? 우리는 의자에 앉은 채 머리를 살짝 숙이고 두 손을 모으고 기도한다. 요즘은 두 손을 모으지도 않는 세태지만 말이다. 옛날에 의

자가 없이 바닥에 앉아서 예배했을 때를 생각해 보라. 힘들어서 예배 시간 내내 무릎을 꿇고 있을 수는 없었기에 기도할 때만큼은 무릎을 꿇었다. 기도하는 시간만큼은 우리의 몸과 마음을 하나님께 집중하는 시간이라고 생각했기 때문이다. 기도야말로 우리가 인격 전체를 주님 앞에서 공손히 낮추는 것이다. 정작 성경 낭독하는 시간에 무릎을 꿇지는 않은 것은 아이러니다.

로마 가톨릭교회 예배당에는 독특한 의자가 있다. 좌석 아래 부분에 무릎을 꿇을 수 있는 판이 있다. 내리고 올릴 수 있도록 만들어서 기도하는 시간에 그 판을 내려서 그 위에 무릎을 꿇는다. 두 손은 모아서 선반에 올려놓는데, 팔꿈치까지 올라가기에 머리가 두 손에 닿도록 숙이고 기도한다. 전통적으로는 기도할 때 헌신하는 태도로 머리와 두 팔과 다리를 땅에 대는 오체투지五體投地를 하는데, 좁은 회중석에서 그렇게 할 수 없으니 그렇게라도 주님께 자신을 낮추어 기도하는 것이다. 이런 기도의 움직임이 얼마나 아름다운가!

예배 마지막 부분에서 회중은 다시 한 번 더 일어선다. '파송 예식'이라고 할까? 회중은 이제 세상으로 나가기 위해 일어선다. 회중은 일어서서 마침 찬송을 하고 강복 선언을 보고 듣는다. 마침 찬송은 세상으로 나가는 군사들의 행진곡이라고 할 수 있고, 강복 선언은 우리의 삶 전체를 지배하는 복을 보여 준다. 성공회에서는 사제가 간단한 파송 선언을 한다. "나가서 주님의 복음을 전합시다, 나가서 주님의 평화를 이룹시다, 나가서 주님의 사랑을 나눕시다." 아주 실질적인 말이다. 예배가 끝나면 예배 인도자인 목사가 강단에서 내려와 장로와 다시 악수한다. 이 악수는 목사가 예배를 잘 인도해 준 것에 대한 감사의 표현이다. 목사는 회중석을 가로질러 예배당 입구로 나아가고 회중은 예배를 섬긴 직분자들과 악수하면서 감사를 표하고 세상을 향해 나간다. 이렇게 단순히 일어서고 앉는 것을 통해 우리는 예배가 얼마나 아름다운 활동으로 가득 차 있는지를 알 수 있다.

2. 몸을 새롭게 하는 예배

예배는 몸과 관련이 깊다. 예배는 몸을 떠나서 할 수 없다. 예배는 정신적인 활동에 국한된 것이 아니라 몸의 활동이다. 사도 바울도 말하지 않았는가? "너희 몸을 하나님이 기뻐하시는 거룩한 산 제물로 드리라"롬12:1라고 말이다. 여기서 "드리라"로 번역된 단어는 몸의 모습을 아주 구체적으로 드러내는 표현이다. '꼿꼿이 세우라'라는 뜻이다. 우리는 우리의 몸을 꼿꼿이 세워서 하나님을 예배해야 한다. 예배는 우리의 영혼이 하는 것이 아니라 우리의 몸이 하는 것이기 때문이다.

예배하는 몸이 중요하다. 예배하기 위해 몸을 잘 준비해야 한다. 예배하기 위해 토요일부터 몸을 준비해야 한다. 토요일 저녁에 일찍 잠을 자야 한다. 그래야 주일에 예배할 때 피곤해서 졸거나 집중하지 못하는 일이 발생하지 않을 것이다. 우리의 몸은 무한대의 긴장을 견딜 수 없기 때문에 토요일에 어떻게 준비하고 쉬느냐에 의해 주일예배가 결정된다고 말할 수 있다. 예배를 인도하는 목사에게는 이 부분이 더 중요할 것이다. 목사는 예배를 인도해야 하고, 거의 쉴 새 없이 말을 해야 하기 때문에 목소리도 잘 준비해야 한다. 목사는 주일에 최상의 목소리가 되어야 한다. 농담 같은 이야기이지만, 목감기에 걸리더라도 주일이 지나서 걸려야 한다. 목사는 주일에 예배를 인도할 때에 최상의 몸 상태가 되어야 한다.

신자는 예배할 때 모든 감각 기관을 동원해야 한다. 그래야 예배를 제대로 할 수 있다. 우선, 시각이다. 사람에게는 보는 것이 중요하다. 로마 가톨릭과 동방 정교회는 보는 것을 중요하게 생각한다. 그들의 성당에는 성화聖畵, 성상聖像, 성유물로 가득하다. 교회 건물이나 예배당은 들어섰을 때 시선을 확 잡아끈다. 예배당과 여러 가지 형상들은 천상의 장면을 지상에 펼쳐 보이려는 열망을 잘 드러내어 준다. '보는 것이 믿는 것이다'라는 말은 좀 지나친 말이지만, 우리가 보지 않고서는 믿을 수 없다. 교인들은 시각이 발달해 있다. 보는 것에 예민하다. 사실, 우리 개신교회 예배는 시각을 중요하게 생각하지 않는다. 듣는 것이 중요하다고 생각하니 말이다. 그래서 로마 가톨릭과 동방 정교회 예배는 기본적으로 '보는 예배'라고 말할 수 있고, 우리 개신교회의 예배는 '듣는 예배'라고 말할 수 있다.

우리 개신교회는 십계명의 제2계명을 지키기 위해 신앙적 그림과 형상을 전부 타파했다. 그런데 지금은 형상과 그림이 점차로 도입되고 있다. 사람에게 있는 미적인 감각, 특히 시각을 통한 미감을 외면할 수 없기 때문이다. 보는 것과 듣는 것을 대립시킬 필요는 없다. 우리 개신교회가 보는 것을 등한시했기 때문에 중세적 우상 숭배를 벗어날 수 있었는지 모르겠지만, 우리는 여전히 눈에 끌리는 그 무엇을 추구하지 않는가. 우리는 말씀도 눈에 보이게 생생하게 전달해 주기를 바라지 않는가? 말씀이 활자에 머물러 있는 것을 넘어 우리에게 기적을 베풀어 주기를 기대하지 않는가? 우리가 말씀, 즉 설교에 주목하는 이유는 그것이 우리를 즐겁게 해 주고 우리에게 놀라운 기적을 베풀어 줄 것이라고 생각하기 때문이 아닌가? 이렇게 우리가 말씀이 기적을 일으킬 것이라고 기대하고 있다면 성유물 경배와 다르지 않을 것이다.

예배는 기본적으로 우리의 감각 기관, 특히 시각과 청각에 호소한다. 예배는 시각과 청각뿐만 아니라 우리의 후각과 촉각과 미각도 자극한다. 우리의 후각을 자극하는 것이 무엇일까? 예배 때 어떤 냄새가 나는가? 지하 건물의 예배당에서 예배하는데 곰팡이 냄새가 난다면, 이것은 우리의 몸에도 좋지 않고 기분도 썩 좋지 않을 것이다. 예배 때 좋은 향을 뿌리면 어떨까? 과하게 인공적인 향은 역하게 느낄 수 있을 것이다. 전통적으로는 종교들은 예배에서 향을 적극적으로 사용해 왔다. 로마 가톨릭과 동방 정교회도 예배 때 향을 사용한다. 그래서 예배당이 향내로 가득하다. 예루살렘 성전에서 향내가 가득했던 것은 짐승의 피 냄새를 제거하기 위한 목적도 있었다. 신약 시대에는 짐승을 잡아 제사하지 않음에도 불구하고 향을 사용하는 이유는 무엇일까? 그 향이 잡귀를 물리치기 위한 미신적인 것이라면 문제가 있다. 동양 문화에서는 제사할 때 향을 피우기 때문에 예배 때 향을 피우는 것이 이상하다고 생각할 것이다. 로마 가톨릭과 동방 정교회는 향을 성도들의 기도와 함께 하나님께 올려 드리려계8:3-5 적극적으로 사용하고 있다.

예배가 우리의 촉각을 어떻게 자극할까? 예배 때 만지는 것이 있는가? 개신교회에서는 예배 때 특별히 만질 수 있는 것이 거의 없다. 그런데 촉각과 미각을 자극하는 것이 바로 세례와 성만찬이다. 물이 우리의 머리에 부어질 때에 그것이 머리와 얼굴과 목덜미를 타고 내려올 때 선뜻한 느낌을 준다면 좋지 않다. 미지근한 물을 사용하는 것이 좋을 것이다. 물을 머리 위에 붓는다는 것이 의미심장하다. 우리는 세례 때 물속에 완전히 잠겨 죽는 것을 경험할 수 있다. 그 물에서 나와 다시 사는 것을 경험할 수 있다. 물의 상징성이 얼마나 큰지 모른다.

성찬상은 우리에게 또 다른 경험을 하게 한다. 식사하는 경험 말이다. 우리는 빵을 떼어서 먹는다. 잔을 받아 마신다. 빵이 우리의 혀에 와 닿고, 포도주가 촉촉하게 내 혀를 적신다. 그 빵과 포도주가 목구멍으로 흘러 들어간다. 우리는 빵을 꿀컥 삼키고, 포도주를 홀짝 마시고는 목구멍으로 꿀꺽 넘긴다. 우리는 빵의 달콤함과 포도주의 시큼함을 맛본다. 교리문답에서는 이 떡과 잔을 맛보는 것을 통해 우리가 확실하게 그리스도를 누린다는 것을 고백하고 있다. "그리스도의 살과 피의 확실한 표로서, 주님의 떡과 잔을 내가 목사의 손에서 받아 입으로 맛보는 것처럼 확실히, 주님께서는 십자가에 달리신 그의 몸과 흘리신 피로써 나의 영혼을 친히 영생에 이르도록 먹이시고 마시우실 것입니다."하이델베르크 교리문답 75문답 중

하나님께서는 창조주로서, 그리고 곁에 계신 그리스도의 상처 입은 몸을 통해 우리의 몸을 잘 아신다. 우리가 보는 존재요, 듣는 존재요, 냄새 맡는 존재요, 느끼고 맛보는 존재라는 것을 아신다. 하나님께서는 눈에 보이지 않는 우리의 영혼만이 예배하기를 원하시는 것이 아니다. 하나님께서는 우리의 몸이 예배하기를 원하신다. 하나님께서는 아드님의 몸을 받으셨기에 우리의 몸도 받기 원하신다. 하나님께서는 우리의 모든 신체 기관을 만족시키신다. 하나님께서는 우리의 몸 구석구석을 만족시켜 주기를 원하신다. 하나님께서는 우리에게 보여 주시고, 들려주시고, 냄새 맡게 하시고, 느끼게 하시고, 맛보게 하신다. 하나님께서는 우리의 오감을 사로잡아 불편하게 하시는 것이 아니라 만족시켜 주신다.

우리는 다른 그 어떤 활동을 통해서 경험할 수 없었던 것을 예배를 통해 경험할 수 있다. 우리는 예배를 통해 우리의 모든 감각 기관이 살아나는 것을 경험할 수 있다. 성경이 신자를 어떤 존재로 그리고 있는가? 신자는 죄에 대하여 죽고 의와 하나님에 대하여 살아났다고벧전 2:24 말씀하지 않는가? 신자는 새로운 감각을 가지게 되었다는 말이다. 옛 감각이 죽고 새로운 감각이 살아났다는 뜻이다. 그렇다. 신자는 예배를 통해 자신의 몸과 감각이 새로워지는 것을 경험한다. 뱀이 허물을 벗듯이 신자는 예배를 통해 허물을 벗고 새롭게 태어난다. 예배는 우리의 몸과 감각까지 새롭게 한다. 우리가 헬

스를 열심히 하지 않아도 예배를 통해 우리의 몸과 감각이 새롭게 살아나는 것을 경험할 수 있다. 예배를 잘한 신자는 그의 몸마저 좋아지고, 감각마저 새롭게 되는 것을 경험할 수 있다.

3. 삶을 형성하는 예배

우리는 예배를 일상의 삶과 비교하곤 한다. 예배보다 중요한 것은 우리의 삶이라고 말이다. 그래서 '삶의 예배'라는 말을 종종 쓴다. 우리가 하는 형식적인 예배가 중요한 것이 아니라 삶이 예배가 되어야 한다고 말한다. 이 생각이 지나치면 예배가 삶을 방해한다는 생각으로까지 이어질 수 있다. 삶이 예배가 되면 공예배는 필요 없는 것인가? 공예배를 강조하지 않아야 삶이 예배가 되는 것인가? 공예배를 미신적인 것이라고 생각하는 이들이 있다면 문제가 심각하다.

한편, '예배에 목숨을 걸라'는 말이 도전을 주는 말이기는 하지만 예배를 일상과 지나치게 격리시키는 것이다. 예배는 일상의 삶과 분명히 구분된 것이지만 그렇다고 해서 예배가 삶과 무관한 것이 아니다. 우리는 공예배가 우리의 삶을 제대로 살게 해 준다는 것을 알아야 하겠다. 우리는 우리의 삶을 가지고 나아와서 예배해야 한다. 예배한 후에 우리는 우리의 평범한 삶을 향해 나아가야 한다. 예배는 우리의 삶을 위해 존재한다.

예배가 나의 삶에 무슨 의미를 주는지 모르겠다고 말하는 이들이 많다. 사실, 우리는 예배를 통해 자신이 바뀌는 경험을 한 적이 많지 않기 때문이다. 예배에 대해서 강의하면서 청중에게 종종 "예배 때 어떤 일이 일어납니까?"라고 물어본다. 그러면 대개 쭈뼛거리면서 대답하는 말이 있다. 아무 일도 일어나지 않는다는 말이다. 예배를 통해 자신이 바뀐 적이 없다는 말이다. 예배하면 할수록 사람이 오히려 위선적인 사람이 된다고 말하기도 한다. 그럴 수 있다. 예를 들어 기도를 많이 할수록 더 자기 고집을 부릴 수 있다. '우리 교회에서 나보다 더 많이 기도하는 사람이 있으면 나와 보라'고 말한다. '나만큼 기도 많이 한 사람이 없으니 내 말대로 해야 된다'고 말한다. 기도 많이 하면 할수록 자기 고집이 더 굳어질 수 있다는 사실이다.

이렇게 예배가 우리를 위선적이고 고집스러운 사람으로 만들 수 있다. 아이러니하게도 예배는 예배하는 사람을 반드시 바꾼다. 예배가 사람을 부정적으로 바꾸는 것도 바꾸는 것이다. 예수님께서 비유에 관해 언급하신 말씀이 예배에도 적용될 수 있다. 예수님께서 비유를 말씀하신 이유는 '듣기는 들어도 깨닫지 못하게, 보기는 보아도 알지 못하게' 하기 위함이었다마13:14-15. 이것처럼 예배하면 할수록 자기중심적으로 될 수 있다는 것을 알아야 하겠다. 예배 자체를 마법의 향로로 생각하는 것이야말로 가장 잘못된 생각이다.

놀랍게도 예배는 우리의 몸을 만들어 줄 뿐만 아니라 우리의 삶을 만들어 준다. 예배는 우리의 삶을 새롭게 한다. 예배에서 우리는 사람답게 사는 방법을 체득한다. 사람답게 사는 것이 무엇인가? 사람이 짐승과 다른 것은 생각한다는 것이요, 자기를 돌아본다는 것이다. 사람이라면 무릇 자기를 돌아볼 수 있어야 한다. 사람만큼 자기중심적인 존재가 없지만 또한 사람처럼 자신을 돌아볼 수 있는 존재도 없다. 예배는 언약 체결 예식이요, 언약 갱신 예식이기 때문에 늘 자신을 돌아보게 만든다. 자기 자신 속에 침잠沈潛하게 만드는 것이 아니라 자기를 벗어나도록 만든다. 하나님 앞에 섰으니 자기를 숨길 이유가 없다. 예배에서마저 자기를 숨기는 것만큼 어리석은 것이 없다. 예배를 통해 우리는 늘 자기를 하나님 앞에 세우는 훈련을 할 수 있다. 예배하면서 자기중심성에 빠져드는 것이 아니라, 자기를 끊임없이 돌아보고 자기로부터 벗어나는 것이야말로 예배가 주는 복이다.

예배의 체험은 단순한데, 예배는 결코 혼자서 할 수가 없다는 사실이다. 수도修道 활동은 혼자서 할 수 있지만 예배는 결코 혼자서 할 수 없다. 집에서 혼자 예배하는 것은 예배가 아니라는 사실이다. 어떤 이들에게는 기분을 상하는 말이 될 수 있지만, 예배는 결코 혼자서 할 수가 없다. 텔레비전을 틀어 놓고 영상으로 진행하는 예배에 참여한 것으로 예배했다고 할 수 없다. 예배는 특정한 시간에, 특정한 장소에서 다른 이들과 함께하는 것이다.

현대인들은 고독하고, 그래서 예배하는 순간에도 고독을 떨쳐 버리지 못한다. 예배하는 자리를 피하고 도리어 혼자 수도하는 것을 즐긴다. 하지만 우리는 예배를 통해 우리 인생이 교제하는 존재라는 사실을 직면한다. 우리는 결코 혼자서 살 수 없는 존재라는 사실 말이다. 우리는 예배하면서 하나님께서 삼위 하나님이시요, 교제하는 하나님이시라는 것을 안다. 우리 또한 교제하는 인생이라는 것을 안다. 우리는 예배를 통해 비로소 우리의 홀로 있음에서 벗어날 수 있다. 예배가 특별하지 않아도, 예배에서 내가 특별한 체험을 하지 않았다고 하더라도 예배 자리에 있는 것 자체가 놀라운 체험이다. 나는 결코 혼자 살 수가 없음을 알게 되는 것보다 더 놀라운 체험이 없다.

예배는 우리에게 교제를 가르쳐 줄 뿐만 아니라 헌신이 무엇인지를 알게 해 준다. '헌신으로서의 예배' 말이다. 예배 순서 하나하나는 하나님과 회중의 주고받기이다. 즉, 우리는 예배를 통해 하나님의 헌신을 본다. 그리고 우리를 위해 자신을 주시는 하나님께 우리 자신을 내어 드린다. 하나님을 향해서만 내어 드리는 것이 아니다. 우리는 서로를 향해 자신을 내어 준다. 그것이 바로 성만찬에서 놀랍도록 중첩되어서 나타난다. 성찬의 상에서 우리는 그리스도께서 자신을 우리에게 온전히 내어 주시는 것을 경험하고, 우리는 그 그리스도를 받아서 서로에게 자신을 온전히 내어 주는 것을 시행한다. 우리는 한 상에 참여하기 때문이다. 한 떡에, 한 잔에 참여하기 때문이다. 우리는 성만찬을 통해 인생이 헌신하는 인생이라는 것을 생생하게 체험한다. 성만찬의 상에 참여한 성도는 헌신하지 않을 수 없다. 자신은 헌신하지 않으면서 다른 사람들에게는 헌신을 요구하는 사람으로 살 수 없다.

예배가 우리의 삶을 새롭게 한다는 것은 예배가 우리에게 새로운 습관을 만들어 주기 때문이다. 아이러니하게도 예배가 늘 새로운 것이 아니라 늘 반복되는 것이기 때문이다. 습관은 반복적으로 하여 체화된 것을 가리킨다. 한두 번 한 것은 습관이 되지 않는다. 말 그대로 습관이 되어야 체화된다. 우리는 예배가 늘 똑같이 반복되는 것이기에 지루하게 느끼며 새로운 요소와 순서를 찾는다. 그러나 이렇게 우리가 새로운 것을 늘 찾는다면 좋은 습관도 가질 수 없다.

하나도 바뀌지 않고 늘 반복되는 예배가 우리에게 좋은 습관을 길러 준다. 예배하면 우리는 나도 모르는 사이에 하나님을 사랑하고 이웃을 사랑하는 좋은 습관을 가질 수 있다. 모든 율법의 요약이 하나님 사랑, 이웃 사랑이듯이, 모든 예배의 요약은 하나님 섬김, 이웃 섬김이기 때문이다. 예배하면 할수록 우리는 섬기는 자가 되어간다. 예배하면 할수록 이기적이고 자기중심적이 되어간다면 형식적으로 예배하지 않았는지 점검해야 할 것이다. 우리가 우리의 몸을 꼿꼿이 세워 예배하면 세상에서 고개를 숙이며 살아갈 수 있다.

정리

현대 교회는 예배 체험에 대해 이중적인 태도를 취하고 있다. 현대 교회의 예배는 너무 정적이면서 동시에 너무나 동적이다. 우선,

현대 교회의 예배는 회중을 구경꾼으로 만든다. 공연을 구경하는 관객으로 만든다. 예배당 회중석도 공연장처럼 부채꼴로 조금씩 높아져 가는 관람석처럼 만든다. 회중은 '우리가 예배를 관람하면 되겠다'는 생각을 한다. 예배를 인도하는 이들은 회중을 위해 열심히 무언가를 보여 준다. 회중은 철저하게 수동적일 수밖에 없다. 다른 한편으로 현대 교회는 회중의 예배 참여를 적극적으로 끌어내려고 애쓴다. 회중의 움직임을 유도한다. 회중에게 예배 순서를 맡기기도 하고, 찬송과 기도 등을 통해 적극적으로 예배에 동참하기를 요구한다. "뭘 그렇게 복잡하게 생각합니까? 회중의 수가 모든 것을 결정하는데요"라고 말하는 이들도 많다. 예배하는 회중이 많을수록 열광적이 되고, 하나가 되어 움직이기 쉽다. 반면에 회중이 적으면 예배가 썰렁해지는 것이 사실이다. 이렇게 회중의 규모와 활동에 경도되어 있을 때에 우리는 예배가 하나님의 활동이라는 것을 주목해야 한다. 우리의 체험은 하나님의 활동에 달려 있으니 말이다.

예배가 무엇보다 중요하다고 아무리 강조해도 많은 교인들은 예배가 너무나 형식적이어서 그 어떤 것도 체험하지 못했다고 불평한다. 예배는 예배에 참여하는 회중의 움직임으로 결정되는 것이 아니다. 예배는 회중의 참여에 상관없이 움직임으로 가득 차 있다. 예배에서의 체험은 이 지상의 무수한 체험들 중 하나처럼 보이고, 그 체험이 그다지 독특하지 않게 보일 것이다. 하지만 우리는 예배를 통해 너무나 복된 것들을 체험할 수 있다. 우리는 우리의 모든 신체 기관을 동원하여 예배해야 한다. 그래야 예배를 제대로 누릴 수 있다.

12장 예배와 체험

예배는 고정되어 있는 것 같지만, 너무나 뻔한 것 같지만 예측하지 못할 무수한 움직임으로 가득 차 있다. 하나님께서 우리를 향해 움직이시고, 우리가 하나님을 향해 움직이고, 우리가 서로를 향해 움직이고, 심지어 우리가 세상을 향해 움직인다. 우리는 몸으로 그런 수많은 움직임을 느낀다. 우리는 예배를 통해 보고, 듣고, 냄새 맡고, 느끼고, 맛본다. 예배를 통해 우리의 오감이 만족을 누린다. 이런 예배 체험을 통해 우리는 좋은 습관을 가지게 된다. 예배가 우리를 사람다운 사람으로 만들어 준다. 이것만큼 놀라운 체험이 어디에 있겠는가? 예배하는 인간이 진짜 인간이고, 예배를 통해 우리는 비로소 사람다운 사람이 될 수 있다.

함께 나누기

1. 예배의 정적인 측면과 동적인 측면을 이야기해 보고, 예배가 끊임없이 움직임이기에 회중이 가만히 앉아 있지만 끊임없이 활동하고 있음에 대하여 이야기해 보자.

2. 예배하는 회중이 자신들의 몸을 어떻게 사용하고 있는지 이야기해 보고, 하나님께서는 오감을 어떻게 만족시키시는지 이야기해 보자.

3. 예배가 사람을 사람답게 만들어준다는 것을 예배의 성격인 '모든 것을 함께하기', '서로를 향해 헌신하기', 그리고 '좋은 습관을 키워주기'로 설명해 보자.

예배만큼 전통적인 것이 많지 않지만 예배는 고정된 것이 아니라 얼마든지 발전할 수 있고, 발전해야 한다. 예배에서 삼위 하나님을 아는 지식이 자라나야 하고, 예배의 표현이 가면 갈수록 성숙해져야 하고, 예배에서 아름다움이 커져 가야 한다. 쉽게 말하자면 예배에서 토착화적인 요소, 문화적인 요소를 잘 고려해야 한다.

서론

요즘은 '발전'이라는 말이 무엇보다 중요한 말이 되었다. 발전하지 않으면 퇴보하니 말이다. 그냥 그대로 있는 것은 멈추어 있는 것이 아니라 퇴보하는 것이다. 발전이라는 말은 '변화'라는 말로 바꿀 수도 있겠다. 우리 시대는 급격하게 변화하고 있는 시대이다. 과학기술의 발전이 모든 것을 급속하게 바꾸고 있다. 이제 바뀌지 않는 것은 없다. 모든 것이 바뀌고 있으니 종교도 바뀌어야 한다.

예배도 바뀌어야 할까? 당연히 예배도 바뀌어야 한다. 예배가 어떻게 바뀌어야 할까? 예배가 바뀌어야 한다는 것에는 동의하면서도 '예배의 발전'이라는 말에는 거부감을 가지는 이들이 많을 것이다. 예배가 무슨 과학기술도 아니고 어떻게 발전해야 한다는 말인가? 예배의 발전에 관하여 말하는 이들은 너무나 인본주의적인 생각을 하는 것이 아닌가? 예배는 성경적이어야 하기에 발전과 진보가 아니라 전통을 고수해야 하는 것이 아닌가?

이런 문제 제기가 정당하다고 할 수 있다. 우리는 끊임없는 변화의 시대를 살고 있기에 변치 않는 예배의 법칙을 잘 붙잡아야 할 것이다. 예배는 만고불변의 진리에 근거해야 한다. 예배야말로 변하지 않아야 한다. 예배는 구태의연할 수밖에 없다는 말이 아니라 변하지 않는 하나님을 변하지 않는 신실함으로 예배해야 한다는 말이다. 시대에 따라 예배하는 양태가 달라지더라도 예배의 본질은 변하지 않아야 한다. 그럼에도 불구하고 우리는 예배의 발전을 말할수 있다.

예배와 관련해서 굳이 발전이라는 말을 써야 할까? 발전이라는 말이 어색하다면 예배의 '성장'이라는 말을 쓸 수 있을까? 예배가 어떻게 발전하고 성장할 수 있다는 말인가? 물론, 구약 시대의 예배는 신약 시대의 예배를 기대하고 있었기에 발전과 성장을 내포하고있었다. 구약 시대는 율법이 지배하고 있었지만 율법도 복음이었기에 그리스도께서 오시는 신약 시대를 간절히 기다리고 있었다. 신약 예배는 구약 예배와의 단절이 아니라 오히려 구약 예배의 발전과 성장이다.

신약 시대 예배는 어떠한가? 신약 시대 예배는 시대가 흘러가면서 계속해서 발전해 왔는가? 오히려 쇠퇴하지 않았는가? 오늘날에는 다들 초대 교회로 돌아가자고 부르짖지 않는가? 이것은 초대 교회시대를 원시 시대라고 말하는 것이기도 하지만 그 시대가 이상적인 시대라고 생각하는 것이다. 예배는 발전해야 하는 것이 아니라 고대로 돌아가야 하는 것이 아닌가? 초대 교회, 고대 교회로 돌아가는 것이 발전이 아닌가? 특히 성령의 역사를 기대하는 관점에서는 더더욱 초대 교회 때로 돌아가는 것이 발전이라고 생각할 수 있다. 우리는 예배가 초대 교회로 돌아가는 것만이 발전이 아니라 시대와 시대마다 새로운 표현을 입고 발전할 수 있다는 것을 살펴보려고 한다. 이번 장을 통해 예배가 얼마든지 발전할 수 있다는 것을 볼 수 있을 것이다. 지식이 자라나는 것을 통해, 표현이 성숙해지는 것을 통해, 아름다움이 커져 가는 것을 통해 예배는 발전한다.

1. 지식이 자라나는 예배

예배에 있어서 지식의 중요성을 말하면 이상하게 생각할지 모르겠다. 속된 말로 표현해서 예배는 퍼포먼스performance, 공연이기 때문에 지식적 요소는 좀 배제되어야 한다고 생각할 수 있기 때문이다. 설교만 놓고 보더라도 지식을 지나치게 강조하면 설교가 강의가 되어 버리기 때문이다. 지식은 제쳐 놓고 감정을 잘 자극해야만 하나님께 어필할 수 있다고 생각하는 이들이 많다. 과연 그럴까? 현실에서 어느 한쪽으로 기울 수밖에 없는 것일까? 아니다. 지성과 감정을 나누고 대립시켜서는 안 된다. 둘을 조화시켜서 예배에서는 감정이 풍성한 지식, 지성으로 넘쳐 나는 감정을 가져야 한다고 말해야 할 것이다. 설교로 국한시켜 보자면 어떤 이들은 설교를 '불타는 논리'라고 정의했다. 왜 '냉철한 논리'라고 정의하지 않았을까? 설교는 지식의 문제를 넘어 감정을 불러 일으켜야 한다는 생각일 것이다. 설교를 '냉철한 감정'이라고 정의하면 어떨까? 감정은 들떠 있다가는 쉬 사그라지니, 감정이 냉철해져서 효과가 오래 지속되면 좋지 않겠는가?

예배의 발전을 말할 때 지식과 감정 둘 다를 고려해야 하겠지만 감정보다는 지식의 발전을 먼저 말해야 할 것이다. 예배에 담기는 내용이 더 발전하고, 더 풍성해져야 한다. 예배에서 무엇보다 중요한 것이 바로 지식이다. 쉽게 말하자면 내용이 중요하다. 기념식이나 예식을 아무리 화려하고 멋들어지게 꾸미더라도 담기는 내용이 없으면 아무것도 아니다. 너무나 공허할 수밖에 없다. 소위 말하는 컨텐츠contents, 내용물가 중요하다. 컨텐츠가 부실한 공연과 예식은 한갓 퍼포먼스에 불과하다. 예배는 더더욱 담기는 내용이 발전하고, 풍성해져야 한다.

예배가 발전하기 위해서는 삼위 하나님을 아는 지식이 가면 갈수록 풍성해져야 한다. 히브리서를 보면 이것에 관한 중요한 시사점을 발견할 수 있다. 히브리서는 유대 기독교인들이 예수님을 믿고 난 다음에 시간이 지나 처음의 열광이 식은 상황을 잘 보여 준다. 히브리서 기자는 예배 의식이나 전통에 있어서 유대교가 더 나으니 유대교로 돌아가라고 유혹을 받고 있는 이들에게 그리스도의 탁월성을 밝힌다. 물론, 유대교로 넘어가려는 것은 유대인들의 핍박이 작용하고 있기도 했을 것이다. 외부적인 핍박 말이다. 그러나 더 큰 문제는 내부에 있었는데, 유대 기독교인들이 예배를 시큰둥하게 대하기 시작한 것이다. 왜 시큰둥해졌을까? 멋진 예배당이 없어서 그랬을까? 멋진 예식을 갖추지 않아서 그랬을까?

히브리서 기자는 '그리스도를 아는 지식이 풍성해지지 않아서 그렇다'고 말하고 있다. 그래서 기자는 천사들로 시작하여 모세와 여호수아를 대표로 하는 구약 시대의 직분자들, 구약의 제사 제도, 그리고 마지막으로는 대제사장들을 그리스도와 비교한다. 히브리서는 비교를 잘해 보라는 서신이다. 그리스도께서 그 모든 것들보다 훨씬 더 탁월하시다는 것이다. 그리스도를 알면 알수록 그 어떤 예법이나 전통의 아름다움에도 현혹당하여 넘어가지 않을 것이다.

과연 우리의 예배는 발전하고 있는가? 이것은 그리스도를 아는 지식이 발전하고 있는가를 묻는 것이다. 신약 시대는 구약 시대보다 훨씬 더 유리한 위치에 있다. 구약 시대에는 하나님께서 보내 주실 구원자를 멀리서 내다볼 수밖에 없었다. 신약 시대에는 구약 성도들이 그렇게 기다렸던 분을 직접 뵐 수 있기 때문이다. 물론, 우리는 성육신하신 그리스도를 본 적이 없다. 그분께서 이미 이 땅에서 사시다가 죽으셨고, 다시 살아나셨고, 하늘에 오르셨기 때문이다. 우리는 이 땅 그 어디에서도 그리스도를 볼 수가 없다. 우리는 보지 않고 믿을 수밖에 없다. 예수님께서는 부활을 믿지 못하는 도마에게 나타나셔서 말씀하셨다. "너는 나를 본 고로 믿느냐 보지 못하고 믿는 자들은 복되도다"요20:29 사도 베드로도 말했다. "예수를 너희가 보지 못하였으나 사랑하는도다 이제도 보지 못하나 믿고 말할 수 없는 영광스러운 즐거움으로 기뻐하니"벧전1:8라고 말했다. 우리는 그리스도를 보지 못해도 성령께서 그리스도를 알려 주시기에 얼마든지 그리스도를 알 수 있다.

그리스도를 아는 지식은 고정되어 있는 것이 아니다. 그리스도를 아는 지식은 가면 갈수록 커져 간다. 그리스도를 아는 지식이 자동적으로 자라는 것이 아니다. 시간이 말세를 향해 흘러간다고 해서 지식이 자동적으로 자라는 것이 아니다. 우리는 이미 그리스도를 알고 있고, 그리스도를 계속해서 알아 가야 한다. 우리는 그리스도를 안다 할 만큼 알지 못한다. 그리스도를 아는 지식은 우리가 힘써 그분의 말씀과 성령으로 충만할 때에 자란다. 목사만이 그리스도를 잘 알아야 하는 것이 아니다. 모든 교인들이 그리스도를 잘 알아야 한다.

안타깝게도 우리 시대는 그리스도를 아는 지식이 점점 퇴보하고 있다. 다시금 베드로의 말을 들어 보자. "오직 우리 주 곧 구주 예수 그리스도의 은혜와 그를 아는 지식에서 자라 가라 영광이 이제와 영원한 날까지 그에게 있을지어다"벧후3:18 은혜에서 자라 가고, 지식에서 자라 가라고 한다. 그리스도를 아는 것은 그분의 은혜를 아는 것이기 때문이다. 오직 은혜는 오직 그리스도로 온다. 종교개혁의 구호대로 '오직 믿음Sola Fide'은 '오직 그리스도Solus Christus'이다. '오직 하나님께 영광Soli Deo Gloria'은 '오직 그리스도'로 인한 것이다.

예배를 인도하는 목사는 예배 전체를 통해 그리스도를 잘 드러내야 한다. 목사 자신이 목자장牧者長이신 그리스도를 잘 따라야 한다. 목사 자신이 좋은 목자가 되어야 한다. 교인들은 목사를 보면서 그리스도를 볼 수 있어야 한다. 목사의 예배 인도를 통해 회중은 그리스도의 다스림과 인도를 잘 받을 수 있다. 설교 이야기를 다시 하지 않을 수 없다. 우리 개신교회 예배에서는 누가 뭐라고 해도 가장 중요한 것이 설교가 아닌가? 요즘 예배에서 설교가 어떤 위상을 차지하고 있는가? 요즘만큼 설교가 웃음거리가 되고 있는 시대가 없었을 것이다. '설교하지 말라'는 말이 난무하고 있으니 말이다. 설교가 이제 잔소리가 되어 버렸으니 말이다.

설교의 내용에 관해 물어보자. 설교가 하나님의 말씀, 즉 복음의 선포인가? 설교에서 복음, 즉 그리스도가 선포되고 있는가? 설교에서 예수 그리스도만큼 많이 거론되는 것이 무엇이 있겠는가? 하지만 설교 속 그리스도께서는 도덕 선생이 되어 계시지는 않은가? 기적을 베푸시는 분으로만 되어 있지는 않은가? 요즘은 설교가 아무리 길어도 삼십 분을 넘지 않아야 한다고들 생각하는데, 과연 그만큼의 설교를 통해 성경 본문에 나타나 있는 그리스도를 충실히 드러내어 설교할 수 있을까? 설교가 그리스도를 드러내지 않고서는 예배가 결코 발전할 수가 없다.

예배가 발전하기 위해서는 성령의 역사를 주목해야 한다고 말하는 이들이 많다. 예배는 말이 아니라 능력이라고 말이다. 성령의 역사를 강조하는 오순절주의五巡節主義, Pentecostalism 계통에서는 더더욱 예배에서 성령께서 강력하게 역사하실 것을 구해야 한다고 말한다. 맞는 말이다. 성령께서 역사하지 않으시면 예배에서 그리스도가 드러날 수가 없다. 성령께서는 자신을 드러내시는 것이 아니라 그리스도를 드러내신다. 성령께서는 예배를 그리스도로 가득 채우신다. 예배의 모든 순서가 곧 그리스도라는 말이다. 성령께서 주시는 그리스도에 대한 지식이 예배를 발전시킨다. 예배 시작인 '예배로의 부름'도 그리스도로 인해 가능하고, 예배 마침인 '강복 선언'도 그리스도로 인해 가능하다. 하나님께서 우리에게 오시는 은혜의 방편인 말씀과 성례도 그리스도로 인해 가능하다. 우리가 하나님께 나아가는 찬양과 기도도 그리스도로 인해 가능하다. 우리가 그리스도를 아는 만큼 예배를 누릴 수 있고, 그리스도를 알아 갈 때 예배는 가장 크게 발전한다.

2. 표현이 성숙해지는 예배

예배는 예배의 각종 표현이 성숙해지는 것을 통해 발전한다. 불신자들이 예배에 참석했다고 가정해 보자. 우리가 하는 예배를 어떻게 평가할까? 불신자들이 우리의 예배를 어떻게 판단할 수 있다는 말인가? 불신자들이 예배를 평가한다고 하면 기분 나빠 할 이들이 많을 것이다. 그러나 그들도 일반은총一般恩寵, Common Grace의 눈으로 우리 예배를 평가할 수 있다. 그들도 다 느끼고 판단할 수 있다. 어쩌면 불신자들이 우리 예배를 훨씬 더 정확하게 판단할 수도 있다. 그들이 기독교, 불교, 이슬람의 예배의 장단점을 어떤 면에서는 객관적으로 평가할 수 있을 것이니 말이다. 물론 그 평가가 전적으로 옳다고 할 수 없겠다. 다만, 그들이 볼 때에 우리 기독교회의 예배가 단정하면서 동시에 고상하다고 느낄까? 아니면 우리의 예배가 뒤죽박죽이고 천박하다고 느낄까? 이것은 교회의 규모에 달린 문제가 아니다. 예배당 환경의 문제만이 아니다. 예배 음악이 전문적이냐, 아니면 아마추어적이냐의 문제가 아니다. 한마디로 말해서 우리가 어떤 마음으로 예배하느냐에 달렸다. 우리의 예배 방식으로 드러나는 우리의 마음 자세의 문제일 것이다.

예배의 표현이 교인들이 수용할 수 있는 일반적인 정서와 너무 동떨어져서는 안 될 것이다. 또 다시 설교 이야기를 하지 않을 수 없는데, 설교 언어는 지적인 유희를 즐기는 말이어서는 안 된다. 말하자면 시장 바닥의 언어를 사용해야 한다. 사도 바울의 경우를 생각하면 잘 알 수 있다. 사도는 고린도교회에 편지를 보내면서 "형제들아 내가 너희에게 나아가 하나님의 증거를 전할 때에 말과 지혜의 아름다운 것으로 아니하였나니"고전2:1라고 했다. 사도 바울은 당시에 유행하던 수사법修辭法, rhetoric에 익숙했겠지만 말솜씨로 사람들을 교묘하게 설득하려고 하지 않았다. 그는 단순하게 그리스도를 전했다. 그는 그리스도께서 십자가에 못박히신 것만을 전했다고전2:2.

종교개혁자들의 방식도 사도 바울과 동일했다. 그들은 중세의 아들들로서 익숙한 스콜라 신학Scholastic Theology의 난해한 표현들을 사용하기를 즐길 수 있었지만, '오직 그리스도'를 전했다. 그리스도께서 생명이시기 때문이다. 개혁자 칼빈John Calvin의 경우도 마찬가지였다. 그의 표현은 개혁자 루터Martin Luther의 표현과는 상당히 달랐지만, 루터처럼 그도 지적 유희를 즐기기보다 단순하게 말하고 표현했다. 예배에서는 누구든지 이해할 수 있는 단순 명료한 표현을 사용해야 한다. 특정 부류의 사람들만 이해할 수 있는 용어, 특정 세대의 사람들만 알아들을 수 있는 표현은 지양해야 한다. 예배는 언약적이기에 언약 안의 모든 세대가 다 공감할 수 있는 표현을 사용해야 한다.

설교의 예를 다시 들자면, 설교는 언제나 양극화되었다. 무슨 말인지 도무지 알아들을 수 없는 말을 하든지, 아니면 너무나 지저분한 말들을 읊어 대든지 말이다. 설교의 언어는 학문의 언어가 아니라 시장의 언어를 사용해야 하는데, 이것이 상스러운 표현을 써야 한다는 뜻은 아니다. 목사가 회중을 향해 반말 짓거리를 해서는 안 된다. 아무리 그 교회에서 오래 목회했고, 심지어 교회를 개척했기에 교인들이 목사를 대단히 존경한다고 하더라도, 회중을 향해 반말 짓거리를 한다면 목사의 자격 자체를 의심할 수밖에 없다.

시시껄렁한 말을 하는 것도 마찬가지다. 분위기를 부드럽게 하기 위해 혹 농담을 할 수도 있겠지만 시정잡배市井雜輩들처럼 말하고 행동해서는 안 된다. 설교가 세상을 비판할 수는 있지만 비아냥거려서는 안 된다. 세상이 이룬 귀한 수고와 노력을 폄하해서는 안 된다. 세상 것들을 다 멸망하고 불타고 없어질 것이니 그딴 것들은 무가치하다는 식으로 말해서는 안 된다. 설교에서도 하나님 사랑과 사람 사랑이 분명하게 표현되어야 한다.

예배에서는 언어적인 요소만이 아니라 비언어적非言語的인 요소도 중요하다. 교육에 있어서도 형식을 갖춘 교육만큼이나 비형식적인 것들이 많은 교육적 효과를 발휘한다고 말하지 않는가? 예배도 마찬가지일 것이다. 예배에서의 언어 표현만큼이나 중요한 것이 비언어적 표현이다. 예배 전체를 감싸는 분위기가 중요하다. 복음은 심판과 구원으로 이루어져 있다. 먼저 심판하고, 그 다음 구원을 선포한다. 이때의 구원은 이중적이다. 먼저는 하나님께서 그분 백성이 고통 가운데서 신음할 때에 신원해 주시는 것으로, 그 신원은 원수들을 향한 처벌로 나타난다. 이렇게 구원이, 복음이 이중적이기 때문에 예배는 긴장으로 가득 차 있다. 예배하는 회중조차 심판과 처벌을 의식하지 않을 수 없기 때문에 예배가 시작될 때에 경직되어 있을 수 있다. 그러므로 경직된 예배 분위기가 문제인 것이 아니라, 그것을 어떤 방식으로 풀어내느냐가 중요하다.

용서에 대해 생각해 보자. 우리는 예배에서 용서에 대해 성숙하게 표현해야 한다. 우리 예배에서 용서가 너무 쉽게 난발되고 있지 않은가? 너무 쉽게 죄인을 만들고, 너무 쉽게 용서하지 않는가? 성경 말씀이 "기록된 바 의인은 없나니 하나도 없으며"롬3:10라고 말씀하고 있기 때문에 예배에서 우리는 죄인으로 드러난다. 죄인임을 피할 수 없다. 숨길 수가 없다. 예배는 우리가 죄인임을 폭로한다. 참된 예배는 우리의 종교성을 부추겨 스스로 그럴듯한 존재라고 착각하게 만들지 않는다. 예배할 때 우리는 가장 비참한 존재로 드러난다. 하나님 앞에 설 자격이 없는 자이기 때문이다.

하지만 그리스도로 인해 우리는 의인됨을 누린다. 이상한 말처럼 보이겠지만 우리는 그리스도 때문에 죄인이 되고, 그리스도 때문에 의인이 된다. 그리스도께서 이 땅에 오신 것을 보니 우리가 죄인이라는 사실을 피할 수 없고, 또한 구원받을 수 있다는 것을 확신할 수 있다. 예배에서 적당하게 죄인이 되게 했다가 다음 순간에 바로 적당한 의인이 되도록 만들어서는 안 된다. 예배에서 우리는 철저한 죄인이 되어야 한다. 우리가 죄인이 되는 순간 의인이 된다는 것을 예배가 잘 표현해야 한다. 모든 예배 순서를 통해서 말이다. 이렇게 예배는 죄와 용서라는 내용을 담고 있으니 예배 표현이 천박해서야 되겠는가? 아주 엄중하면서, 동시에 환희에 차야 하지 않겠는가?

한편 예배의 발전은 정확한 표현을 구사하는 것에서부터 시작되어야 한다. 예배의 시작과 끝 순서를 부르는 용어부터 고민해 보아야 하겠다. 예배 시작 순서를 '예배로의 부름Call to Worship'이라고 부른다. '하나님을 부름'이라고 하는 것이 더 나을까? 유럽 개혁교회처럼 '보툼Votum'이라고 부르자니 라틴어라서 어색하다. 이 보툼은 불러 주신 하나님을 향해 회중이 충성을 맹세하는 것인데, '충성 맹세'라고 번역하면 어떨까? 아무래도 어색한 것이 사실이다. 이렇게 적절한 용어를 찾는 것이 쉽지 않다. 흔히 '축도'라고 부르는 예배 마지막 순서는 어떤가? 이 순서는 목사가 하나님께서 내리신 복을 선언하는 것이기 때문에 '강복降福 선언'이라고 부르는 것이 좋겠다. 더 단순하게는 '복의 선언'이라고 부를 수도 있겠다. 이렇게 예배의 모든 순서 하나하나의 이름을 바로 찾아 가는 것이 예배 발전에 있어서 중요한 부분일 것이다.

예배의 발전은 비언어적인 표현에까지 나타나야 한다. 사람은 소위 말해서 영적인 동물이어서 '느낀다.' 회중은 예배에서 자신들이 들러리가 되는지 아니면 주체가 되는지를 분명히 느낀다. 우리는 예배에서 하나님께서 영광을 받으시기만 하면 된다고 생각하지만, 동시에 예배하는 회중이 존중을 받아야 한다는 것을 알아야 한다. 특히, 예배를 인도하는 직분자가 이 사실을 깊이 명심해야 한다. 예배 인도자는 무엇보다 회중을 존중해야 한다. 예배는 하나님을 경외하는 표현이 강화되는 것만큼 발전하며, 동시에 회중을 깊이 존중하는 표현이 심화되는 것만큼 발전한다.

3. 아름다움이 커져 가는 예배

예배는 미적美的인 부분에서도 발전해야 한다. 성경은 "오직 화평의 하나님"이시라고 말씀한다고전14:33. 이것을 다른 말로 바꾸어 보자면 '하나님께서는 아름다움의 하나님이시다'라고 할 수 있을 것이다. 질서와 화평은 아름다운 것이기 때문이다. 하나님께서는 모든 아름다움의 원천이시고 기준이시다. 하나님께서는 창조하신 모든 것을 보시고 '좋다'고 하셨다. 이 좋다는 말이 바로 아름답다는 말이다. 모든 아름다움은 하나님으로부터 나온다.

이 좋음, 선함, 아름다움은 바로 목적에 적합하다는 뜻이다. 하나님께서 지으신 모든 것들은 하나님의 뜻을 이루기에 적합했다. 그래서 좋다고 하셨다. 아름답다고 하셨다. 아름다움은 단순히 시각적 기쁨을 주는 눈요깃거리가 아니라, 하나님을 기쁘시게 하는 것이요 인간에게 유용한 것이다. 아름다운 것은 유용한 것이다. 아름다움은 쓸데없는 사치에 불과한 것이 아니라 가장 실용적이면서 동시에 합목적적合目的的이다. 우리 인생은 하나님을 닮아 아름다움에 대한 인식을 가지고 있다. 사람은 아름다움을 추구한다. 현대 예술이 아름다움과 추함의 경계를 아예 무너뜨려 버렸지만 그렇기 때문에 더더욱 아름다움과 추함은 구분될 수밖에 없다. 우리는 예배가 아름답기를 추구해야 할 것이다. 이것이 바로 예배의 발전이다.

예배당 건물은 어떤 아름다움을 추구해야 할까? 예배당 건물을 반드시 석조石造 아니면 목조木造 건물로 지어야 하는 것은 아니다. 각 민족마다 고유의 건물 양식이 있다. 우리의 전통 건물들은 나무로 기둥을 세우고 대들보를 얹은 후 흙으로 벽을 쌓았다. 구한말에 서양 선교사들이 들어왔을 때는 한옥韓屋 건물을 본떠서 예배당을 지었다. 이런 것을 예배당의 토착화土着化라고 부를 수 있을 것이다. 강화도에 있는 성공회의 강화성당과 온수리성당이 대표적이다. 이 예배당 건물을 보고 있으면 우리 전통의 건물이 참으로 아름답다는 것을 느낄 수 있다. 화려하거나 거대하지 않고 아늑하게 안기는 느낌을 준다. 고대 그리스 파르테논 신전과 같은 비율의 건축물이 예배당에 적합할까? 가로, 세로, 높이의 비율도 고려하지 않을 수 없다. 예배당 내부 구조는 기다란 선형線型 구조를 취할 수도 있고, 중앙 집중형을 취할 수도 있다. 한국 개신교회 예배당은 고딕 건축을 흠모하면서 하늘을 찌를 듯한 첨탑을 선호한다. 아파트 숲들 사이에서 예배당 건물을 드러내려면 첨탑밖에 없기에 궁여지책으로 선택하는 것이다. 예배당 외관을 멋들어지게 보이기 위해 고대 그리스 신전들의 기둥 양식을 취하는 교회들도 있다.

예배당 내부의 모습은 어때야 할까? 예배당의 내부를 아름답게 가꾸는 것은 얼마나 예배에 도움이 될까? 종교개혁자들은 중세 교회의 내부를 꾸몄던 아름다운 작품들을 다 파괴했다. 성상聖像이며 성화聖畫, icon며, 심지어 스테인드글라스stained glass조차 제거했다. '성상 파괴주의聖像破壞主義, iconoclasm'였다. 우상을 숭배해서는 안 된다는 이유였으나 개신교도들이 심미안審美眼이 없었다고 말할 수도 있다. 그 바람에 예배당 내부가 너무 칙칙해졌으니 말이다. 이후에 계몽주의啓蒙主義, enlightenment와 프랑스 혁명의 영향으로 기독교가 공적 영역에서 점차 퇴각하여 개인적인 영역에 국한되어 갔다. 중세 미술의 주요 후원자였던 교회가 공적인 영역에서 퇴각하면서 예술에 대한 관심을 끊자 기독교적 심미안은 더 퇴보했다. 지금도 유럽에 가 보면 가장 화려한 건물이 시내 중심가에 위치한 대성당들인데, 신앙이 없는 이들도 감탄하지 않는가? 아름다움에 대한 감각을 잃은 것은 하나님의 영광의 한 부분을 상실한 것이다.

우리 개신교회에도 그렇게 입이 딱 벌어지는 예배당이 필요하다는 말을 하려는 것이 아니다. 우리 예배당은 화려하지 않더라도 소박하면서도 절제된 미를 잘 갖추어야 한다. 예배당은 회중이 예배하기에 쾌적한 공간이 되어야 한다. 중요한 것은 은혜의 방편이 나타나는 설교단, 세례조, 성찬상을 잘 배치하는 것이다. 이런 기구들도 토착화시킬 수 있다면 좋겠다. 설교단은 옛날 서당에서 훈장들이 가르치던 탁자를 생각하면서 만들 수도 있겠고, 세례조는 고대 교회가 팔각형으로 만들었다는 것을 고려하면 좋겠고, 성찬상은 우리가 전통적으로 사용하던 식탁 모양을 고려하면 좋겠다. 이렇게 만든 세 가지 기구들이 예배 공간의 중심이나 목표점이 되도록 배치해 놓는다면 우리 예배의 내용을 가시적으로 잘 드러낼 뿐만 아니라 그 아름다움을 더 잘 드러낼 것이다.

예배의 아름다움은 예배당의 외관이나 내부 구조만이 아니라 예배 자체에 적용되어야 한다. 예배가 질서가 있고, 전체 흐름이 일관성이 있어야 할 뿐만 아니라 아름다워야 한다. 질서 있는 예배, 흐름이 있는 예배가 그 자체로 아름답다고 말할 수도 있지만, 예배는 좀 더 구체적으로 아름다움을 발산할 수 있어야 한다. 하나님의 아름다움이 예배에서 나타나는 부분이 있을까? 하나님께서는 직분자를 통해 말씀하시고 성례를 베푸시는 것을 통해 하나님의 아름다움을 잘 드러내신다. 우리는 흔히 말씀이 강력하다는 말을 하지만 말씀이 아름답다는 말을 잘 하지 않는다. 하나님의 말씀은 아름답기도

하다. 설교가 논문을 쓰는 듯하지 않고 한 폭의 그림처럼, 한 곡의 노래처럼 표현될 수 있다. 성례도 아름다울 수 있다. 직분자는 세례와 성찬이 얼마나 아름다운지 나타내 보여야 한다. 이런 예배의 아름다움은 예배 인도자와 회중이 함께 만들어 가는 것이다. 회중이 예배에서 소외되지 않을 때, 반대로 예배 인도자가 회중에게서 소외되지 않을 때 예배는 성도의 연합을 구현할 뿐만 아니라 아름답다고 말할 수 있을 것이다.

아름다움 하면 빼놓을 수 없는 것이 음악이다. 어떤 예배 음악이 아름다운가? 온 회중이 함께 찬양하는 것만으로 너무나 아름답다. 곡조와 음정을 틀리지 않고 잘 따라해야만 아름다운 것이 아니다. 우리의 신앙 고백이 그 찬송에 묻어난다면 무엇보다 아름답다. 온 회중이 멜로디만이 아니라 화음을 넣어서 찬송할 수 있으면 더 아름다울 것이고 말이다. 지금도 악기를 전혀 사용하지 않고 찬송하는 교회들이 있다. 이것을 잘못이라고 말할 수 없다. 목소리가 제일 좋은 악기라는 말이 있듯이 악기 없이 목소리로만 찬양하는 것이 얼마나 아름다운지 모른다. 정확한 음정으로 선창할 수 있는 사람이 있다면 온 회중이 음성으로만 찬송하는 것도 고려해 보아야 한다. 이것을 일반화하여 모든 교회가 다 따라 할 수는 없겠지만 말이다. 예배할 때 시편 찬송도 부르면 좋겠고, 더 나아가 찬송의 토착화도 생각해야 하겠다. 우리 전통의 가락이 있지 않은가? 그런 가락에 삼위 하나님을 찬양하는 가사를 잘 담는다면 우리 마음 깊숙한 곳에서부터 찬양이 우러나오지 않겠는가?

모든 나라, 모든 민족에 세워진 교회는 보편적인catholic 예배를 하면서 동시에 지역적인local 예배를 한다. 이 지역적인 예배들이 예배를 더욱 풍성하게 하고 발전시킨다. 우리가 여행을 하면서 다른 민족 가운데 세워진 교회에 가 예배에 참석할 때, 동일한 하나님을 다른 모습으로 예배함으로써 우리의 영성이 더욱 풍성해지는 것을 경험하지 않는가? 단순히 예배의 모습에 다른 점이 있기 때문은 아니다. 예배가 다양해지는 것이 곧 예배의 발전이라고 하자면 뭔가 부족하다. 그러나 분명 각 나라와 민족 가운데 세워진 교회들의 예배가 전체 교회 예배를 풍성하게 한다. 요한계시록에 보면 다음과 같은 말씀이 나온다. "사람들이 만국의 영광과 존귀를 가지고 그리로 들어가겠고"계21:26 이 말씀은 마지막 날에 세상 모든 나라와 민족의 교회들이 모여서 자신들의 영광과 존귀의 독특성을 뽐내며 예배하게 될 것이라는 말이 아닐까?

아름다움은 획일적인 것이 아니라 다양하고 풍성한 것이다. 한번 상상해 보라. 세상 역사가 끝나고 세상 모든 나라와 민족의 교회들이 함께 모여서 예배하는 장면 말이다. 모든 교회들이 그 예배에 기여하면서 예배를 얼마나 풍성하고 아름답게 만들 것인가? 우리는 서양 교회의 예배만을 답습할 것이 아니다. 우리가 아니고서는 할 수 없는 예배가 있다. 우리 나름의 예배에 참석한 서양의 기독교인들이 하나님의 영광이 좀 다른 방식으로 풍성하게 드러나는 것을 보면서 감사하게 될 것이다. 우리 한국 교회가 세계 교회의 예배를 얼마든지 풍성하게 하고, 예배를 크게 발전시킬 수 있다.

정리

예배는 정체되어 있으면 안 되고 늘 발전해야 한다. 예배 순서를 자주 바꾸어야 한다는 말이 아니다. 예배 순서를 자주 바꾼다고 예배가 발전하지는 않는다. 사실 하나도 바뀌지 않아도 늘 바뀌는 것이 예배이다. 예배의 본질인 삼위 하나님을 아는 지식, 곧 그리스도를 아는 지식이 늘 새롭게 발전해야 한다. 그리스도를 아는 지식이 깊어지고 풍성해질수록 우리의 예배가 발전한다. 예배는 이러한 내용의 발전을 위해 늘 새로운 옷으로 갈아입을 수 있다. 그리스도를 아는 지식이 발전하여 그 지식의 표현이 성숙해지는 것이 예배의 발전이다.

여기에다가 한 가지 더 첨가할 수 있는 것이 바로 아름다움이다. 아름다움의 추구가 예배의 발전이다. 예배는 투박해도 아름다울 수 있다. 하와가 뱀의 유혹을 받아서 선악과를 보니 '보암직했다'고 했고창3:6, 세속적인 요소 중에 하나가 '안목의 정욕'요일5:16이라고 말씀했다. 보이는 것이 얼마나 치명적으로 영향을 미치는지를 알 수 있다. 그래서 그런지 우리 개신교회는 보는 것보다 듣는 것을 중요하게 생각했다. 그러나 보는 것은 중요하지 않다고 말하면 안 된다. 세상을 창조하시고 '보기 좋아하셨던'창1장 하나님께서는 보는 것을 통해서도 영광 받기를 원하신다. 우리는 보는 것이 예배의 중요한 부분이라는 것을 알아야 하겠다. 아름답지 않고 보기 싫은데 제대로 예배한 것이라고 할 수 있겠는가?

예배에서 문화적 요소는 중요하다. 우리는 우리 문화의 좋은 것들을 예배에서 적극적으로 활용해야 하겠다. 우리의 전통 문화가 비기독교적이라고 무조건 거부해야 하는 것이 아니다. 우리는 미신적인 문화를 세례 주어서 얼마든지 사용할 수 있다. 사도가 말하지 않았는가? 우리의 싸움은 "하나님 아는 것을 대적하여 높아진 것을 다 무너뜨리고 모든 생각을 사로잡아 그리스도에게 복종하게 하"는 것이라고 말이다고후10:5. 이 성경 구절이 예배의 발전을 위해 아주 중요한 말씀이다. 우리는 우리 민족 고유의 문화에도 깃들어 있을 모든 악한 생각과 형식을 무너뜨려 그리스도께 복종시켜야 한다. 우리는 그리스도께 복종시킨 문화를 예배에서 적극적으로 활용해야 한다. 믿지 않는 우리나라 사람들이 우리가 하는 예배를 보고는 "어, 저것은 서양의 것이 아니라 우리 것인데?"라고 말할 수 있어야 한다. 우리나라 사람들이 "기독교는 외국의 것이 아니라 우리 것이구나"라고 말한다면 큰 발전이지 않겠는가?

각 나라와 족속과 백성과 방언의 예배가 동일하면서도 달라야 하는 이유가 바로 여기에 있다. 각 나라와 민족에 세워진 교회들의 예배가 전체 교회의 예배를 더 풍성하게 하고 더 발전시킨다. 이런 예배는 이 지상만이 아니라 천국에서도 계속될 것이다. 예배는 지상에서도 발전하고, 천상에서도 계속 발전할 것이다. 계속 발전하는 예배는 결코 지루하지 않을 것이다.

함께 나누기

1. 예배의 발전에서 감정보다 지식을 더 중요하게 언급하는 이유, 그리고 지식과 감정의 관계를 이야기해 보자.

2. 예배에서 말과 비언어적 표현 모두가 성숙해지는 것이 예배의 발전을 위해 왜 중요한지 이야기해 보고, 그 구체적인 예를 들어 보자.

3. 예배의 발전에서 아름다움이라는 요소가 어떻게 중요한지를 이야기해 보고, 예배가 어떻게 하면 아름다울 수 있는지 이야기해 보자.